高等院校“十三五”应用型规

供应链：运作管理及海关标准

罗军　龚庆　徐旭　编著

微信扫码　申请资源

南京大学出版社

图书在版编目(CIP)数据

供应链:运作管理及海关标准 / 罗军,龚庆,徐旭编著.
— 南京 :南京大学出版社,2019.5
ISBN 978-7-305-21411-0

Ⅰ. ①供… Ⅱ. ①罗… ②龚… ③徐… Ⅲ. ①供应链管理 Ⅳ. ①F252

中国版本图书馆 CIP 数据核字(2019)第 006984 号

出版发行 南京大学出版社
社　　址 南京市汉口路 22 号　　邮编 210093
出 版 人 金鑫荣

书　　名 **供应链:运作管理及海关标准**
编　　著 罗 军 龚 庆 徐 旭
责任编辑 代伟兵 武 坦　　编辑热线 025-83592315

照　　排 南京理工大学资产经营有限公司
印　　刷 南京人民印刷厂有限责任公司
开　　本 787×1092 1/16 印张 14.75 字数 368 千
版　　次 2019 年 5 月第 1 版 2019 年 5 月第 1 次印刷
ISBN 978-7-305-21411-0
定　　价 39.00 元

网　　址:http://www.njupco.com
官方微博:http://weibo.com/njupco
官方微信号:njuyuexue
销售咨询热线:(025)83594756

前 言

随着传统的物流管理模式向更高层次的管理模式转变，企业管理者的管理视角已经逐步从局限在单个企业内部流程向企业上下游延伸，供应链管理成为促进这一转变的有效工具。供应链管理以其高度柔性、较低成本、高效协同等特点越来越得到企业管理者的广泛重视和运用。“今天的市场竞争已不再是单个企业之间的竞争了，而是一个企业的供应链和竞争对手的供应链之间的竞争”，这已经几乎成为一种企业管理共识。

供应链是围绕核心企业，通过对信息流、物流、资金流的控制，从采购原材料开始，制成中间产品以及最终产品，最后由销售网络把产品送到消费者手中的供应商、制造商、分销商、零售商，直到最终用户连成一个整体的功能网络结构模式。供应链管理是使供应链运作达到最优化，以最小的成本，通过协调供应链成员业务流程，从采购开始，到满足最终顾客的所有过程，把合适的产品以合理的价格，及时准确地送到消费者手中。

在全球贸易领域，国际供应链所承载的物流、信息流、资金流需要更加优越的内外部环境，才能有效抵御来自各种层级的交易风险。为了有效提升国际供应链在通关环节中的效率，世界各国海关及进出境管理的相关机构均对进出口过程中企业在供应链运营及管理等方面提出了相应的标准。

因此，本书立足于供应链管理的理论及实践体系，在阐述了传统的供应链运作管理方法的基础上，从海关监管的视角对企业供应链系统在海关 AEO 制度框架下应该具备的标准进行讨论，力求构建能够有效响应海关通关要求的企业供应链标准架构。

全书共分三篇，第一篇是供应链基础篇，主要介绍供应链管理的背景及基本概念，对供应链从不同的角度进行了分类，探讨了传统的物流管理与现代供应链管理的区别，介绍了供应链系统中供应不稳定的相关表现形式和影响因素。第二篇是供应链运作管理篇，着重从风险分担协调机制、网络优化、合作伙伴选择、库存管理、生产控制、业务外包等角度阐述了供应链的运作管理方法。第三篇是供应链海关标准篇，在分析了国际供应链风险管理的基础上，从海关监管的视角，根据 AEO 框架标准，阐述了供应链运营与管理中应该遵循的海关监管标准，着重从供应链企业的内部控制及应急管理的角度详细分析了满足海关要求的企业供应链运营标准。海关 AEO 企业标准涉及企业生产、销售、采购、财务、物流等多方面，本篇拟在复杂的海关标准框架中剥离出与供应链运营相关的规范体系，从而为企业打造满足高标准通关要求的国际供应链创造理论基础。

本书由罗军、龚庆、徐旭担任主编，罗军负责全书框架的设计及统稿。本书第 1、3 章由何婵编写；第 2、11 章由罗军编写；第 4 章由罗军、杨潇编写；第 5、9 章由杨俨斌编写；第 6、7 章由高志军编写；第 8 章由徐旭编写；第 10、12 章由罗军、龚庆编写。

本书在编写过程中得到了上海海关龚庆和南京海关马红兰、徒敏三位海关专家的大力支持,马红兰关长和徒敏科长对本教材的第三篇内容进行了认真审核,给了很多宝贵的意见,这些意见均被吸收到教材中。上海海关学院侯彩虹也对本书部分章节的内容给出了有益的建议。在此,对她们的辛劳付出表示诚挚谢意。本教材的出版受到上海海关学院教材出版项目的支持,在此表示衷心感谢。本书参考了国内外有关供应链领域的大量文献,在此向相关作者致谢。由于编者水平有限,书中难免有不足之处,希望读者批评指正。

目　录

第一篇　供应链基础篇

第 1 章　供应链管理导论……………………………………………………………… (3)
第一节　供应链及供应链管理概述……………………………………………………… (3)
第二节　供应链管理模式的产生背景 ………………………………………………… (12)
第三节　供应链管理与物流管理及传统管理模式的区别 …………………………… (13)
第四节　供应链的类型及特征 ………………………………………………………… (17)
案例分析 ………………………………………………………………………………… (18)
本章小结 ………………………………………………………………………………… (21)

第 2 章　供应不确定性 ………………………………………………………………… (23)
第一节　供应不确定性的形式 ………………………………………………………… (23)
第二节　引发供应不稳定的因素 ……………………………………………………… (27)
案例分析 ………………………………………………………………………………… (30)
本章小结 ………………………………………………………………………………… (31)

第二篇　供应链的运作管理

第 3 章　供应链系统的协调及风险分担机制 ………………………………………… (35)
第一节　“牛鞭效应”现象及其危害 ………………………………………………… (35)
第二节　“牛鞭效应”产生的内在机制 ……………………………………………… (37)
第三节　缓解“牛鞭效应”的措施 …………………………………………………… (41)
第四节　供应契约机制设计 …………………………………………………………… (43)

案例分析 …… (45)
本章小结 …… (47)

第 4 章　供应链网络配置与优化 …… (48)
第一节　供应链网络概述 …… (48)
第二节　供应链网络设施选址及算法 …… (49)
第三节　供应链运输网络优化及算法 …… (56)
案例分析 …… (69)
本章小结 …… (75)

第 5 章　供应链合作伙伴关系管理 …… (76)
第一节　供应链合作伙伴关系演变 …… (76)
第二节　供应链合作伙伴关系分类 …… (80)
第三节　合作伙伴选择的指标体系构建 …… (83)
第四节　供应链合作伙伴选择方法 …… (89)
第五节　供应链合作伙伴选择步骤 …… (92)
案例分析 …… (95)
本章小结 …… (97)

第 6 章　供应链环境下的采购与库存策略 …… (98)
第一节　采购管理概述 …… (98)
第二节　供应链环境下的采购管理 …… (103)
第三节　供应链环境下的采购策略 …… (106)
第四节　供应链环境下的库存策略 …… (111)
案例分析 …… (117)
本章小结 …… (120)

第 7 章　供应链环境下的生产管理 …… (121)
第一节　传统生产管理思想及大批量生产模式 …… (121)
第二节　供应链环境下的生产模式 …… (124)
第三节　相关生产控制原理 …… (130)
案例分析 …… (139)
本章小结 …… (142)

第 8 章　供应链业务外包…………………………………………………………………… (143)
第一节　业务外包概述………………………………………………………………………… (143)
第二节　供应链业务外包的原因……………………………………………………………… (145)
第三节　业务外包的方式……………………………………………………………………… (148)
第四节　业务外包的风险……………………………………………………………………… (150)
第五节　全球化业务外包……………………………………………………………………… (152)
案例分析………………………………………………………………………………………… (153)
本章小结………………………………………………………………………………………… (155)

第三篇　供应链管理中的海关标准

第 9 章　国际供应链风险管理……………………………………………………………… (159)
第一节　国际供应链概述……………………………………………………………………… (159)
第二节　供应链风险管理概述………………………………………………………………… (162)
第三节　国际供应链风险辨析………………………………………………………………… (166)
第四节　国际供应链风险应对………………………………………………………………… (172)
第五节　国际弹性供应链……………………………………………………………………… (176)
案例分析………………………………………………………………………………………… (179)
本章小结………………………………………………………………………………………… (181)

第 10 章　AEO 框架体系背景及内容 ………………………………………………………… (182)
第一节　AEO 的概念及背景 ………………………………………………………………… (182)
第二节　AEO 框架体系的内容 ……………………………………………………………… (183)
案例分析………………………………………………………………………………………… (185)
本章小结………………………………………………………………………………………… (188)

第 11 章　企业供应链内部控制标准 ………………………………………………………… (189)
第一节　供应链单证控制标准………………………………………………………………… (189)
第二节　供应链单证保管标准………………………………………………………………… (194)
第三节　供应链信息系统海关标准…………………………………………………………… (196)
本章小结………………………………………………………………………………………… (209)

第 12 章　供应链应急管理标准 …………………………………………………… (210)
第一节　供应链应急管理概述…………………………………………………… (210)
第二节　AEO 框架下的供应链应急管理标准 ………………………………… (211)
第三节　供应链应急管理标准实践案例………………………………………… (214)
本章小结………………………………………………………………………… (224)

参考文献……………………………………………………………………… (225)

第一篇

供应链基础篇

本篇是本教材的基础篇，主要介绍供应链管理的背景及基本概念，对供应链从不同的角度进行了分类，探讨了传统的物流管理与现代供应链管理的区别，介绍了供应链系统中供应不稳定性的相关表现形式和影响因素。

第 1 章　供应链管理导论

随着经济全球化和知识经济时代的到来，传统企业管理运作模式受到各种挑战，供应链以其敏捷度高、生产成本低、生产周期短等特点近年来越来越得到广泛的重视，供应链管理正成为企业管理的一种重要模式。本章从这一大的背景出发，首先对供应链和供应链管理的基本概念进行了阐述，讨论了供应链的结构模型、特征、涉及领域，并对供应链管理的程序进行详细阐述；其次，介绍了供应链管理模式的产生背景，阐述其发展的必然性；最后，讨论了供应链管理与物流管理和传统管理模式的区别，从供应链与物流、供应链管理与物流管理、供应链管理与传统管理模式几个方面的关系和区别进行了分析。

第一节　供应链及供应链管理概述

一、供应链与供应链管理的基本概念

供应链这一名词直接译自英文“Supply Chain”，国内也有学者将其译为供需链，许多学者从不同角度出发给出了不同的定义。

供应链管理(Supply Chain Management，SCM)在 1985 年由 Michael E. Porter 提出。供应链管理作为一个战略概念，以相应的信息系统技术，将从原材料采购直到销售给最终用户的全部企业活动集成在一个无缝流程中。它最早开始于咨询业，后来各行各业人们对其都极为关注。

对于供应链管理，国外也有许多不同的定义，如快速反应(Quick Response，QR)、虚拟物流(Virtual Logistics，VL)、有效用户反应(Efficiency Consumer Response，ECR)、连续补充(Continuous Replenishment)等等。这些称呼因考虑的层次、角度不同而各异，但实质上它们在一定程度上都反映了对供应链各种活动进行人为干预和管理的特点。

供应链和供应链管理至今尚无一个公认的定义，梳理有关专家和学者对其的定义可以看到，这些定义其实是在一定的背景下从一定角度提出的，而且是在不同发展阶段上的产物，可以把这些定义大致划分为三个阶段。

(一) 物流管理过程的阶段

人们对供应链的认识也经历了一个由浅到深的过程。马士华教授认为，“供应链管理的研究最早是从物流管理开始的”。起初，人们并没有把它和企业的整体管理联系起来，主要是进行供应链管理的局部性研究，如研究多级库存控制问题、物资供应问题，较多的是研究

分销运作问题,如分销需求计划(Distribution Requirement Planning,DRP)等。陈启申认为"Supply Chain"翻译为"供需链"更加确切,认为供应链会使"人们简单地只想到物流、仓库、运输等物料单方向供应的过程",而 Supply Chain 有供需两个方面的含义。

早期的观点认为,供应链是指将采购的原材料和收到的零部件,通过生产转换和销售等活动传递到用户的一个过程。因此,供应链也仅被视为企业内部的一个物流过程,它所涉及的主要是物料采购、库存、生产和分销诸部门的职能协调问题,最终目的是为了优化企业内部的业务流程,降低物流成本,从而提高经营效率。基于这种认识,在早期有人将供应链仅仅看作是企业内部的一种运作模式。

此后,随着产业环境的变化和企业间相互协调重要性的上升,人们逐步将对供应环节重要性的认识从企业内部扩展到企业之间,从而,供应商被纳入供应链的范畴。在这一阶段,人们主要是从某种产品由原料到最终产品的整个生产过程来理解供应链的。在这种认识下,加强与供应商的全方位协作,剔除供应链条中的"冗余"成分,提高供应链的运作速度成为核心问题。

(二)价值增值链的阶段

进入二十世纪九十年代,人们对供应链的理解又发生了新的变化。首先,由于需求环境的变化,原来被排斥在供应链之外的最终用户、消费者的地位得到了前所未有的重视,从而被纳入了供应链的范围。这样,供应链就不再只是一条生产链了,而是一个涵盖了整个产品"运动"过程的增值链。

清华大学蓝伯雄教授认为:"所谓供应链就是原材料供应商、生产商、分销商、运输商等一系列企业组成的价值增值链。"原材料零部件依次通过"链"中的每个企业,逐步变成产品,交到最终用户手中,这一系列的活动就构成了一个完整的供应链(从供应商的供应商到客户的客户)的全部活动。

美国的史蒂文斯(Stevens)认为:"通过增值过程和分销渠道控制从供应商的供应商到用户的用户的流就是供应链,它开始于供应的源点,结束于消费的终点。"概念中强调供应链的外部环境。Fred A. Kuglin 在其《以顾客为中心的供应链管理》一书中,把供应链管理定义为:"制造商与它的供应商、分销商及用户(也即整个'外延企业'中的所有环节)协同合作,为顾客所希望并愿意为之付出的市场,提供一个共同的产品和服务。这样一个多企业的组织,作为一个外延的企业,最大限度地利用共享资源(人员、流程、技术和性能评测)来取得协作运营,其结果是高质量、低成本、迅速投放市场并获得顾客满意的产品和服务。"

根据美国生产和库存控制协会(APICS)第九版字典中的定义:"供应链管理是计划,组织和控制从最初原材料到最终产品及其消费的整个业务流程,这些流程连接了从供应商到顾客的所有企业。供应链包含了由企业内部和外部为顾客制造产品和提供服务的各职能部门所形成的价值链。"APICS 关于 SCM 定义的前半部分说明 SCM 所涉及的理论源于产品的分销和运输管理。供应链涵盖了从原材料供应商、制造商和分销商到最终用户的整个产品的物流。事实上许多学者对 SCM 和后勤管理(Logistics Management)的定义并没有严格的区分,认为 SCM 不过是 LM 的新名词而已,然而 SCM 更着重于从原材料供应商到最终用户所有关键业务流程的集成,许多非后勤管理的流程也必须集成到整个供应链中。

SCM定义的后半部分说明价值增值是供应链的基本特征，有效的供应链必定是一个增值链。也就是说，在供应链中的各个实体，无论从事什么样的活动，其对产品转换流程的增值必须大于成本。

（三）“网链”的阶段

随着信息技术的发展和产业不确定性的增加，企业间关系正在呈现日益明显的网络化趋势。与此同时，人们对供应链的认识也正在从线性的“单链”转向非线性的“网链”，实际上，这种网链正是众多条“单链”纵横交错的结果。正是在这个意义上，哈里森（Harrison，1999）才将供应链定义为：“供应链是执行采购原材料，将它们转换为中间产品和成品，并且将成品销售到用户的功能网链。”

2001年发布实施的《物流术语》国家标准（GB/T 18354—2001）是这样定义供应链的：生产及流通过程中，涉及将产品或服务提供给最终用户活动的上游与下游企业，所形成的网链结构。

供应链的概念更加注重围绕核心企业的网链关系，即核心企业与供应商、供应商的供应商的一切前向关系，与用户、用户的用户及一切后向关系。供应链的概念已经不同于传统的销售链，它跨越了企业界线，从扩展企业的新思维出发，并从全局和整体的角度考虑产品经营的竞争力，使供应链从一种运作工具上升为一种管理方法体系，一种运营管理思维和模式。伊文思（Evens）认为：“供应链管理是通过前馈的信息流和反馈的物料及信息流，将供应商、制造商、分销商、零售商，直到最终用户连成一个整体的管理模式。”

马士华教授认为：“供应链是围绕核心企业，通过对信息流、物流、资金流的控制，从采购原材料开始，制成中间产品以及最终产品，最后由销售网络把产品送到消费者手中的将供应商、制造商、分销商、零售商直到最终用户连成一个整体的功能网链结构模式。”他认为，供应链是一个范围更广的企业结构模式，它包含所有加盟的节点企业，从原材料的供应开始，经过链中不同企业的制造加工、组装、分销等过程直到最终用户。它不仅是一条连接供应商到用户的物料链、信息链、资金链，而且是一条增值链，物料在供应链上因加工、包装、运输等过程而增加其价值，给相关企业带来收益。

基于上面这种发展阶段的划分，我们可以把每个阶段的一些代表性的定义、关注的重点和主要的特点表述出来。

物流管理过程的阶段：供应链是指将采购的原材料和收到的零部件，通过生产转换和销售等活动传递到用户的一个过程；供应链管理是对由供应商、制造商、分销商、零售商和顾客所构成的链条中物流进行管理、计划和协调工作；链结构比较单一，与外部供应链成员企业的联系不紧，甚至有冲突；是企业内部操作，关注企业自身的利益目标。

价值增值链的阶段：供应链是指产品生产和流通过程中所涉及的原材料供应商、生产商、批发商、零售商以及最终消费者组成的供需网络；供应链管理是指人们利用管理的计划、组织、指挥、协调、控制和激励职能，对产品和流通过程中各个环节所涉及的物流、信息流、资金流、价值流以及业务流进行的合理调控，以期达到最大组合，发挥最大的效率，以最小的成本为客户提供最大的附加值；供应链是比较完整的系统，链的结点间比较协调，价值增值节约成本。

"网链"的阶段:供应链是指围绕核心企业,通过对信息流、物流、资金流的控制,将产品生产和流通中涉及的原材料供应商、生产商、分销商、零售商以及最终消费者连成一体的功能网链结构模式;供应链管理是指一种集成化的管理思想和方法,是对供应链中的物流、信息流、资金流、增值流、业务流以及贸易伙伴关系等进行的计划、协调和控制一体化管理过程;链条形成了核心结点,结构复杂紧密,合作企业之间是战略伙伴关系,能快速反应。这也是目前被普遍接受的一个定义。

供应链和供应链管理虽没有形成完全统一的定义,但可以肯定的是供应链不仅是一条连接供应商到用户的物料链,而且是一条增值链,物料在供应链上因加工、运输等过程而增加其价值。而且这样的一条链在二十世纪九十年代全球制造、全球竞争加剧的环境下,形成了一个围绕核心企业的网链,而不仅仅是一条简单的从供应商到用户的链。供应链管理也不仅仅是针对供应链进行计划、协调和控制的一种管理活动,而是从企业战略管理的高度对企业发展的谋划,考虑的是企业的未来发展目标,寻求的是长期的、核心的竞争优势。

综上所述,我们认可我国学者马士华的供应链概念,即供应链是围绕核心企业,通过对信息流、物流、资金流的控制,从采购原材料开始,制成中间产品以及最终产品,最后由销售网络把产品送到消费者手中的将供应商、制造商、分销商、零售商,直到最终用户连成一个整体的功能网链结构模式。

二、供应链的结构模型

虽然供应链的构成不是一成不变的,但供应链在一定时期内具有一定的稳定性。供应链由所有加盟的节点企业组成,其中一般有一个核心企业(可以是产品制造企业,也可以是大型零售企业),节点企业在需求信息的驱动下,通过供应链的职能分工与合作(生产、分销、零售等),以资金流、物流或服务流为媒介实现整个供应链的不断增值。其结构如图 1-1 所示。

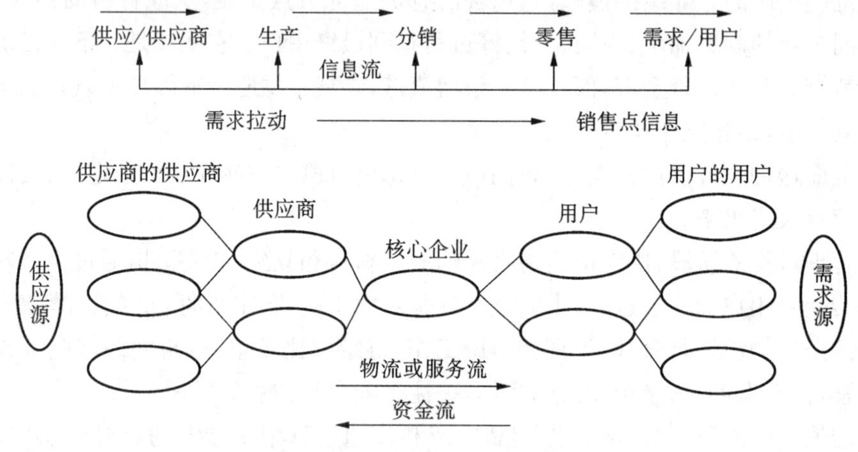

图 1-1　供应链的结构示意图

供应链中的物流是指从供应商到顾客手中的物质产品流。供应链中的信息流包括产品需求、订单的传递、交货状态及库存信息。供应链中的资金流(Financial Flows)包括信用条件、支付方式以及委托与所有权契约等。这些流常常是跨部门、跨企业、跨产权主体,甚至是跨行业的。

三、供应链管理的特征、内容、程序与意义

（一）供应链管理的特征

由供应链和供应链管理的定义可以看到，供应链管理就是协调企业内外资源来共同满足消费者需求。当我们把供应链上各环节的企业看作为一个虚拟企业同盟，而把任一个企业看作为这个虚拟企业同盟中的一个部门时，同盟的内部管理就是供应链管理。只不过同盟的组成是动态的，根据市场需要随时在发生变化。供应链管理是一种集成的管理思想和方法，它执行供应链中从供应商到最终用户的物流的计划和控制等职能。从单一的企业角度来看，是指企业通过改善上、下游供应链关系，整合和优化供应链中的信息流、物流、资金流，以获得企业的竞争优势。

有效的供应链管理可以帮助实现四项目标：缩短现金周转时间；降低企业面临的风险；实现盈利增长；提供可预测收入。供应链管理的七项原则：根据客户所需的服务特性来划分客户群；根据客户需求和企业可获利情况，设计企业的后勤网络；倾听市场的需求信息，设计更贴近客户的产品；时间延迟；策略性的确定货源和采购，与供应商建立双赢的合作策略；在整个供应链领域建立信息系统；建立整个供应链的绩效考核准则等。

由此，可以归纳供应链管理的特征如下。

1. 顾客满意为核心

让最终顾客更满意是供应链中全体成员的共同目标，顾客满意的实质是顾客获得超出他们承担的产品价格以上的那部分“价值”，供应链可以使得这部分“价值”升值。比如，由于供应链中供应商与制造商、制造商与销售商彼此之间已经建立了战略合作伙伴关系，因此供应商可以将原料或配件直接送给制造商，制造商可直接将产品运送给销售商，企业间无须再进行原来意义上的采购和销售，这两项成本就大大削减了；同时，包装和管理等项的成本也随物流环节的减少而降低，因此，供应链完全可以以更低的价格向客户提供优质产品。此外，供应链还可通过改善产品质量、提高服务水平、增加服务承诺等措施来增大顾客所期待的那部分“价值”，从而提高了顾客的满意度。

2. 新型合作竞争理念

与传统企业经营管理不同，SCM 是对供应链全面协调性的合作式管理，它不仅要考虑核心企业内部的管理，还更注重供应链中各个环节、各个企业之间资源的利用和合作，让各企业之间进行合作博弈，最终达到“双赢”。早期的单纯竞争观念完全站在企业个体的立场上，以自己的产品销售观在现有的市场上争夺产品和销售渠道，其结果不是你死我活就是两败俱伤，不利于市场空间的扩大和经济的共同繁荣进步。SCM 的合作竞争理念把供应链视为一个完整的系统，将每一个成员企业视为子系统，组成动态联盟，彼此信任，互相合作，共同开拓市场，追求系统效益的最大化，最终分享节约的成本和创造的收益。

3. 现代网络信息技术为支撑

SCM 战略是现代网络信息技术与战略联盟思想的结晶，高度集成的网络信息系统是其运行的技术基础，ERP（企业资源计划）就是 SCM 广泛使用的信息技术。ERP 是由美国权

威计算机技术咨询和评估集团 Garter Group 在 20 世纪 90 年代提出的,它由 MRPⅡ(制造资源计划)发展而来,ERP 综合应用了多项网络信息产业的成果,集企业管理理念、业务流程、基础数据、企业资源、计算机软硬件于一体,通过信息流、物流、资金流的管理,把供应链上所有企业的制造场所、营销系统、财务系统紧密地结合在一起,以实现全球内多工厂、多地点的跨国经营运作,使企业超越了传统的供方驱动的生产模式,转向需方驱动生产模式运营,体现了完全按用户需求制造的思想,通过信息和资源共享,实现以顾客满意为核心的战略。

(二)供应链管理涉及的内容

供应链管理覆盖了从供应商的供应商到客户的客户的全部过程,主要涉及供应(Supply)、生产计划(Schedule)、物流(Logistics)和需求(Demand)四个主要领域。由图1-2可见,供应链管理是以同步化、集成化生产计划为指导,以各种技术为支持,尤其以 Internet/Intranet 为依托,围绕供应、生产计划、物流(主要指制造过程)、满足需求来实施的。供应链管理的目标在于提高用户服务水平和降低总的交易成本,并且寻求两个目标之间的平衡(这两个目标往往有冲突)。

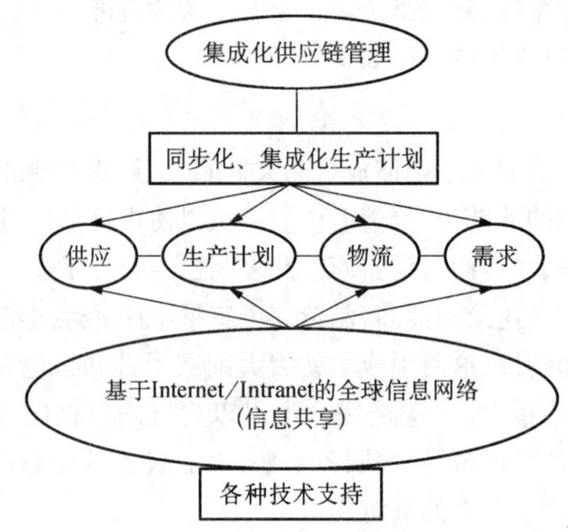

图 1-2　供应链管理涉及的领域

在以上四个领域的基础上,我们可以将供应链管理细分为职能领域和辅助领域。职能领域主要包括产品工程、产品技术保证、采购、生产控制、库存控制、仓储管理、分销管理;而辅助领域主要包括客户服务、制造、设计工程、会计核算、人力资源、市场营销。

由此可见,供应链管理关心的并不仅仅是物料实体在供应链中的流动,除了企业内部与企业之间的运输问题和实物分销以外,供应链管理还包括以下主要内容:

(1)战略性供应商和用户合作伙伴关系管理。

(2) 供应链产品需求预测和计划。

(3) 供应链的设计(全球节点企业、资源、设备等的评价、选择和定位)。

(4) 企业内部与企业之间物料供应与需求管理。

(5) 基于供应链管理的产品设计与制造管理、生产集成化计划、跟踪和控制。

(6) 基于供应链的用户服务和物流(运输、库存、包装等)管理。

(7) 企业间资金流管理(汇率、成本等问题)。

(8) 基于 Internet/Intranet 的供应链交互信息管理等。

供应链作为供应链中各节点企业相关运营活动的协调平台,供应链管理应把重点放在以下几个方面:

(1) 供应链战略管理。供应链管理本身属于企业战略层面的问题,因此,在选择和参与供应链时,必须从企业发展战略的高度考虑问题。它涉及企业经营思想,在企业经营思想指导下的企业文化发展战略、组织战略、技术开发与应用战略、绩效管理战略等,以及这些战略的具体实施。供应链运作方式、为参与供应链联盟而必需的信息支持系统、技术开发与应用以及绩效管理等都必须符合企业经营管理战略。

(2) 信息管理。信息以及对信息的处理质量和速度是企业能否在供应链中获益的关键,也是实现供应链整体效益的关键。因此,信息管理是供应链管理的重要方面之一。信息管理的基础是构建信息平台,实现供应链的信息共享,通过 ERP 和 VMI 等系统的应用,将供求信息及时、准确地传递到相关节点企业,从技术上实现与供应链其他成员的集成化和一体化。

(3) 客户管理。客户管理是供应链的起点。如前所述,供应链源于客户需求,同时也终于客户需求,因此供应链管理是以满足客户需求为核心来运作的。通过客户管理,详细地掌握客户信息,从而预先控制,在最大限度地节约资源的同时,为客户提供优质的服务。

(4) 库存管理。供应链管理就是利用先进的信息技术,收集供应链各方以及市场需求方面的信息,减少需求预测的误差,用实时、准确的信息控制物流,减少甚至取消库存(实现库存的"虚拟化"),从而降低库存的持有风险。

(5) 关系管理。通过协调供应链各节点企业,改变传统的企业间进行交易时的"单向有利"意识,使节点企业在协调合作关系基础上进行交易,从而有效地降低供应链整体的交易成本,实现供应链的全局最优化,使供应链上的节点企业增加收益,进而达到双赢的效果。

(6) 风险管理。信息不对称、信息扭曲、市场不确定性以及其他政治、经济、法律等因素,导致供应链上的节点企业运作风险,必须采取一定的措施尽可能地规避这些风险。例如,通过提高信息透明度和共享性、优化合同模式、建立监督控制机制,在供应链节点企业间合作的各个方面、各个阶段,建立有效的激励机制,促使节点企业间的诚意合作。

供应链管理注重总的物流成本(从原材料到最终产成品的费用)与用户服务水平之间的关系。为此要把供应链各个职能部门有机地结合在一起,从而最大限度地发挥出供应链整体的力量,达到供应链企业群体获益的目的。

(三) 供应链管理的程序

1. 分析市场竞争环境,识别市场机会

分析市场竞争环境就是识别企业所面对的市场特征,寻找市场机会。企业可以根据波特模型提供的原理和方法,通过市场调研等手段,对供应商、用户、竞争者进行深入研究;企业也可以建立市场信息采集监控系统,开发对复杂信息的分析和决策技术。

2. 分析顾客价值

所谓顾客价值是指顾客从给定产品或服务中所期望得到的所有利益,包括产品价值、服务价值、人员价值和形象价值等。供应链管理的目标在于不断提高顾客价值,因此,营销人员必须从顾客价值的角度来定义产品或服务的具体特征,而顾客的需求是驱动整个供应链运作的源头。

3. 确定竞争战略

从顾客价值出发找到企业产品或服务定位之后,企业管理人员要确定相应的竞争战略。根据波特的竞争理论,企业获得竞争优势有三种基本战略形式:成本领先战略、差别化战略以及目标市场集中战略。

4. 分析本企业的核心竞争力

供应链管理注重的是企业核心竞争力,强调企业应专注于核心业务,建立核心竞争力,在供应链上明确定位,将非核心业务外包,从而使整个供应链具有竞争优势。

5. 评估、选择合作伙伴

供应链的建立过程实际上是一个合作伙伴的评估、筛选和甄别的过程。选择合适的对象(企业)作为供应链中的合作伙伴,是加强供应链管理的重要基础,如果企业选择合作伙伴不当,不仅会减少企业的利润,而且会使企业失去与其他企业合作的机会,抑制了企业竞争力的提高。评估、选择合作伙伴的方法很多,企业在实际具体运作过程中,可以灵活地选择一种或多种方法相结合。

6. 供应链企业运作

供应链企业运作的实质是以物流、服务流、信息流、资金流为媒介,实现供应链的不断增值。具体而言,就是要注重生产计划与控制、库存管理、物流管理与采购、信息技术支撑体系这四个方面的优化与建设。

7. 绩效评估

供应链节点企业必须建立一系列评估指标体系和度量方法,反映整个供应链运营绩效的评估指标主要有产销率指标、平均产销绝对偏差指标、产需率指标、供应链总运营成本指标、产品质量指标等。

8. 反馈和学习

信息反馈和学习对供应链节点企业非常重要。相互信任和学习,从失败中汲取经验教训,通过反馈的信息修正供应链并寻找新的市场机会成为每个节点企业的职责。因此,企业必须建立一定的信息反馈渠道,从根本上演变为自觉的学习型组织。

(四) 实施供应链管理的意义

供应链管理模式是顺应市场形势的必然结果,供应链管理能充分利用企业外部资源快速响应市场需求,同时又能避免自己投资带来的建设周期长、风险高等问题,赢得产品在成本、质量、市场响应、经营效率等各方面的优势,可以增强企业的竞争力。

1. 供应链管理减少从原材料供应到销售点的物流流通时间

供应链上的企业通过对消费者需求做出快速反应(QR),实现供应链各环节即时出售、即时生产(JIT)、即时供应,也就是需求信息获取和随后所做出的反应尽量接近实时及最终用户,将消费者需求的消费前置时间降低到最低限度。要实现这一点,必须通过供应链的企业共享信息,全方位对上下游市场信息做出快速反应,将消费者所需的产品按需求生产出来,并及时送到消费者手中。

2. 供应链管理可减少社会库存,降低成本

供应链通过整体合作和协调,在加快物流速度的同时,也减少了各个环节上的库存量,避免了许多不必要的库存成本的消耗。如果没有供应链上的集成化管理,链上的企业就会只管理它自己的库存,以这种方式来防备由于链中其他组织的独立行动而给本组织带来的不确定性。例如,一个零售商会需要安全库存来防止分销商货物脱销情况的出现,而分销商也会需要安全库存以防止生产商出现供货不足的情况。由于在一条链上的各个界面都存在不确定因素,又缺乏必要的沟通和合作,所以需要重复的库存。而在供应链的集成化管理中,链中的全部库存管理可通过供应链所有成员之间的信息沟通、责任分配和相互合作来协调,以减少链上每个成员的不确定性和安全库存量。较少的库存又会带来减少资金占用量、削减库存管理费用的结果,从而降低成本。另外,供应链的形成消除了非供应链合作关系中上下游之间的成本转嫁,从整体意义上降低了各自的成本,使得企业将更多的周转资金用于产品的研制和市场开发等,以保证企业获得长期发展。

3. 供应链管理可提高产品质量

供应链中每一个被选择的伙伴对某项技术和某种产品拥有核心能力,其产品设计、生产工艺、质量处于同行业领先地位。供应链管理就是借助网络技术,使分布在不同地区的供应链合作伙伴,在较大区域范围内进行组装集成制造或系统集成,使制造出质量近乎完美的产品成为可能。如果构成产品的零部件由一个厂家生产,或由一些专业化程度不高的厂家生产,则产品总体质量很难得到保证。

4. 供应链管理可使企业组织简化,提高管理效率

供应链管理的实施需要 Intranet/Extranet 的技术作为支撑,才能保证供应链中的企业实时获取和处理外界信息及链上信息,使企业领导人可以通过供应链中的企业内部网络随时了解情况,而基层人员也可以通过网络知道企业有关指令和公司情况。因此,企业的许多中间协调、传送指令管理机构就可削减,企业管理组织机构可由金字塔型向扁平型方向发展。组织结构简化,层次减少,使企业对信息反应更快,管理更为有效,有效地避免传统企业机构臃肿、人浮于事的现象,适应现代企业管理的发展趋势。

5. 供应链可以从经营战略上加强企业的竞争优势

当今的市场竞争日益激烈,企业面临的竞争对手可能不只是一个经营单位,而是一些相互关联的群体,仅靠企业自身的资源不可能有效地参与市场竞争,还必须把经营过程中的有关各方(如供应商、制造商、分销网络、客户)纳入一个紧密的供应链中,才能有效地安排企业的产、供、销活动,满足企业利用一切市场资源进行生产经营的需求,以期进一步提高效率和

在市场上获得竞争优势。在一个企业遇到多点竞争时,它必须跳出竞争单位的范围来看待自己的对手,因为竞争优势的获得取决于更广泛的因素——供应链。

第二节 供应链管理模式的产生背景

任何一种新的管理模式,它的诞生、发展直到广泛应用都有它的现实背景,供应链管理模式也不例外。供应链管理模式是在全球制造出现以后,在企业经营集团化和国际化的趋势下提出并形成的,它是物流理论的延伸。供应链管理模式的产生需要有一定的基础条件和一定的环境因素,我们可以从以下几方面来分析供应链管理模式的产生背景。

一、制造全球化趋势

现代制造业全球化趋势已经非常明显,制造企业的采购活动往往是在全世界范围内大规模展开,在全球范围内寻找供应商的合作伙伴,大型装备制造业尤为如此,如航空制造、造船、汽车制造业等。波音飞机的制造需要几百万个零部件,可这些零部件的绝大部分并不是由波音公司内部生产的,而是由全球超过 50 个国家中的成千家大企业和上万家中小企业提供的。前些年中国飞机工业公司承担了波音几种机型的平尾、垂尾、舱门、机身、机头、翼盒等零部件的"转包"生产任务。同样,今天中国商用大飞机的制造也是在全球范围内采购各种零部件。日本丰田和美国通用汽车公司的汽车制造也同样是在全世界范围内进行汽车零部件的采购。这些高端制造业的核心企业生产运作的一个重点在于在全球范围内对零部件物流供应进行有效协调,这就要求企业具有较强的供应链管理运营能力。

二、市场空间和形态发生转变

随着知识经济时代的到来,经济全球化、市场一体化的趋势日益加强。面对变化反复无常、竞争日趋激烈的市场环境以及顾客需要多样化与个性化、消费水平不断提高的市场需求,企业必须从战略层次上来管理物流,通过供应链管理获取竞争优势,其目的是将顾客所需的、正确的产品在正确的时间,按照正确的数量、正确的质量、正确的状态送到正确的地点,即"6R",并使总成本量最小。其中,物流是从供应商到顾客手中的物质产品流;信息流包括产品需求、订单传递、交货状态及库存信息;资金流包括信用条件、支付方式以及委托与所有权契约等。要从整体的观点出发,寻求建立供、产、销企业间的战略伙伴关系,最大程度地减少内耗与浪费,实现供应链整体效率的最优化。与传统的物流管理相比,供应链管理更强调供应链整体的集成与协调,要求各成员企业围绕物流、信息流和资金流进行信息共享与经营协调,实现柔性的与稳定的供需关系。

三、产品种类飞速膨胀

因消费者需求的多样化越来越突出,厂家为了更好地满足其要求,便不断推出新产品,从而引起了一轮又一轮的产品开发竞争,结果是产品的品种数成倍增长。尽管产品数已非常丰富,但消费者在购买商品时仍然感到难以称心如意。为了吸引用户,许多厂家不得不绞尽脑汁不断增加花色品种。但是，按照传统的思路，每一种产品都生产一批以备用户选择的话，那么制造商和销售商都要背上沉重的负担，市场的平均库存不断增加，库存占用了大量的资金，严重影响了企业的资金周转速度，进而影响企业的竞争力。因此，具有竞争优势的企业应该能够通过供应链管理的手段有效响应市场需求。

四、产品寿命越来越短

随着消费者需求的多样化发展，企业的产品开发能力也在不断提高。目前，国外新产品的研制周期大大缩短，与此相应的是产品的生命周期缩短，更新换代速度加快。由于产品在市场上存留时间大大缩短了，企业在产品开发和上市时间的活动余地也越来越小，给企业造成巨大压力。虽然在企业中流行着"销售一代、生产一代、研究一代、构思一代"的说法，然而这毕竟需要企业投入大量的资源，一般的中小企业显得力不从心。一些曾经具有竞争优势的企业，由于后续产品开发跟不上，造成产品落伍，企业也就日益衰弱。因此，为了有效应对产品生命周期越来越短的现实困境，企业应该力求运用先进的供应链运营技术来提升企业运作效率，进而能够度过产品生命周期危机。

五、传统生产管理模式应变能力较差

在 20 世纪 50 年代和 60 年代，大多数制造企业强调以大规模生产来降低单位产品的成本，并以此作为主要生产运营战略，生产过程几乎没有了弹性，生产线总是生产单一的产品，新产品的开发是很慢的。为了保持生产线的平衡运行，不至于出现库存的短缺而使生产停产，经常用过量的库存来缓冲生产运行中的"瓶颈"制约，因此导致大量的投资在库存半成品 WIP(work-in-process)。同时认为与供应商或顾客分享技术和技能是冒风险的，并且是不可接受的，因此，企业很少同供应商或购买者建立战略合作伙伴关系。

20 世纪到 70 年代，企业管理者意识到大量的 WIP 库存影响到生产成本、产品质量、产品开发、产品的交货时间。因此管理者寻求一种新的管理方式来提高生产效率，由此出现了 MRP 的管理思想，即物料需求计划。80 年代以来，随着企业间竞争的加剧，企业为了能向市场提供低成本、高质量的产品，为了能够满足个性化需求的变化，产生了 JIT 管理思想，即"即时制"管理理念，目标就是减少甚至消除从原材料的投入到产成品的产出全过程的存货，建起平滑而有效的流程，提高生产效率，减少生产周转时间。在这些先进的管理理念的基础上，企业进一步产生了 ERP 管理方式，即企业资源计划。这种管理方式把企业的业务流程看作一个紧密连接的供应链。企业管理者也由此意识到同供应商和购买者建立战略伙伴关系的重要性和潜在的利益。

第三节　供应链管理与物流管理及传统管理模式的区别

一、供应链与物流的关系

物流与供应链是两个不同的范畴。目前，国际上对于供应链的理解基本上有三种观点：

(1) 供应链概念是物流概念的扩展;

(2) 物流与供应链是一回事;

(3) 相关企业业务、资源的集成与一体化。

我们认为,以上观点都在一定方面反映了人们对供应链的认识,而且从特定角度看都有道理。但是,我们更倾向于认为,供应链与物流不同,供应链也不仅仅只是对物流概念进行扩展,供应链与企业的业务集成息息相关。

供应链管理实际上应该包括供应链组织内部各功能部门之间的集成和在供应链上下游组织之间的集成,集成的内容包括商流、物流、信息流等,集成的对象有资源、组织、业务、流程等,因而供应链的概念比物流的概念更加广泛。

物流的概念强调了物流的关键点是“实物流动过程”,强调了物流的“服务”理念。而供应链的概念强调的是由供应商、制造商、分销商、零售商,直到最终用户所形成的网链或网络结构。供应链定义的精髓显然是上、下游的供求关系,是生产、分销、零售等职能的分工与合作。

物流是物质以物理形态在供应链中流动,因此物流是供应链的载体、具体形态或表现形式。供应链的载体或表现形态不止物流,还有信息流和资金流,只不过物流的有形流动更外在一点。

没有供应链的生产环节就没有物流,生产是物流的前提与条件。反过来,没有物流,供应链中生产的产品的使用价值就不能得以实现。从本质上讲,物流不创造价值,只增加供应链成本,因此存在一个“最小物流费用问题”。物流强调的是过程,物流运动及其管理的控制作用是由供应链中的信息流来完成的,信息互动使高效率供应链和物流活动成为可能。

物流供应商是供应链构成中的一个节点,在一个供应链网链结构中往往需要有多个物流供应商提供物流服务。物流解决方案一般由供应链决定,由第三方物流和综合企业来实施;供应链管理提供现代供应链问题解决方案并由自身实施。

二、供应链管理与物流管理的区别

人们最初提出“供应链管理”一词,是用来强调物流管理过程中,在减少企业内部库存的同时也应考虑减少企业之间的库存。随着供应链管理思想越来越受到欢迎和重视,其视角早已拓宽,不仅仅着眼于降低库存,其管理触角伸展到企业内外的各个环节、各个角落。从某些场合下人们对供应链管理的描述来看,它类似于穿越不同组织界限的、一体化的物流管理。实质上,供应链管理战略的成功实施必然以有效的物流管理为基础。能够真正认识并率先提出供应链管理概念的正是一些具有丰富物流管理经验和先进物流管理水平的世界级顶尖企业,这些企业在研究企业发展战略的过程中发现,面临日益激化的市场竞争,仅靠一个企业和一种产品的力量,已不足以占据优势,企业必须与它的原料供应商、产品分销商、第三方物流服务商等结成持久、紧密的联盟,共同建设高效率低成本的供应链,才可以从容应对市场竞争,并取得最终胜利。

(一) 从管理目标的角度

从管理目标上来看,现代物流管理是指为了满足顾客需要所发生的从生产地到销售地的产品、服务和信息的流动过程，以及为使保管能有效、低成本进行而从事的计划、实施和控制行为。而供应链管理则是在提供产品、服务和信息的过程中，从对终点用户到原始供应商之间关键商业流程进行集成，从而为客户和其他所有流程参与者增值。由此可见，物流管理与供应链管理在为顾客服务的目标上是一致的。

尽管二者的管理目标是一致的，但这并不能代表二者的工作性质也是相同的。供应链工作的性质突出了处理和协调供应商、制造商、分销商、零售商，直到最终用户间存在的各种关系，而物流工作则是具有一定物流生产技能的物流工作者，运用物流设施、物流机械等劳动手段，作用于物流对象的生产活动。

（二）从管理内容的角度

从管理内容上来看，物流管理的内容包括物流活动以及与物流活动直接相关的其他活动，它包括从原材料的供应到产品的销售的全部物流活动。而供应链管理所涉及的内容要庞大的多。供应链管理是通过前馈的信息流和反馈的物料流及信息流，将供应商、制造商、分销商、零售商，直到最终用户连成一个整体的模式。供应链管理既包括商流、信息流、资金流、增值流的管理，也包括对部分物流活动的管理。

与此同时，物流管理与供应链管理二者之间还存在着大量不同的内容。比如物流中还包括城市物流、区域物流和国际物流等，而这些在供应链管理中显然是不作为研究对象的。当然，供应链研究中涉及的产品设计与制造管理、生产集成化计划的跟踪与控制以及企业之间的资金流管理等，物流管理也同样不作为研究对象。即使将管理的范围限定在企业管理上，物流管理和供应链管理的内容也存在着明显的不同。供应链管理是企业的生产和营销组织方式，而物流管理则为企业的生产和营销提供完成实物流的服务活动。

（三）从管理手段的角度

从管理手段上来看，供应链管理是基于网络的供应链交互的信息管理，这是以电子商务为基础的运作方式。商流、信息流、资金流在电子工具和网络通信技术的支持下，可以通过网上传输轻松实现。而物流，即物质资料的空间位移，具体的运输、储存、装卸、配送等活动是不可能直接通过网上传输的方式来完成的。虽然，现代物流是离不开物流信息管理的，也要使用互联网技术，但是互联网显然不构成物流管理的必需手段。也就是说，物流在非网络技术条件下，也一样能够运行。

（四）从学科发展的角度

供应链管理也不能简单地理解为一体化的物流管理。一体化物流管理分为内部一体化和外部一体化两个阶段。目前，即使是在物流管理发展较早的国家，许多企业也仅仅处于内部一体化的阶段，或者已经认识到结合企业外部力量的重要性。也正是因为这样，一些学者才提出“供应链管理”这一概念，以使那些领导管理方法潮流的企业率先实施的外部一体化战略区别于传统企业内部的物流管理。要真正使得供应链管理能够成熟发展，成为一门内涵丰富的新型独立学科，就有必要将供应链管理与一体化物流管理加以区分，不能将供应链管理简单地视为一体化物流管理的代名词。一些实施供应链管理战略的世界顶级企业的高层管理者对供应链管理的理解和把握可能比研究者更为准确。正如在供应链管理的定义中所指出的,供应链管理所包含的内容比传统物流管理要广泛得多。

三、供应链管理与传统管理模式的区别

当今世界各种技术和管理问题日益复杂化和多样化,这种变化促使人们认识问题和解决问题的思维方法也发生了变化,逐渐从点和线性空间的思考向面和多维空间思考转化,管理思想朝着横向思维方式转化。

在经济全球化的背景下,横向思维正成为企业管理的热门话题和新的追求,供应链管理就是其中一个典型代表。供应链管理是新的管理哲理,在许多方面表现出不同于传统管理思想的特点,从另一个角度看,这一新的管理哲理是针对解决传统管理模式的弊端而产生和发展的。在当前环境下,传统管理模式主要存在着以下几个方面的问题:

(1) 企业生产与经营系统的设计没有考虑供应链的影响。现行的企业系统在设计时只考虑生产过程本身,而没有考虑本企业生产系统以外的因素对企业竞争力的影响。

(2) 供应、生产、销售系统没有形成“链”。供应、生产、销售是企业的基本活动,但是在传统的运作模式下基本上是各自为政,相互脱节。

(3) 存在着部门主义障碍。激励体制以部门目标为主,孤立地评价部门业绩,造成企业内部各部门片面追求本部门利益,物流、信息流经常被扭曲、变形。

(4) 信息系统落后。很多企业仍采用手工处理方式,企业内部信息系统不健全、数据处理技术落后,没有充分利用 EDI 等先进技术,致使信息处理不准确、不及时,不同地域的数据库没有集成起来。

(5) 库存管理系统满足不了供应链管理的要求。传统企业中库存管理是静态的、单级的,库存控制决策没有与供应商联系起来,无法利用供应链上的资源。

(6) 没有建立有效的市场响应、用户服务、供应链管理等方面的评价标准与激励机制。

(7) 系统协调性差。企业和各个供应商没有协调一致的计划,每个部门各搞一套,只顾安排自己的活动,影响整体最优。

(8) 没有建立对不确定性变化的跟踪与管理系统。

(9) 与供应商缺乏战略合作伙伴关系,而且往往从短期效益出发,挑起供应商之间的价格竞争,失去了供应商的信任与合作基础。

市场形势不好时又企图将损失转嫁给经销商,因此得不到经销商的信任与合作。以上这些问题的存在,使企业一下子很难从传统的纵向发展管理模式转到供应链管理模式上来。现代企业已经越来越趋向于国际化,优秀的企业都把主要精力放在企业的关键业务上,并与世界上优秀的企业建立战略合作关系,将非关键业务外包。核心企业越来越清楚地认识到保持长远领先地位的优势和重要性,也意识到竞争优势的关键在于战略伙伴关系的建立。而供应链管理所强调的快速反应市场需求、战略管理、高柔性、低风险、成本—效益目标等优势,吸引了许多学者和企业认识研究和实践,国际上一些著名的企业(如惠普公司、IBM 公司、戴尔计算机公司等)在供应链管理实践中取得的巨大成就,使人更加坚信供应链管理是企业适应全球竞争的一种有效途径。

因此可以看出,供应链管理与传统的企业内部物料管理和控制有着明显的区别,主要体

现在以下几个方面：

（1）供应链管理把供应链中所有节点企业看作一个整体，供应链管理涵盖整个从供应商到最终用户的采购、制造、分销、零售等职能领域的全过程。

（2）供应链管理最关键的是需要采用集成的方法和系统的观点，而不仅仅是节点企业、技术方法等资源简单的连接，或者将业务外包出去。

（3）供应链运作的模式不同。传统管理模式是一种典型的推式经营，制造商为了克服商品转移空间和时间上的障碍，利用物流将商品送达到市场或顾客，商流和物流都是推动式的。在供应链中，商品生产、分销以及仓储、配送等活动都是根据顾客的订单进行，商流、物流、资金流都是围绕市场展开的，物流为商流提供了有力保障，因此供应链是拉式的。

（4）供应链管理具有更高的目标，通过管理库存和合作关系达到高水平的服务，而不是仅仅完成一定的市场目标。

通过实行供应链管理，可以实现管理与交易一体化，资源共享，协同运作，把供应商变成自己的部门，让企业所有的流程都能留下痕迹，让管理有迹可循，使企业有更长远的规划和发展。

第四节　供应链的类型及特征

一、供应链的类型

根据供应链的运行特征和功能特征，可以将供应链分为以下几种类型。

（一）稳定的供应链和动态的供应链

根据供应链存在的稳定性划分，可以将供应链分为稳定的和动态的供应链。基于相对稳定、单一的市场需求而组成的供应链稳定性较强，而基于相对频繁变化、复杂的需求而组成的供应链动态性较高。在实际管理运作中，需要根据不断变化的需求，相应地改变供应链的组成。

（二）平衡的供应链和倾斜的供应链

根据供应链容量与用户需求的关系可以划分为平衡的供应链和倾斜的供应链。一个供应链具有一定的、相对稳定的设备容量和生产能力（所有节点企业能力的综合，包括供应商、制造商、运输商、分销商、零售商等），但用户需求处于不断变化的过程中，当供应链的容量能满足用户需求时，供应链处于平衡状态，而当市场变化加剧，造成供应链成本增加、库存增加、浪费增加等现象时，企业不是在最优状态下运作，供应链则处于倾斜状态。平衡的供应链可以实现各主要职能（采购/低采购成本、生产/规模效益、分销/低运输成本、市场/产品多样化和财务/资金运转快）之间的均衡。

（三）效率型供应链和响应型供应链

根据供应链的功能模式（物理功能、市场中介功能和客户需求功能）可以把供应链划分为两种:效率型供应链(或称为有效性供应链)(Efficient Supply Chain)和响应型供应链(或称为反应性供应链)(Responsive Supply Chain)。效率型供应链主要体现供应链的物理功能,即以最低的成本将原材料转化成零部件、半成品、产品;反应性供应链主要体现供应链的市场中介的功能,即把产品分配到满足用户需求的市场,对未预知的需求做出快速反应等;响应型供应链主要体现供应链对市场需求的响应功能,即根据最终消费者偏好的引导,进而调整产品内容与形式来满足市场需求。

二、供应链的特征

从供应链的结构模型可以看出,供应链是一个网链结构,由围绕核心企业的供应商、供应商的供应商和用户、用户的用户组成。一个企业是一个节点,节点企业和节点企业之间是一种需求与供应关系。供应链主要具有以下特征:

(1) 复杂性。因为供应链节点企业组成的跨度(层次)不同,供应链往往由多个、多类型甚至多国企业构成,所以供应链结构模式比一般单个企业的结构模式更为复杂。

(2) 动态性。供应链管理因企业战略和适应市场需求的变化而变化,其中节点企业需要动态地更新,这就使得供应链具有明显的动态性。

(3) 面向用户需求。供应链的形成、存在、重构,都是基于一定的市场需求而发生,并且在供应链的运作过程中,用户的需求拉动是供应链中信息流、产品/服务流、资金流运作的驱动源。

(4) 交叉性。节点企业可以是这个供应链的成员,同时又是另一个供应链的成员,众多的供应链形成交叉结构,增加了协调管理的难度。

案例分析

如何做互联网+供应链管理?①

1. 上海贝尔面临的供应链管理问题

中比合资的上海贝尔有限公司成立于1984年,是中国现代通信产业的支柱企业,连续名列全国最大外商投资企业和电子信息百强前茅。公司总注册资本12 050万美元,总资产142亿元,现有员工4 000多人,平均年龄29岁,72%以上的员工具有大学本科以上学历,拥有硕士和博士生500余名,其中科研开发人员占员工总数的40%。2000年,公司实现销售收入108亿元。

上海贝尔拥有国家级企业技术中心,在通信网络及其应用的多个领域具有国际先进水平。公司建立了覆盖全国和海外的营销服务网络,建成了世界水平的通信产品制造平台。公司的产品结构主要由两部分构成:① 传统产品,S12系列程控交换机系列;② 新产品,相对S12产品而言,由移动、数据、接入和终端产品构成。两者产值比例约为8∶2。

上海贝尔企业内部的供应链建设状况尚可,如有良好的内部信息基础设施、ERP系统、

① 资料来源:搜狐网科技频道,2018年8月。

流程和职责相对明晰。但上海贝尔与外部供应链资源的集成状况不佳,很大程度上依然是传统的运作管理模式,而并没真正面向整个系统开展供应链管理。从1999年始,全球IT产品市场需求出现爆发性增长,但基础的元器件材料供应没及时跟上,众多IT行业厂商纷纷争夺材料资源,同时出现设备交货延迟等现象。由于上海贝尔在供应链管理的快速反应、柔性化调整和系统内外响应力度上有所不够,一些材料不成套,材料库存积压,许多产品的合同履约率极低,如2000年上半年普遍履约率低于70%,有的产品如ISDN终端产品履约率不超过50%。客观现状的不理想迫使公司对供应链管理进行改革。

2. 电子商务供应链管理战略

电子商务是一种未来企业提高国际竞争力和拓展市场的有效方式,同时,它也为传统的供应链管理理论与方法带来了新的挑战。供应链管理与电子商务相结合,产生了电子商务供应链管理,其核心是高效率地管理企业的信息,帮助企业创建一条畅通于客户、企业内部和供应商之间的信息流。

上海贝尔的电子商务供应链管理战略的重点分别是:供应商关系管理的E化、市场需求预测的E化、外包决策和跟踪控制的E化和库存管理战略的E化。

(1) 供应商关系管理的E化。

对上海贝尔而言,其现有供应商关系管理模式是影响开展良好供应链管理的重大障碍,需要在以下几个方面作E化的调整。

① 供应商的遴选标准。

首先,依据企业/供应商关系管理模型对上海贝尔的需求产品和候选供应商进行彼此关系界定;其次,明确对供应商的信息化标准要求和双方信息沟通的标准,特别关注关键性材料资源供应商的信息化设施和平台情况。传统的供应商遴选标准+分类信息标准是E化供应商关系管理的基础。

② 供应商的遴选方式和范围。

上海贝尔作为IT厂商,其供应商呈现全球化的倾向,故供应商的选择应以全球为遴选范围,而充分利用电子商务手段进行遴选、评价,如运用网上供应商招标或商务招标,一方面可以突破原有信息的局限,另一方面可以实现公平竞争。

(2) 生产任务外包业务的E化。

目前,IT企业核心竞争优势不外乎技术和服务,上海贝尔未来的发展方向是提供完善的信息、通信解决方案和优良的客户服务,生产任务的逐步外包是必然选择。未来外包业务量的增大势必会加大管理和协调的难度和复杂度,需要采用电子商务技术管理和协调外包业务。

① 外包厂商的选择。

除原有的产能、质量、交货等条件外,增添对其生产计划管理系统和信息基础建设的选择标准,保证日后便于开展E化运行和监控,如上海无线电35厂一直是公司的外包厂商,但其信息基础设施相对薄弱,一旦外包任务量大增,市场需求信息频繁变动,落后的信息基础设施和迟缓的信息响应,会严重影响供应链的效率。

② 外包生产计划的实时响应。

上海贝尔现拥有Intranet和ERP系统,外包厂商可借助Internet或专线远程接入ERP管理系统的生产计划功能延伸模块,与上海贝尔实现同步化生产计划,即时响应市场、需求的变动。

(3) 库存管理战略的E化。

近几年,由于全球性的电子元器件资源紧缺,同时上海贝尔的原有库存管理体系抗风险能力差,结果库存问题成为上海贝尔的焦点问题之一。面向供应链管理的库存管理模式有多种,根据上海贝尔的库存管理种类和生产制造模式,采用如下库存管理模式:

① 材料库存和半成品库存管理。

在上海贝尔,材料和半成品库存管理基本是对应于订单生产模式的,市场需求的不确定性迫使企业备有一定的安全库存,这样就产生了库存的管理问题。根据近年遇到的实际情况,对关键性材料资源,考虑采用联合库存管理策略。通过供应商和上海贝尔协商,联合管理库存,在考虑市场需求的同时,也顾及供应商的产能,在电子商务手段的支持下,双方实现信息、资源共享、风险共担的良性库存管理模式。

② 成品库存管理。

由于上海贝尔公司的产品结构和近期市场需求旺盛两方面的原因,基本无严重成品库存管理问题,但是因市场需求波动造成的缺货压力偏大。上海贝尔终端产品的渠道和分销商信息IT系统和基础设施比较完善,能有力地支持库存管理,同时企业实力、存储交货能力也较强,2000年公司已开始尝试运用总体框架协议、分批实施、动态补偿,同时实行即时的相关信息交换,采用供应商管理客户库存模式来实现终端成品库存管理。

(4) 需求预测和响应的E化。

上海贝尔要发展成为世界级的电信基础设施供应商,必然面对全球化的市场、客户和竞争,势必对市场研究、需求预测和响应作相应地变革。

① E化的市场研究和需求预测。

上海贝尔的库存风险来自两方面:其一是库存管理模式,其二市场预测的偏差大。强化市场研究、减少需求预测偏差势在必行。电子商务技术的应用可从研究范围、信息来源、反馈时间、成本费用等提高市场预测的水平。上海贝尔可以在公司原有Intranet的基础上,与各分公司、分销商专门建立需求预测网络体系,实时、动态地跟踪需求趋势、收集市场数据,随时提供最新市场预测,使上海贝尔的供应链系统能真正围绕市场运作。

② E化的市场和客户响应。

现在,上海贝尔各大分公司通过专递合同文本至总公司审查确认,然后进入ERP运行,周期平均为7～10天,而现有的合同交货周期大量集中在20～30天,生产的平均周期为10～15天,运输周期为3～5天,如此操作,极易造成交货延迟,ERP系统在物理上的延伸的确能较大地改善需求和合同响应效率。

近期,可通过骨干网专线的延伸或Internet,建立公司内部ERP系统与分公司、专业分销商之间的电子连接,同时将有关产品销售或服务合同的审查职能下放至各大分公司,使市场需求在合同确认时即能参与企业ERP运行,同时在需求或合同改变时企业ERP系统及时响应,调整整个供应链的相关信息。

从中长期而言,逐步发展上海贝尔的B2B电子商务,建立网上产品目录和解决方案、网上客户化定制和订购、在线技术支持和服务,使上海贝尔的目标客户更直接、方便、及时地与上海贝尔的内核响应。

3. 上海贝尔电子商务供应链管理的要素和应用的关键切入点

(1) 电子商务与供应链管理的集成。

供应链管理模式要求突破传统的计划、采购、生产、分销的范畴和障碍，把企业内部及供应链节点企业间的各种业务看作一个整体功能过程，通过有效协调供应链中的信息流、物流、资金流，将企业内部的供应链与企业的供应链有机地集成，以适应新竞争环境下市场对企业生产和管理运作提出的高质量、高柔性和低成本的要求。基于电子商务的供应链管理的主要内容涉及订单处理、生产组织、采购管理、配送与运输管理、库存管理、客户服务、支付管理等几个方面。

电子商务的应用促进了供应链的发展，也弥补了传统供应链的不足。从基础设施的角度看，传统的供应链管理是一般建立在私有专用网络上，需要投入大量资金，只有一些大型的企业才有能力进行自己的供应链建设，这种供应链缺乏柔性。而电子商务使供应链可以共享全球化网络，使中小型企业以较低的成本加入全球供应链中。从通讯的角度看，通过先进的电子商务技术和网络平台，可以灵活地建立起多种组织间的电子连接，从而改善商务伙伴间的通讯方式，将供应链上企业各个业务环节孤岛连接在一起，使业务和信息实现集成和共享，使一些先进的供应链管理方法变得切实可行。

(2) 切入点分析。

企业的供应链管理是一个开放的、动态的系统，可将企业供应链管理的要素区分为两大类：① 区域性因素包含采购/供应、生产/计划、需求/分销。② 流动性因素包含信息流、资金流和物流。根据供应链管理系统基本六元素的区域性和流动性，可形成供应链管理系统矩阵分析模型。

借助电子商务实现集成化供应链管理是未来供应链管理的发展趋势，管理者可以从供应链管理矩阵的角度，根据供应链管理系统的具体内容，系统地认识和分析电子商务应用的关键切入点，并充分发挥电子商务的战略作用。

总　结：

基于电子商务的应用，可以有效地实现供应链上各个业务环节信息孤岛的连接，使业务和信息实现有效的集成和共享。同时，电子商务应用将改变供应链的稳定性和影响范围，也改变了传统的供应链上信息逐级传递的方式，为企业创建广泛可靠的上游供应网关系、大幅降低采购成本提供了基础，也使许多企业能以较低的成本加入供应链联盟。上海贝尔的电子商务供应链管理实践表明，该战略的实施不仅可以提高供应链运营的效率，提高顾客的满意度，而且可以使供应链管理的组织模式和管理方法得以创新，并使得供应链具有更高的适应性。

本章小结

本章对供应链和供应链管理的基本理论问题进行了阐述，介绍了供应链管理模式的产生背景，分别讨论了供应链管理与物流管理和传统管理模式的区别，对供应链的类型和特征进行了介绍。

供应链是围绕核心企业，通过对信息流、物流、资金流的控制，从采购原材料开始，制成中间产品以及最终产品,最后由销售网络把产品送到消费者手中的将供应商、制造商、分销商、零售商直到最终用户连成一个整体的功能网链结构模式。供应链管理覆盖了从供应商的供应商到客户的客户的全部过程,主要涉及供应、生产计划、物流和需求四个主要领域。

供应链与物流不同,供应链也不仅仅只是对物流概念进行扩展,供应链与企业的业务集成息息相关。供应链管理与物流管理在管理目标、管理内容、管理手段、学科发展四个角度上都存在差别,供应链管理与传统的企业内部物料管理和控制也有着明显的区别。

供应链根据运行特征和功能特征可分为稳定的供应链和动态的供应链、平衡的供应链和倾斜的供应链、效率型供应链和响应型供应链;供应链具有复杂性、动态性、面向用户需求、交叉性等特征。

第 2 章　供应不确定性

供应链系统中供应不确定性会影响供应链的整体效率。本章首先阐述了供应不确定性的表现形式，分别是质量不稳定、随机供应、供应中断、交货期不稳定、供货价格不稳定等五种形式。其次，本章还详细分析了引发供应不稳定的各种不同的因素，从不可抗力因素、社会因素、需求因素、产品因素、技术因素等方面进行了分析。

第一节　供应不确定性的形式

一、供应质量不稳定

上游生产商的生产流程是一个极为复杂的供应链系统，由于受到供应链原材料因素、劳动力因素、技术更新因素、工艺流程因素等综合因素的影响，上游企业向下游供应的成品或者半成品的质量会出现不稳定的随机波动状况。

一旦供应链中上游供给侧的半成品或者成品的输出出现质量的缺陷，这种质量缺陷会立刻影响到整条供应链的稳定性，可能导致以下后果：

(1) 供应链的整体满意度下降。较高的次品率会使得下游客户端满意度下降，会大幅降低下游用户的产品体验感受。

(2) 供应链下游装配系统的作业中断。上游产品或者零部件的质量不稳定会使得下游装配系统无法获得有效的作业连续保证，如果这种情况持续不稳定，则会使得下游供应链装配作业系统产生生产中断，影响整个供应链的交货时间及交货可靠性。

(3) 增加整个供应链系统的成本。由于供应链系统具有自组织性，上游的质量不稳定，在某种条件下供应链各成员会自动改变订货策略来进行自动响应，这在一定程度上会增加原有的订货量，从而使得供应链的整体库存成本大幅上升，进而提升供应链系统的整体成本水平。

(4) 影响供应链企业的市场整体竞争力。21 世纪的企业和企业之间的竞争已经不再是各个企业自身的竞争，其实质表现为企业所处的供应链之间的整体竞争性，因此，良好的上游半成品或零部件的交货质量，是保证供应链整体竞争优势的重要条件。

以苹果的代工污染丑闻为例进行分析，可见供应质量的不稳定对整体供应链影响是非常巨大的。2012 年，苏州某企业为苹果代工显示屏膜，其正常的工艺流程最后一步是对显示屏膜进行除尘处理，由于工艺的流程缺陷，这种常规除尘处理使得生产线上的苹果手机显示屏膜的损坏率超过 30%，这严重影响了其对苹果的交货，并大幅提升了公司的整体生产成本。为了破解这一难题,后来该工厂实验在除尘工序启用某种化学制剂,这一实验的结果使得破损率大幅降低,经过这一工业实验后,该厂将该种化学试剂大量使用于生产流程中,从而提升供应可靠程度,保证了下游客户的满意度。但后来的事实证明,该工厂的生产线工序采用的这种化学制剂对流水线工人的身体健康会产生极为不良的影响,造成几十名流水线工人有不同程度的不良反应,在劳动部门的强力介入下才解决了这一劳资纠纷丑闻。这一行业丑闻说明了供应链上游半成品或者零部件的质量不稳定会损害整个供应链,甚至会使得供应链内部成本外部化,会使得本来由供应链企业承担的成本溢出供应链系统,由外部社会系统隐性承担额外的质量缺陷风险。

通常,在物流拉动式供应链系统中,由于上游半成品或者零部件质量缺陷导致的供应链不稳定的后果要更为突出,因为拉动式供应链采购系统,是用订单进行驱动,供应链节点没有太多额外的库存,因此供应质量的缺陷会瞬间阻断整个供应链的运营,进而破坏供应链的有效流程。但物流推式管理的供应链系统对上游产品质量的免疫力会更强一些,因为在物流推式供应链系统中,采购流程采用的自上而下的传统流程,即上游企业将产品以某种需求预测的结果进行分配决策,供应链节点中的库存偏高,则质量的缺陷会被库存所掩盖,在一定范围内的质量缺陷和质量不稳定不会导致供应链产生流程中断。

二、产品现货供应比率随机不稳定

这一类不稳定体现在下游需求系统向上游生产下订单后,上游生产商并不能有效满足下游企业的需求,而是根据某一个比率进行供货,通常把这一比率称为现货供应比率。某些供应链管理的研究者把这一比率定义为供应链系统的服务水平。

目前的很多关于供应不稳定问题的研究主要把研究焦点聚焦于供应量比率的随机不稳定性上。例如,下游采购商向上游生产商订购数量为 Q 的订货量,但供应商很难完全满足下游的采购商的订货需求,实际供应可能按照某种比率向下游供货,如果假设供应比率为 k,则在此情形下,上游供应商向下游实际供货数量为 kQ,在此,k 为 0 至 1 之间任意比率,且 k 满足某种概率分布特征的随机变量。这种情形的供应不稳定目前是供应链研究者常常聚焦的重点领域。研究发现,可以借用博弈论的有关对策理论来进行采购供应决策,从而达到总体供应链成本的最低或者整体风险的最低。上游生产商可以通过确定某一个采购批发价格作为决策变量,从而引导下游采购商的具体采购数量的决策,进而最终获得供应链总成本的最低。

这类供应不稳定性对整个供应链运作的影响主要可以概括为以下几点。

(一) 影响供应链最终产品的交货量,降低供应链整体服务水平

通常衡量供应链服务水平的指标为产品现货满足比率。

供应链库存管理的首要目标是确保客户所订的产品在所需的时间按所需的数量得到供给(Available)。这一目标的实现通常是以当前库存履行订单的概率(Probability of Fulfillment,订单履行概率)来衡量的。这一概率或订单履行比率(Fill Rate)称为服务水平(Service Level):

服务水平(Service Level)＝现货供应比率(Fill Rate from Current Stock)
＝订单履行比率(Item Fill Rate)
＝订单履行概率(Probability of Fulfillment)

上述关于服务水平的指标从本质上来看是一致的，对服务水平起到关键作用的是 kQ 中的 k 值。

（二）影响下游采购商订货的数量决策

如果上游生产商对下游订货商所订购产品进行随机发货响应，按照某种随机比率进行发货，势必会导致下游最终采购商大幅增加订货量，从而改变定量决策进行响应，获得更大的安全库存，以满足目标市场最终的整体需求，避免产生大量的缺货成本。

采购商的这一理性对策，在客观上增加了整体供应链的需求端的订货量，这一对策的直接后果是导致“牛鞭效应”的大幅提升，如果整个供应链的中间层级处于一个较大的规模，则这种情况下的“牛鞭效应”所带来的后果是较为严重的，会大幅度增加供应链系统的整体库存水平。

下游采购商的理性订货决策会通过供应链系统沿下游逐步向上游传导，会影响到整个供应链的所有环节，从客观上大幅提升供应链的库存成本。

这一影响的逻辑是：上游供给侧供应数量的随机比率，导致下游采购商订货需求放大响应，进而再逐步向上游传导，使得供应链每一节点的库存都大幅增大，最终影响供应链整体库存规模，增加库存成本。

（三）破坏供应商的生产决策机制

供应商本身的供应比率随机性，会从根本上影响下游客户端对供应商的信用评估水平，降低供应商的供货表现，从而会影响供应商在市场上获得长期机会的可能性。

基于这种长期的影响，供应商如果希望积极应对，则应该积极提升工艺水平，改变管理决策机制，运用更为科学而有效的工艺方法和生产控制技术，来确保生产过程的稳定，这在一定程度上会额外提升供应商的生产成本，破坏供应商原有的决策机制。

供应商可能会采用更为先进的 ERP 系统来改进管理流程，更新原有的 MRP 决策数据，供应随机性的提升破坏了原有的 ERP 和 MRP 决策机制，因此，从这个意义上说，供应比率的不稳定性不仅会对下游采购商带来成本提升，还大幅度提升了上游生产商的运作成本。

三、供应商供应中断风险

在供应不稳定的有关研究中，一些学者将研究内容聚焦于供应商的供应中断风险。也就是说，在正常的供应链的整体运作过程中，上游供应商向下游供应的过程是一个随机中断过程，即供应商以某一个概率水平向下游采购商进行供货，在这种条件下，供应商完全满足下游采购商的概率为 P，则完全不满足下游采购商的概率为 $1-P$，即供应商向下游采购商

供货中断的概率为 $1-P$。

这一供应不稳定性体现在供应商向下游采购商供应中断这一事件的随机性，概率空间中不存在部分供应满足的可能性，只有两种可能性，即完全满足和完全不满足。有学者将这一过程称为 all or none。

供应中断风险一般来源于自然灾害、战争和恐怖袭击、劳资纠纷、供应商破产和其他可能的中断事件(如交通意外等)。例如，2000 年“阿尔伯克基事件”导致爱立信手机退出手机业务；2002 年加利福尼亚码头工人的怠工事件导致 Nnmmi 公司停产；2003 年美国北部电力中断事件导致苹果公司的芯片供应中断等等。在这些案例中，供应中断的影响或大或小，可以将影响的程度进行分级：一级影响相对较轻，采购商处理此危机仅仅是需要付出较少的人力和财力资源；二级影响较重，不仅涉及采购商本身的成本，还部分波及供应链的其他层级；三级影响最重，供应中断所带来的消极影响扩大到整个市场，供应链市场整体份额和利润持续下滑。

供应中断风险之所以有深入研究的价值，是因为这是选择后备供应商或者双源供应时必须着重考虑的因素，应对供应中断风险的交易成本与后备供应商合作成本的差异左右着选择。应对供应中断风险的交易成本，即上面提到的三级影响。与后备供应商的合作成本包括谈判成本、订货成本、回购成本等。若交易成本远小于合作成本，则单源供应优于双源供应，选择单源供应模式；若交易成本远大于合作成本，则选择双源供应模式，选择最优后备供应商，可以从很大程度上降低中断风险损失，甚至获益。

一般认为，衡量供应链中断带来的影响可以从概率和危害程度两个维度进行讨论。根据概率特征和危害程度两个维度可以把供应中断分为四种类别：“小概率、大危害”“小概率、小危害”“大概率、小危害”“大概率、大危害”。供应中断之所以能够对供应链上成员企业造成损失，一个重要的原因就是其发生的概率不确定性及导致的危害性。

当然，供应中断所造成的影响还和供应链本身的复杂维度有关。供应链有三个复杂维度，即广度、深度以及供应链成员的合作方式。广度是指从供应链整体包含的层级数。深度是指每一层级供应链企业的数量。供应链成员的合作方式也是衡量供应链复杂性的一个维度，如果供应链上下游企业之间没有任何信息共享，属于完全自我分散决策，则供应链的复杂程度将会提升。一般认为，供应链的广度越广、深度越深、成员共享度越低，供应链的复杂程度就越高。供应链的复杂性使得供应不稳定性在整个供应链系统进行传递，并最终通过供应链系统对目标市场造成长期的伤害。

最后，较为僵化而落后的供应链管理思想也会放大供应不稳定对供应链整体的伤害，过度无条件的低成本追求，僵化地为了某些特殊利益而选择单个供应商，会使得供应中断所带来的影响被放大到极限，并最终使整个供应链系统带来毁灭性破坏。

四、交货期的不稳定性

供应商供应的不稳定性不仅表现在交货数量和质量的不稳定上，还表现在向下游采购商供货的交货期不稳定性上。这种交货期的随机性，会降低下游采购商的订货决策效率，使得下游采购商制定额外的订货提前期，从而促使采购成本大幅增加。

交货期的不稳定性在根本上改变了传统的经济批量订货模型，使得订货决策发生根本性改变以响应交货期的不确定性。交货期的不稳定性会彻底改变安全库存的水平，使得安全库存大幅增加，进而提高了整个供应链的整体库存水平。

如果某产品每天总是销售 20 单位，前置期总是 10 天，单次订货量为 200 个订货单位。假设订货晚到 2 天，则在第 12 天就会发生 2 天的缺货(40 单位)。此时由于 2 天的缺货，库存系统需要有额外的 40 单位的安全库存，以保证系统不会因为订货前置期变动而缺货，即需要保有 140 单位的平均库存。

在生产系统中，零部件交货期的不稳定导致生产商无法按照传统的运作技术进行 MRP 的决策部署，零部件的交货期的不稳定性会使得整个供应链的 MRP 系统的库存管理效率大幅降低，增加了 MRP 系统决策的难度，使得 MRP 输出的生产任务单和采购任务单变得异常复杂。

五、供应价格的不稳定性

供应价格的不稳定性对订货商的订货决策而言较为敏感。在现实的供应链流程中，无论什么行业，如汽车制造业、航空制造业、食品行业、农产品市场、电子通信业等，上游供应商的原材料或者零部件的价格上涨或者下跌都会给下游订货商带来订货决策的影响。

例如，建筑材料价格往往涨跌幅度都极大，这对下游建筑业的运营有着较为显著的财务影响，过高的建筑原材料价格会使得整个行业销售额无法超越盈亏平衡点，行业整体利润率水平大幅降低。

供应商供货价格的不稳定严重削弱了采购商的长期市场预期能力，使得采购商往往陷入短期利益的博弈困境之中，无法有效预期未来的整体市场商业盈利能力，这一不稳定性不仅导致微观层面的企业决策产生迷茫，导致下游企业失去赢取核心竞争力的机会，还会在宏观上削弱行业的整体竞争优势。

一般来讲，造成这种供应不稳定的原因有很多，主要因素包括劳动力成本的价格波动、人口红利的丧失、自然灾难的因素、产品技术的更新、供应商对未来市场预期的改变等。采购商往往通过采用期权订货策略的方法来分担供应价格不稳定条件下带来的风险，尤其是在供应价格上涨的预期下，采购商可以通过看涨期权，来消除从供应端传导而来的不稳定价格风险。

第二节　引发供应不稳定的因素

引发供应不稳定风险的因素可以分为以下几种。

一、不可抗力因素

不可抗力因素包括洪水、地震、海啸、飓风等灾难性自然因素。例如，2013 年，日本遭受地震，进而引发震惊全球的大海啸，当时这一突发性自然灾难引起日本国内市场输出中断，日本的汽车制造商迫不得已关闭了其海外的生产基地。这一举措影响了欧美和亚洲的大量汽车生产商,由于自然因素导致的不可抗力致使全球汽车供应链遭受巨额损失。不可抗力导致的自然灾害,发生的概率是很低的,但导致供应不稳定的危害较大。这一因素属于“概率低、危害大”特征的影响因素。

不可抗力因素还包括罢工等不可控制的风险,如美国西部港口工人在21世纪初所进行的大规模罢工,使得部分美西港口处于停滞状态,大量从太平洋航线输入到美国西部口岸的商品无法有效供给。台湾的电子产品供应链在这一事件中损失严重,大量的电子产品和零部件无法有效及时输入到美国本土,导致大量的美国电子企业生产中断。

二、社会因素

社会因素造成的供应不稳定较为常见,尤其在农产品和食品供应链领域。由于社会经济的发展和生活水平的普遍提升,大量的农村剩余劳动力被普遍吸附到主要一线城市,这一过程使得农村的农产品劳动力大幅减少,进而影响农产品生产产量,容易造成农产品供应的中断。另外,由于社会风俗习惯的影响,在某些节假日,由于人口大量从城市向农村反向回流,食品供应容易产生中断或者短缺。

三、需求侧因素

供给侧的不稳定在某些条件下会被需求侧的不稳定所传导。传统的供应链有两个互为相反的流,供应链从左向右是正向的产品价值的增值过程,原材料、零部件通过供应链的传导,到达供应链最右侧的需求端时其价值大幅增值。另外,供应链从右向左会有一个需求信息的逆向传导功能。由于需求侧的不稳定,如随着经济因素的好转、购买力水平的普遍提升,会使得某种商品的需求在短时间内大幅增加,这一过度的需求张力会拉断上游的供应链系统,从而使得上游供给不稳定。

在以预测为主要特征的推式管理供应链系统中,这一特征尤为明显,上游供给侧的企业无法有效响应下游需求的不确定性,从而会被动进行供给输出,或者根据某个历史时间段的数据进行生产规划,这样使得供给侧的生产无法有效满足需求,造成上游供应的相对不稳定性。

四、产品因素

产品因素也是导致供应不稳定的重要原因。按照传统的供应链产品的分类体系,可以把供应链产品分为创新型和功能型两类。功能型产品是满足市场日常需求类型的产品,产品需求量巨大而且稳定,通常采用推式供应链管理的技术。而创新型产品属于不可预测的市场需求,如高端电脑、高端汽车、高端电子产品等,这类产品的创新性要求高,充满了不确定性,这类产品的供应链往往以拉式为主。从供应不稳定的角度看,往往创新型产品的供应不稳定性要高一些。

可以从创新性和技术难易程度两个维度对供应链产品进行分类,将产品共分为四个类别:创新型技术难度低、创新型技术难度高、功能型技术难度低、功能型技术难度高。

图2-1详细分析了产品类型和供应不稳定的关系，在创新型、技术难度高的区域中，产品的供应不稳定性最大。这在实际中很容易得到证实，如航天科技领域中，零部件的供给往往具有极高的不稳定性，因此航天科技的供应链管理系统极为复杂，需要良好的需求和供给的管控能力和管理技术。

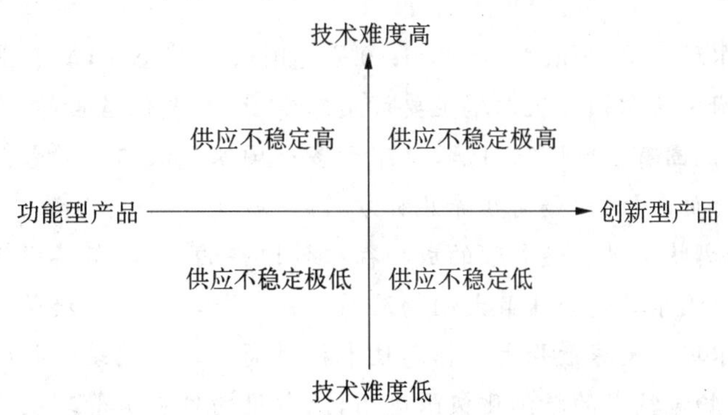

图2-1　供应不稳定与供应链类型分类关系图

五、技术因素

技术因素是造成供应不稳定性的另一个重要原因。生产企业中，技术是企业的核心竞争力，但技术也是一把“双刃剑”，在给企业带来核心竞争力的同时也会造成其生产的某些不确定性，尤其是那些不成熟的技术或者难度系数极高的技术，技术的不稳定性会造成企业供给的不可预测，并且直接传导到下游。比如，我国的高铁产业，在经历了高速发展后，由于技术上的不稳定性，曾导致了震惊中外的高铁列车相撞事件。

六、片面柔性供应决策

供应链管理的库存供给决策现在向柔性化精细化的方向发展，JIT配送的极致化使得供应链管理者过度迷恋“零库存”管理的理念，配送模式中柔性配送是管理者追求的目标。这种柔性的、小批量的、多批次的喂给式配送，一方面能够大量节省库存成本，但另一方面也给供应链的供给带来了极高的不稳定性，如果上游配送体系稍有疏忽，则立刻带来供应中断或者供给量减少，这在一定程度上降低了供应链的整体稳定性和系统管理效率。

七、人力资源因素

劳动力资源随着人口红利的逐渐消失，其市场平均收益在逐年增加，劳动力市场上人口红利的消失使得劳动力价格大幅增长，此时，劳动力供应价格的增长最终会通过供应链正向的传导机制传导到供应链的下游，增加整个供应链的综合成本。

不断丧失的人口红利，给很多行业尤其是劳动密集型行业带来了极大的不确定性，很多生产企业的劳动力供给出现了严重的不稳定，劳动力资源的不稳定会使得生产企业生产陷入困境。

案例分析

沃尔玛应对供应不稳定的案例分析①

众所周知,沃尔玛公司(Wal-Mart Stores)是美国的连锁企业,其营业额排名全球企业前列,创始人为山姆·沃尔顿。沃尔玛主要涉足零售业,曾是位居世界500强之首的巨头。沃尔玛公司在全球范围有8 500家门店,分布于多个国家。沃尔玛的营业模式主要有沃尔玛购物广场、山姆会员店、沃尔玛商店等几种方式。

学者们对沃尔玛物流供应链管理的成功往往作这样的总结:与其说沃尔玛是全球最大的采购商,还不如说沃尔玛是全球最大的物流服务商。与其说沃尔玛是全球最大的物流服务商,还不如说沃尔玛是全球最强大的信息技术提供商。这一总结的核心思想是指沃尔玛成功的关键是其对物流技术的精细化极限运用,沃尔玛的供应链管理的思想被无数学者写入教科书。

1. 沃尔玛多种采购模式

(1) 沃尔玛供应商策略取决于其经营理念。沃尔玛对低进价的追求渗透到采购的每一个环节,其采购策略是严格压价,与供应商结成战略伙伴关系并直接与供应商签订回购契约,排斥了大量的中间商,同时也尽可能最大程度地从供应商身上获取最大利润。这一理念使得沃尔玛针对不同采购商品采用不同的供应商策略,以获取最优利润。

(2) 沃尔玛的混合采购模式。沃尔玛的采购模式同样是单源和多源并举。采购策略中集中采购模式是典型的单源采购。此外,为了寻求稳定的供应,沃尔玛还要求供应商有足够大的规模,规定不会向任何一家供应商采购超出其供应能力的50%,因此在其供应链中呈现多源模式的特点。

(3) 沃尔玛与供应商的回购契约。沃尔玛会与部分供应商签订回购契约。因为沃尔玛自身销售渠道的优势,很多优质供应商愿意通过签订回购契约的方式来释放“产品质优、售后服务优良”的信号来赢取与沃尔玛的合作。

2. 沃尔玛多种采购模式对提升供应稳定性的作用

对零售企业来说,选择了合适的供应商,才有可能采购到合格的商品并且保证供应稳定。在多种策略并存的情形下,沃尔玛形成高度整合和资源充分流通的供应商管理和采购体系。

(1) 混合采购,提升供应稳定性。

沃尔玛的模式使得其对不同商品有相应的多种采购选择,这样的做法是能彻底发挥单源、双源和多源模式各自的优势。沃尔玛的集中单源采购模式应用在与供应商建立紧密的战略合作伙伴上,这种模式能使供应商与之充分沟通,减少无序竞争。双源采购模式提供了备用供应商,在主供应商发生供应危机时,备用供应商能提供稳定的价格和较强的供应能力。

① 资料来源:凌定成,罗军.沃尔玛应对供应不稳定的供应链策略分析[J].2017。

(2) 回购契约,实现供需稳定平衡。

如果说多源供应商的选择是为应对来自供应方面的不确定性,那么,回购契约就是为了应对供需两方面的不确定性。沃尔玛采取买断销售的方式,虽然会进行销售预测,但由于需求具有易变性的特征,预测偏差难以避免。回购契约的签订则分散了这种风险,在回购契约中沃尔玛与供应商事先签订在出现供需偏差时,供应商需要以零售价格回购部分或者全部产品。这就保证了沃尔玛的商品有了后续的处理方式。

3. 沃尔玛案例的启示

企业间的竞争要求对整个供应链进行整合,如何更好地借助上下游的通力合作,获得对供应产品从成本、质量、数量到时间的严格把控是对供应链管理提出的严峻挑战。更进一步,企业所面临的来自上游的供应不稳定风险日益加剧了供应链管理的复杂程度,因此国际上比较成功的生产性企业和零售业巨头,其成功的奥秘往往聚焦于应对供应不确定性的有效策略,进而成功实现了对供应链整体的风险管控。

成功的企业在供应链管理中应针对不同的采购目标来选择合适的供应源战略,发挥不同策略优点,进而应对供应不稳定性风险。沃尔玛的单一供应源策略表明上下游企业应该更大程度地共享信息才能共同抵御供应不稳定风险。其多源策略下多个供应商之间的竞争可以降低直接成本,大幅降低供应不稳定性风险的同时也带来了较高的供应渠道的维护成本。沃尔玛的回购契约策略充分说明了供应链上下游之间的供应风险可以通过有效的回购契约的设计来实行风险共担。企业如何选取采购模式要根据自身的实际情况,既要考虑成本又要考虑供应链柔性。

沃尔玛的案例告诉我们企业需要根据自身所处的行业环境,有效建立协同关系,以应对供应不确定性。企业可以通过有效的管理策略,不断降低供应链运营成本,同时更好的管控供应不稳定风险,进而实现供应链企业双赢。

本章小结

供应不确定性及其产生的因素是本章讨论的主要问题。供应链系统中的质量不稳定、数量不稳定、交货期不稳定等诸多不稳定性会严重降低供应链系统的整体效率。导致供应不稳定的主要因素有不可抗力因素、社会因素、需求因素、产品因素、技术因素等。

第 3 章　供应链系统的协调及风险分担机制

在供应链系统的日常运作中，供应链上的企业之间发生着频繁的物流、资金流、信息流交换，彼此之间的信息和决策对整个系统的运行效果影响很大，尤其是当需求信息在供应链传递中被扭曲时，会使得供应链系统无法同步运行，产生不协调现象。因此为了提高企业乃至整个供应链的竞争能力，供应链成员需要缓解不协调现象并通过一定的机制来协调各种运作决策。本章首先介绍了牛鞭效应的概念及其危害，然后分析了牛鞭效应的产生原因，并对其进行定量分析；接着阐述了减少牛鞭效应或消除其影响的方法，最后介绍了供应链协调机制和常见的几种供应链契约。

第一节　"牛鞭效应"现象及其危害

一、"牛鞭效应"的概念

"牛鞭效应"，也称需求变异放大效应，是美国著名的供应链管理专家 Hau L. Lee 教授对需求信息在供应链中传递的一种形象描述。其基本思想是：当供应链的各节点企业只根据来自其相邻下级的企业的需求信息做出生产和供给决策时，需求信息的非真实性会沿着供应链逆流而上，从而产生了逐级放大的现象，当到源头供应商那里时，其获得的需求信息和实际消费市场中的顾客需求信息发生了很大的偏差。由于这种需求放大效应的影响，上游供应商会维持比下游供应商更高的库存水平。这也说明了供应链库存管理中的一个普遍现象："看到的是非实际的"。

图 3 - 1 显示了"需求变异放大"的原理和需求变异加速放大过程。因为这种图形很像美国西部牛仔赶牛使用的长鞭，所以被形象地称为"牛鞭效应"。

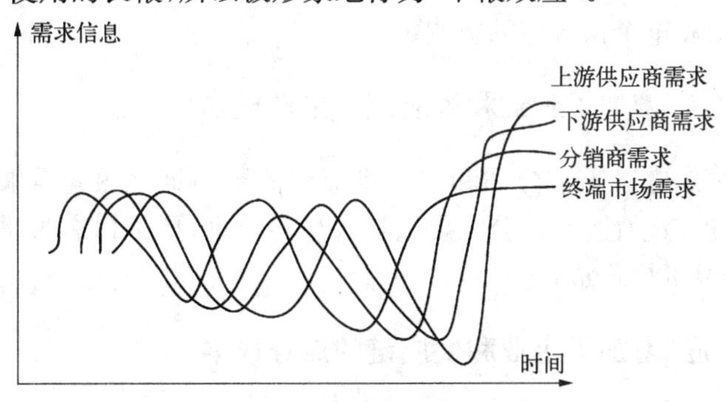

图 3 - 1　"牛鞭效应"示意图

较早发现需求放大效应的是宝洁公司。宝洁公司在一次考察该公司最畅销的产品“帮宝适”尿布的市场需求时，发现该产品的零售数量波动不大，但他们注意到分销中心向宝洁公司下达的订单的变动程度明显增大了，有趣的是，他们进一步考察宝洁公司向其供应（如 3M 公司）的订货时，发现其订货数量的波动程度更大。除了宝洁公司，如惠普公司在考察其打印机的销售状况时也曾发现过这一现象。

需求放大效应是需求信息扭曲的结果。供应链的信息流从最终客户端向原始供应商端传递时，由于无法有效实现信息的共享，每一个供应链的节点企业的信息都有一个信息的扭曲，逐级而上，使得信息扭曲越来越严重，从而导致需求信息出现越来越大的波动。

以一个由单个零售商、单个批发商、单个分销商和单个制造商组成的典型的供应链为例。零售商依据掌握的顾客需求信息，向批发商订货；批发商接受其下游零售商的订单，并向其上游供应商——分销商订货，为了确定订单的订货量，批发商必须预测零售商的需求，如果批发商不能准确获知顾客的需求数量，就必须利用零售商已发出的订单来进行预测。因为零售商订单的变动性明显大于顾客需求的变动性，所以为了满足与零售商同样的服务水平，批发商被迫持有比零售商更多的安全库存，或者保持比零售商更高的能力。同样，分销商也利用批发商已发出的订单预测顾客的需求量，再向制造商订货；制造商利用分销商的订单来预测顾客的需求量，然后组织生产。这样，由于供应链各节点企业都只根据来自相邻的下游企业的需求信息进行生产或供应决策，各企业之间缺少有效的信息沟通和集成，造成需求信息的失真。而且，需求信息的不真实性沿着供应链逆流而上，产生逐级放大的现象，达到供应链的源头——制造商时，其预测的需求信息和实际消费市场中的顾客需求信息就发生了很大的偏差。

二、“牛鞭效应”的危害

“牛鞭效应”导致需求信息失真。供应链中信息的扭曲现象会导致其成员对市场和顾客的预测出现偏差，很可能进而导致企业出现决策失误，造成严重的后果，如库存积压严重、服务水平低下、产品成本过高、产品质量低劣、占用资金等，最终导致企业在市场竞争中处于不利的地位。“牛鞭效应”及其引发的失调对供应链的运营业绩有较大的负面影响，不仅增加了成本，降低了整个供应链的反应能力，而且不利于在供应链内部建立合作伙伴关系，从而导致整个供应链的管理变得十分复杂困难而利润下降。

宝洁公司发现上游成员总是过分地响应下游的订货需求，从而导致供应链系统的总成本高于最优总成本的 5～10 倍。下面以宝洁公司供应链中的“牛鞭效应”为例，说明“牛鞭效应”对企业经营业绩和整个供应链的影响。

（一）“牛鞭效应”增加了企业和供应链的生产成本

由于存在“牛鞭效应”，宝洁公司和它的供应商需要满足比顾客需求波动更大的订单。为了应付这种增大的波动性，宝洁公司要么扩大生产能力，要么保有过量的库存，这两种做法都会增加单位产品的生产成本。

（二）“牛鞭效应”增加了企业和供应链的库存成本

为了满足更大的需求波动，宝洁公司不得不维持更高的库存水平。因此，供应链的整个库存水平增加了。"牛鞭效应"引起的库存水平增加，占用了企业资金，同时高水平的库存使得仓库存储空间增加，也增加了库存成本。

（三）"牛鞭效应"延长了企业和供应链的补给供货期，降低产品供给水平

由于"牛鞭效应"增加了需求的变动性，宝洁公司会出现当前生产能力和库存不能满足订单需求的情况，从而导致供应链内公司及其供应商的补给供货期的延长。订单的大幅波动使得宝洁公司很难满足所有的分销商和零售商的订单，产品供给水平降低，从而导致零售商出现货源不足的概率加大，进而给销售带来不良影响。

（四）"牛鞭效应"增加了企业和供应链的运输成本

宝洁公司及其供应商在不同时期的运输需求与订单完成密切相关。由于"牛鞭效应"的存在，运输需求将会随着时间的变化而剧烈波动。因此，需要保持剩余的劳动力来满足订货高峰期的要求，从而增加了运输成本。

（五）"牛鞭效应"增加了企业和供应链的送货和进货的劳动力成本

宝洁公司和供应商发货所需的劳动力随着订单的波动而波动。分销商和零售商收货所需要的劳动力也会发生类似的波动。要么保持过剩的劳动力，要么根据订单的波动改变劳动力，这两种方法都会增加劳动力成本。

（六）"牛鞭效应"损害了供应链各个环节的关系

"牛鞭效应"对各个环节的经营绩效都有负面影响，从而损害了供应链各个环节的关系。每个环节中企业都认为自己尽了最大努力了，所以，将这一责任归咎于其他环节。因此，"牛鞭效应"导致供应链的不同环节信任度减弱，从而使潜在的协调努力变得更加困难，不利于供应链管理。

第二节　"牛鞭效应"产生的内在机制

一、"牛鞭效应"的成因

自发现"牛鞭效应"现象以来，人们就开始探究其产生的原因，可以将其归纳为以下几个方面。

（一）需求预测不当

当供应链中的成员企业采用其直接的下游订货数据作为市场需求信号时，即产生需求放大现象。在供应链中，成员企业都会对其生产调度、存货控制和物料需求等进行计划和预测。首先，预测的依据是企业直接下游的需求信息而不一定是真实的最终顾客需求信息，而需求信息沿着供应链逆流而上被逐级放大，所以预测的需求信息和实际消费市场中的顾客需求信息会有很大偏差。其次,在传统的运作模式中,上游供应链中的成员企业为了确定的理想库存水平和订货数量,一般需要定量的方法(如移动平均或指数平滑等方法),对其下游成员的订货数量进行预测,但任何方法都有一定的局限性,不能精确地预测未来。例如,在指数平滑法中,未来的需求被连续修正,这样送到供应商手中的需求订单反映的是经过修正的未来库存补给量,为保险起见,经过修正的订货量都是比实际量大的。因此,沿着供应链上游移动时,就会产生“牛鞭效应”。

(二) 订货提前期

订货提前期也是“牛鞭效应”产生的重要因素。过长的订货提前期降低了需求信息的时效性,扭曲了市场的需求信息,导致上游企业无法及时有效地对市场的需求做出准确的预测。而供应链中各成员正是利用需求预测更新其目标库存水平的,较长的提前期将导致目标库存水平发生较大的改变。同时,提前期越长,企业灵活应对需求的难度越大,需要的库存量也就越大,订货提前期让供应链各节企业增加安全库存,以应对缺货,尤其是提前期过长时,会导致安全库存量的明显增加。因此,提前期也会导致“牛鞭效应”的产生,提前期越长,供应链“牛鞭效应”越严重,对供应链库存管理影响越大。

(三) 批量订货

销售商为了减少订货频率,降低订货成本和规避缺货风险,会根据理想状态批量订货。如果库存成本小于因价格折扣所获得的利益,销售商为了尽早得到货物,或者备不时之需,当然愿意预先多买。订货次数的增加会增加供应商的工作量和成本,批发商也会要求销售商在一定数量和一定周期订货。这样的订货量就不能真实反映需求的变化,从而产生了“牛鞭效应”现象。

(四) 短缺博弈

高需求产品在供应链内往往处于短缺供应状态。这样,制造商就会在分销商或零售商之间调配这些产品的供给。通用的做法是,当需求量大于供应量时,理性的决策是按照客户的订货量比例分配现有的库存供应量,比如,总的供应量只有订货量的50%,合理的配给办法是所有的用户获得其订货的50%。此时,客户为了获得更大份额的配给量,故意夸大其订货需求,当需求下降时,订货又突然消失。这种由于个体参与的完全理性经济决策造成的需求信息的扭曲最终导致需求变异加速放大。

(五) 供应链的组织结构

由于供应链的各个企业是独立的个体,存在各自的利益目标。供应链上参与者的利益目标和供应链最优化决策往往是互相制约和影响的,最终导致代理方在传递信息时按照自己最优而委托方次优的标准进行选择。所以一般而言,供应链链条越长,处于同一层的企业节点越多,供应链离最终客户就越远,对需求的预测就越不准确。同时经过各环节的传递及各企业安全库存的多层累加,需求信息的扭曲程度越大,“牛鞭效应”越明显。

（六）缺乏信息交流与协作

由于缺乏信息交流与协作，企业无法掌握下游的真正需求和上游的供货能力，只好自行多储备货物。同时，供应链上无法实现信息交流，也就无法实现存货互通有无和转运调拨，各自持有高额库存，这同样会导致“牛鞭效应”。

（七）应付环境变异

由于政治环境、经济环境、社会环境和政策环境的变化所产生的不确定性，会诱导销售商采取应对措施，而应对的方法是持有高库存，随着这些不确定性的增强，库存量会随之增大，销售商将不确定性风险转移给供应商而加大订货量，但所代表的并不是真实的需求，所以也会导致“牛鞭效应”。

二、“牛鞭效应”的定量计算①

（一）牛鞭效应量化模型推导

牛鞭效应的量化表述为：供应链上游企业面对的需求波动（方差）要大于下游零售商面对的需求波动。假设存在一个由单一零售商和制造商组成的简单供应链，零售商面对的消费需求为一随机变量，如下式。

$$D_t = \mu + \rho D_{t-1} + \varepsilon_t$$

其中，μ 为非负常量；ρ 为自相关参数，且满足 $|\rho| < 1$；ε_t 为误差随机变量，均值 0；方差 δ^2。

可以导出：

$$E(D_t) = \frac{\mu}{1-\rho} \quad Var(D_t) = \frac{\delta^2}{1-\rho^2}$$

若 $\rho = 0$，消费需求 D_t 的期望值和方差分别为 (μ, δ^2)。设零售商采用最小最大 (s, S) 库存管理法，在任意时间 t，订货点 y_t 为逐日变化的需求期望和标准差估计值的函数。

$$y_t = L\hat{\mu}_t + z\sqrt{L}S_t$$

$$\hat{\mu}_t = \frac{\sum_{i=t-p}^{t-1} D_i}{p} \quad S_t^2 = \frac{\sum_{i=t-p}^{t-1} (D_i - \hat{\mu}_i)^2}{p-1}$$

其中，$\hat{\mu}_t$ 和 S_t 分别为需求的期望和标准差的估计值。L 为交货周期，常数。p 为估计需求的时间样本长度。z 为服务水平因子，根据保证供货概率的要求，确定该值大小。根据正态分布，在交货期内保证供货概率与 z 服务水平因子之间的关系，参见表 3 - 1。

① 此部分有关牛鞭效应的定量推导及假设条件参考孙元欣教授编写的《供应链管理原理》。

表 3-1　交货期内保证供货概率与 z 服务水平因子之间的关系

保证供货概率	0.998 8	0.99	0.98	0.95	0.9	0.8	0.7
z 服务水平因子	3.5	2.33	2.05	1.65	1.29	0.84	0.53

设零售商向制造商发出的定量为 q_t，并且满足以下公式。

$$q_t = y_t - y_{t-1} + D_{t-1}$$

订量 q_t 为本期与上期订货量之差,另外加上期的需求量。若 q_t 为负值,假设允许无成本退回超量的库存。分别将前面有关 y_t、$\hat{\mu}_t$、S_t^2 的公式带入上式,展开后有:

$$q_t = L(\hat{\mu}_t - \hat{\mu}_{t-1}) + z\sqrt{L}(S_t - S_{t-1}) + D_{t-1}$$

即
$$q_t = L\left(\frac{D_{t-1} - D_{t-p-1}}{p}\right) + D_{t-1} + z\sqrt{L}(S_t - S_{t-1})$$

进一步整理得: $q_t = \left(1 + \frac{L}{p}\right)D_{t-1} - \left(\frac{L}{p}\right)D_{t-p-1} + z\sqrt{L}(S_t - S_{t-1})$

对于 q_t，取方差 $Var(q_t)$，展开后如下:

$$Var(q_t) = \left[1 + \left(\frac{2L}{p} + \frac{2L^2}{p^2}\right)(1-\rho^p)\right]Var(D_t) + z^2 LVar(S_t - S_{t-1})$$

上式整理后可得:

$$\frac{Var(q)}{Var(D)} \geqslant 1 + \left(\frac{2L}{p} + \frac{2L^2}{p^2}\right)(1-\rho^p)$$

该式为牛鞭效应的近似量化分析,基本假设为零售商采用平滑需求预测,预测样本为 p,采用最小最大库存订货法。

(二) 相关参数的讨论

1. 预测样本数 p

当 p 值足够大时,从零售商至制造商需求方差的增加,将被减小至忽略不计。也就是说,需求预测越平稳,需求方差的增加越小。当 p 值很小时,需求方差增加将变得很大。

2. 交货周期 L

交货周期 L 越大,牛鞭效应的结果越明显,若零售商面对较长的交货周期,则必须采集更多的需求预测样本数,以抵消由于交货周期过长带来的影响。

3. 自相关系数 ρ

如果自相关系数 $\rho = 0$，则下式成立。

$$\frac{Var(q)}{Var(D)} \geqslant 1 + \left(\frac{2L}{p} + \frac{2L^2}{p^2}\right)$$

(三) 多级供应链的牛鞭效应

前面对牛鞭效应的定量分析仅仅局限在简单的两级供应链情形,在多级供应链的情形中，牛鞭效应的分析变得更为复杂。可以进一步将多级供应链分为两种情况，一种是集中信息决策，一种是分散信息决策。

1. 集中信息决策

集中信息决策，即供应链上的第一级零售商将最终消费及时告知供应链上的各级企业。此时，牛鞭效应可以表达为：

$$\frac{Var(q^k)}{Var(D)} \geqslant 1+\frac{2\left(\sum_{i=1}^{k-1} L_i\right)}{p}+\frac{2\left(\sum_{i=1}^{k-1} L_i\right)^2}{p^2}$$

其中，L_k 代表第 k 级与第 $k+1$ 级之间的交货期，q^k 为第 k 级企业的订单。

2. 分散信息决策

分散信息决策，即在整个供应链上，仅有第一级零售商掌握最终消费需求信息，其他各级均不知道最终需求的信息，只掌握下一级的订货信息。此时，牛鞭效应可以表达为：

$$\frac{Var(q^k)}{Var(D)} \geqslant 1+\prod_{i=1}^{k-1}\left[1+\frac{2L_i}{p}+\frac{2L_i^2}{p^2}\right]$$

其中，L_k 代表第 k 级与第 $k+1$ 级之间的交货期，q^k 为第 k 级企业的订单。上述分析可知，一般情况下，分散信息决策相比集中信息决策，牛鞭效应更加突出。

第三节　缓解“牛鞭效应”的措施

由于“牛鞭效应”是从下游客户端逐级向上游转嫁风险的结果，因而它会危害整个供应链的运作，导致总库存增加、生产无序和失衡、业务流程阻塞、资源浪费、成本加重、市场混乱和风险增大。因此，必须尽力消除需求信息的扭曲和失真现象以弱化“牛鞭效应”。经过对形成“牛鞭效应”的原因进行分析和定量计算，这里我们给出若干个减少“牛鞭效应”或消除其影响的方法，下面对这些方法做简单的讨论。

一、加强信息共享，保障供应链信息畅通

实现信息共享，是减小“牛鞭效应”最有效的措施之一。通过在供应链中建立有效的信息共享机制，对顾客需求信息集中处理，为供应链各阶段提供实际的顾客需求的全部信息，从而消除信息的不对称性，让各成员企业都能准确把握下游的实际需求，进而减少了供应链的不确定性。同时通过互联网，供应链上各成员企业可以互动交流，上游企业也能根据和客户交流所得的信息，缩短了供应链成员企业之间的距离，便于企业准确了解客户的需求和趋势，对下游企业的订单要求进行评估判断，这就有效地缓解了“牛鞭效应”。因此可以提高企业对需求预测的准确性。

采用信息技术后，需保证订货的信息的传递由原来的线形结构变为网状结构，即供应链中的每个成员不仅接收其直接下游传来的订单信息，同时还接收来自最终顾客的需求信息，

每个成员利用流向自己的各种信息来预测实际需求,并决定向其上游企业的订货量,防止信息在传递过程中过多地被扭曲,避免了"牛鞭效应"的产生。例如,戴尔公司通过互联网、电话和传真等组成了一个高效的信息网络。客户可以直接向公司下订单要求进行组装、供应,使订货、制造、供应"一条线完成",实现供应商和客户的直接交易,有效地防止了"牛鞭效应"的产生。

二、减少需求的变动性

我们可以通过减少顾客需求过程中的变动性来降低"牛鞭效应"的影响。例如,零售企业沃尔玛公司采取"天天平价"的策略,给顾客提供一个单一稳定的价格,而不是带有周期性价格促销的常规价格。这样可以减少需求的变化,形成更加稳定的、变动性更小的顾客需求模式。

三、缩短订货的提前期

一般来说,订货的提前期越短,订货量越准确。缩短订货提前期是缓解"牛鞭效应"的可行方法。根据沃尔玛公司调查,如果提前期 28 周进货,需求预测的误差约为 40%;如果提前 16 周进货,则需求预测的误差降低为 20%。并且通过运用现代信息系统可以及时获得销售信息和货物流动情况,同时通过多批次、少批量的联合运货方式,可以实现按需订货,从而使需求误差进一步降低。提前期很大程度上会影响对需求的估计。因此,通过应用先进的信息技术和高效、快速的物流技术来缩短提前期,包括信息提前期(即处理订单的时间)和订货提前期(即生产和运输物品的时间),能够显著减小"牛鞭效应"的危害。

四、建立战略合作伙伴关系

供需双方在战略合作伙伴关系中相互信任,公开业务数据,共享信息和业务集成,采取上下游间分享预测数据并使用相似的预测方法进行协作预测,来提高预测的准确性。这样,相互都了解对方的供需情况和能力,避免了短缺情况下的博弈行为,从而减少了产生"牛鞭效应"的机会。供应商根据历史资料和当前环境进行分析,适当削减订货量,同时为保证需求,供应商可使用联合库存和联合运输方式多批次发送,这样,在不增加成本的前提下,也能够保证订货的满足。供应商、分销商和零售商采用联合库存的方式合理地分担库存,一旦某处出现库存短缺,可立即从其他地点调拨转运来保证供货。这既防止了需求变异的放大又体现了共担风险,降低了整体库存,可有效地抑制"牛鞭效应"。例如,沃尔玛公司和宝洁公司一直努力构建有助于削弱"牛鞭效应"的互惠互利的战略合作伙伴关系。

五、简化供应链结构,销售渠道下沉

供应链的水平层次和垂直规模的参与者越多,信息被加工的次数就越多,被扭曲的程度也就越大。例如,在服装行业,由于广泛采取批发的大流通营销模式,导致供应链层数数量加大,不仅严重影响了市场需求信息的有效传递,而且增加了不必要的物流成本、库存成本、销售成本等,大大降低了服装供应链的反应速度和运作效率。因此,弱化"牛鞭效应"的一个有效策略就是简化供应链的结构,使销售渠道下沉,发展直销或连锁经营以及开展网络化销售。

第四节　供应契约机制设计

供应链通常是由不同利益主体构成的合作型系统，各利益主体常常以各自目标最大化来进行决策，从而导致整个供应链绩效不能达到最优。正如啤酒游戏，各个利益主体怕缺货而大量订购产品，加上信息不对称，导致最终整条供应链产品积压。因此，需要设计合理的契约形式，使供应链成员协同运作，即达到供应链的协调。

供应链契约(Supply Chain Contract)又称供应链合同合约，是指通过提供合适的信息和激励措施，保证买卖双方协调，优化销售渠道绩效的有关条款。

即使供应链达不到最好的协调，也可能存在帕累托(Pareto)最优解，以保证每一方的利益至少不比原来差。所谓契约，是指一个由交易各方达成的具有法律效力的文件，其中一方(通常指供应商)答应在一定的条件下(如数量、质量、价格、送达时间、采购时间、信用条件和付款条件等)向另一方提供商品或服务，而另一方(通常指采购商或经销商)根据契约的规定(包括契约的激励和惩罚因素)向对方支付一定数量的报酬或者其他商品或服务。供应链契约是供应链协调机制实施的具体形式。

有效的供应链契约有两个主要的作用。首先是可降低供应链的总成本、降低库存水平、增强信息共享水平、改善节点企业相互之间的沟通交流、产生更大竞争优势，实现供应链绩效最优。其次是可实现风险共担，供应链中的不确定性包括市场需求、提前期、销售价格、质量、核心零部件的生产能力及研发投入等，契约是双方共担由各种不确定性带来风险的重要手段。

供应链契约的本质是一种协调机制，通过改变供应链的协调结构，而使供应链达到协调运作状态。供应链契约是影响供应链整体绩效的重要因素。供应链契约设计主要是解决影响供应链整体效率的两个问题：供应链成员追求自身利益最大化所导致的双重边际效应；信息不对称造成的“牛鞭效应”。常见的供应链契约包括回购契约、收益共享契约、数量折扣契约、最小购买数量契约、数量弹性契约、带有期权的数量柔性契约、批发价格契约、备货契约和质量担保契约等。

一、回购契约

回购契约(Buyback Contract)，也叫退货契约。供应商对零售商没有卖掉的产品以小于批发价的价格进行回购，故该契约的转移利润就是在上述批发价契约所付利润的基础上，扣除那些没有卖掉的产品的回购值。其目的是给销售商一定的保护，引导销售商增大采购。回购是一种在不确定性需求系统协调中常见的契约方式，既是一种风险分担机制，又能起到激励订购的作用。它能够较灵活地消除随机需求下系统的“双重边际效应”。通过回购契约，供应商与零售商共同分担市场风险，供应商通过刺激零售商订货来提高其期望利润。

回购契约往往应用于生产周期较长而销售季节较短的商品交易中，它在时令商品市场中得到了广泛应用，如书籍、杂志、报纸、音像制品、计算机软硬件、贺卡，以及医药产品等。对供应商来说，制定合理的回购价格与回购数量至关重要。

二、收入共享契约

收入共享契约(Revenue Sharing Contract)曾广泛应用于录影带行业。当时,录影带零售商面临一个困境:一盘录影带往往只风靡几周,在这几周中,租借需求量远远超过录影带供给量。例如,在一个销售协议中,零售商须向供应商支付65美元购买录像带,而出租一次仅获得3美元收入,意味着零售商需租借多次才能获利,而零售商起初往往没有充足的资金购买足够多的录像带满足高需求量。

为了解决这个问题,一家大型录影带销售公司与其供应商签订了一份契约,约定其愿意将租借录影带获得的部分收入支付给供应商,作为交换,供应商将录影带价格由原来的65美元降低为8美元。

上述案例是应用收入共享契约的成功典范,收入共享契约指零售商以批发价支付给供应商批发价,并加上其收入的一定百分比。

三、数量折扣契约

数量折扣契约(Quantity Discount Contract)是企业对大量购买产品的顾客给予的一种减价优惠。一般购买量越多,折扣也越大,以鼓励顾客增加购买量,或集中向一家企业购买,或提前购买。数量折扣契约在实际交易中非常普遍,通常使用的两种方式是全部单位数量折扣和边际单位数量折扣。使用前者时,供应商按照零售商的购买数量,对所有产品都给予一定的价格折扣;而后者只对超过规定数量的部分给予价格折扣。

研究发现,在确定性需求或者不确定性需求下,数量折扣适用于风险中性和风险偏好型的零售商。

四、最小购买数量契约

在最小购买数量契约(Minimum Purchase Contract)下,零售商在初期做出承诺,将在一段时期内至少向供应商购买一定数量的产品。通常,供应商根据这个数量给予一定的价格折扣,购买产品的单位价格将随着数量的增加而降低,零售商承诺在未来一个年度里的最少购买数量,供应商同意以折扣价格提供产品。这种契约在电子产品行业尤为普遍。

最小购买数量契约与数量折扣契约有些类似,不同的是,前者需要做出购买数量承诺,这种承诺并非一次性的,也可以是一段时期或者一个年度内的购买数量总和。

五、数量弹性契约

数量弹性契约(Quantity Flexibility Contract)是指零售商的实际订货量可以在其提前提交的订货量基础上进行一定范围内的变动。交易双方拟定契约,规定每一期内零售商订货量的波动比率。使用这种契约时,零售商承诺一个最小的购买数量,供应商以此为基数组织生产,零售商在获得了确定的市场需求之后,在最低和最高订货范围内选择实际的订货量。按照契约规定,供应商有义务提供低于最高采购上限的产品数量,此时零售商和供应商共同承担市场风险。这种方式能够有效地遏制零售商故意高估市场需求,而导致供应链库存增多的不利现象。

六、带有期权的数量柔性契约

在带有期权的数量柔性契约(Flexibility Quantity Contract with Option)模式下,零售商承诺在未来各期购买一定数量的产品,同时它还向供应商购买了一个期权。这种期权允许零售商可以在未来以规定的价格购买一定数量的产品,从而获得了调整未来订单数量的权利。

七、批发价格契约

批发价格契约(Wholesale Price Contract)中仅有批发价格是固定的,零售商根据批发价格来决定自己的订货量。此时,供应商根据销售商的订购量组织生产。供应商的利润是固定的,零售商的利润取决于其产品的销售量,但同时零售商也要承担产品的库存处理,风险完全由零售商承担。

八、备货契约

零售商和供应商经过谈判后,双方拟定契约为零售商提供一定的采购灵活性。备货契约(Backup Contract)的流程为:零售商承诺在销售旺季采购一定数量的产品,供应商按零售商承诺数量的某一比例为其保留产品存货,并在销售旺季到来之前发出所预存的产品。在备货契约中,零售商可以按原始的采购价格购买供应商为其保留的产品,并及时得到货物,但要为没有购买的部分支付罚金。

九、质量担保契约

质量问题构成了零售商和供应商谈判的矛盾。供应商知道自己生产质量的水平,拥有信息优势,而零售商却处于信息劣势。由于信息不对称,会产生两个问题:第一,供应商由于不具备提供某种质量水平的能力,可能会做出错误的质量承诺,零售商不具备正确辨认供应商的能力,于是产生了错误选择的问题;第二,供应商可能存在恶意的欺骗行为,导致了严重的道德问题。为了保证零售商和供应商自身的利益不受侵犯,并保证供应链绩效最优,签订质量担保契约(Quality Contract)的谈判双方必须在一定程度上实现信息共享,运用合作激励机制,设计质量惩罚措施,当供应商提供不合格产品时对其进行惩罚。

案例分析

走进东鹏,见证"牛鞭效应"破解之成效[①]

深圳市东鹏饮料实业有限公司(以下简称东鹏),始创于 1987 年,是著名的饮料品牌,在南方市场具有较强的影响力,主要生产各类饮料,现有"东鹏"牌产品:东鹏特饮维生素功能饮料、广东岭南特色食品、非物质文化遗产饮品、茶饮料、果蔬汁饮料、清凉饮料、果味饮料、

① 资料来源:http://news.yesky.com/hotnews/352/207165352.shtml。

植物蛋白饮料、饮用纯净水等10大类、3种包装形式、6种包装规格、26个产品品种,年销售业绩近20亿。

东鹏在全国拥有1 000多家经销商和分销商,20 000多家批发商,近100万家终端门店。庞大的分销渠道客户数量让供应链负重累累,再加上传统的订单管理模式,订单的协同效率低下,订单信息难于共享,使得分销供应链上各级客户的需求信息失真、需求不断变异放大,最终导致生产预测有所失误,造成供大于求的现象,在流通渠道中积存大量的产品,一定程度上扰乱了东鹏的计划安排与营销管理秩序,导致生产、供应、营销的混乱。

面对如此严峻的营销管理难题,东鹏经过仔细研究,最终将目光投向了移动信息化解决方案。原因是:通过移动信息化管理手段,能够实现分销供应链上各级客户的高效协同,还能进一步实现订单信息和库存信息的共享,从而掌控分销渠道客户的真实需求,为生成预测提供科学合理的依据。经过严格选型,从需求匹配程度、行业经验、系统成熟度、开发能力、售后服务反应及行业排名口碑等几个方面综合考量,东鹏选择了玄武科技旗下的玄讯,通过玄讯快销100移动营销管理平台构建创新型的分销渠道订单管理模式。

玄讯快销100为东鹏提供了以下解决方案:

首先,玄讯快销100帮助东鹏建立电子订单管理模式,规范下单行为,提升下单效率。通过规范终端店面工作,制定与业务紧密关联的拜访八步骤,其中就包括电子订单管理。通过终端订单自动关联产品、自动关联搭赠、自动关联供货商,销售人员基于手机端即可快速完成订单的录入和在线提交,从而规范销售人员的下单行为,并且大大简化销售人员的录单工作量,提升下单效率,日均下单门店量从15家提升到30家,终端订单量日均提升15%。

其次,玄讯快销100帮助东鹏建立了订单协同管理模式,提升订单流转效率,掌控经销商进销存。通过建立经销商管理平台,经销商能够在线处理来自终端的订单,及时配送发货,使得终端订单的流转周期从五天缩短到一天。通过经销商管理平台,东鹏还能对经销商的采购订单与分销订单信息进行整合,从而了解经销商的实时库存情况,掌控经销商的进销存。

最后,玄讯快销100帮助东鹏建立了订单闭环管理模式,实现终端下单到终端收货的完整闭环。通过实现终端订单的全过程跟踪,实时查看终端订单的审核状态、确认状态、发货状态、收货状态,形成从终端下单到终端收货整个过程的闭环管理,避免渠道截流,确保终端到货的有效性。

通过行之有效的移动信息化解决方案,玄讯快销100帮助东鹏全面升级了分销渠道订单管理模式,摆脱了传统订单管理模式的枷锁,实现了录单效率的提升,通过上下游订单高效协同,订单信息和库存信息实时共享,还原分销渠道各级客户的真实需求,最终为东鹏的生产预测提供了科学合理的依据,为东鹏的计划安排与营销管理秩序保驾护航。

本章小结

本章介绍了供应链中不协调的现象——牛鞭效应，分析了牛鞭效应的产生原因、危害及定量计算，针对该现象提出了相应的措施，列举了常见的供应链契约，并分别对其适用性进行了剖析。

“牛鞭效应”，也称需求变异放大效应，其基本思想是：当供应链的各节点企业只根据来自其相邻下级的企业的需求信息做出生产和供给决策时，需求信息的非真实性会沿着供应链逆流而上，从而产生了逐级放大的现象，当到源头供应商那里时，其获得的需求信息和实际消费市场中的顾客需求信息发生了很大的偏差。

“牛鞭效应”的成因可归纳为几个方面：需求预测不当、订货提前期、批量订货、短缺博弈、供应链的组织结构、缺乏信息交流与协作、应付环境变异。可以减少牛鞭效应或消除其影响的方法主要包括：加强信息共享、减少需求的变动性、缩短订货的提前期、建立战略合作伙伴关系、简化供应链结构。

供应链契约(Supply Chain Contract)又称供应链合同合约，是指通过提供合适的信息和激励措施，保证买卖双方协调，优化销售渠道绩效的有关条款。常见的供应链契约包括回购契约、收益共享契约、数量折扣契约、最小购买数量契约、数量弹性契约、带有期权的数量柔性契约、批发价格契约、备货契约和质量担保契约等。

第 4 章　供应链网络配置与优化

供应链网络配置与优化是供应链管理中的一个重要环节，是实现高效、敏捷供应链的基础。本章围绕供应链网络优化的基本内容，着重讨论供应链网络设施选址、供应链运输网络优化，以及与设施选址和路径规划有关的常用算法。通过本章学习，能够了解供应链网络结构的特性，理解设施选址和路径规划的基本思想，掌握求解选址问题及运输问题的基本算法。

第一节　供应链网络概述

供应链网络的概念最早是由 Fu-Renlin 和 Michael J. Shaw 于 1998 年提出的，他们认为，供应链网络是由一系列互为上下游的业务实体之间构成的复杂网络。

供应链网络由基本供应链演化而来，包括对一种或多种产品进行采购、生产、销售、消费等一系列相关活动，涉及对商流、物流、资金流和信息流等的控制。一般来说，基本供应链是简单的“供应—生产—销售”的链状或线状结构，供应链上的每个节点企业以一定的方式和顺序联结成一串。如图 4-1 所示，假定 A 为供应商，B 为分销商，C 为制造商，D 为分销商，E 为最终用户，箭头表示物流(产品流)的流动方向，从一个节点流向另一个节点，则图 4-1 构成了一条简单的链状供应链。

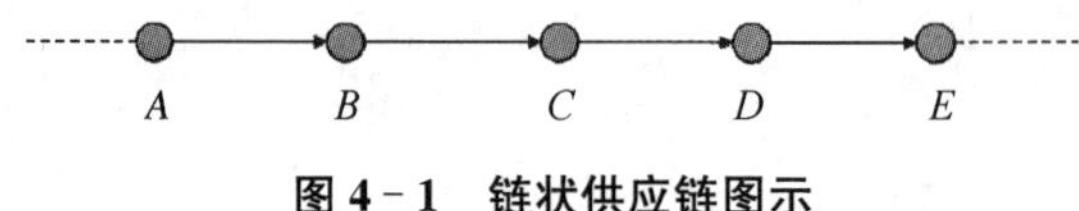

图 4-1　链状供应链图示

事实上，每一节点企业可能不止一家，如图 4-2 所示的供应链网络模型中，假设制造商 $C_k(k=1,2,\cdots,k)$的供应商有 n 家($B_1,B_2,\cdots,B_n$)，分销商有 m 家($D_1,D_2,\cdots,D_m$)，则形成了由多条供应链相互交错的结构模型。网状结构更能说明现实世界中产品复杂且不断动态变化的供应关系，“需—供—产—销”每一环节紧密合作，合理分工，相互制约，相辅相成。

供应链网络的结构具有以下特性：

(1) 层次性：从组织边界的角度看，虽然每个业务实体都是供应链网络的成员，但它们可以通过不同的组织边界体现出来。

(2) 双向性：从横向看，使用某一共同资源(如原材料、半成品或产品)的实体之间既相互竞争又相互合作。从纵向看，供应链网的结构反映从原材料供应商到制造商、分销商及客户的物流、信息流和资金流的过程。

(3) 多级性：如果把供应链网络中相邻两个业务实体的关系看成“供应—购买”关系，那么这种关系是多级的，涉及的供应商和购买商也是多个。

(4) 动态性：供应链网络中各成员之间的关系是不确定的，某一成员在业务方面的调整都会引起供应链网络结构的变动。

(5) 跨地区性：供应链网络的成员通过物流和信息流连接起来，在业务上紧密合作，超越了空间的限制，将会创造更多的供应链效益。

供应链网络的层次性、双向性、多级性、动态性和跨地区性等特点增加了供应链管理的复杂度，但同时也为供应链网络内部或供应链与供应链之间的优化与组合提供了条件。

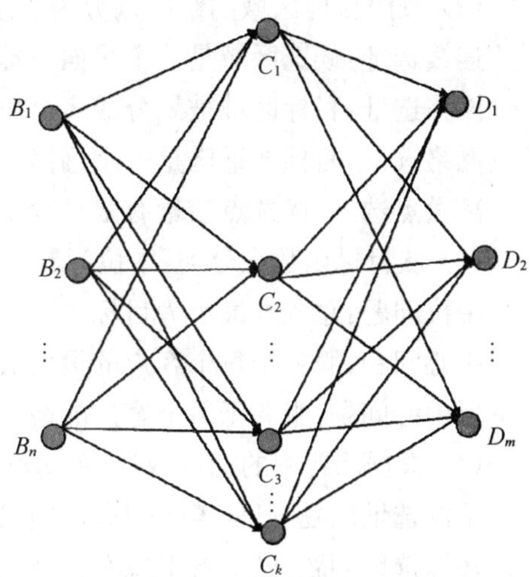

图 4-2　供应链网络图示

供应链管理的一个最基本的问题就是供应链网络的配置和优化问题。它主要研究解决供应、生产、销售以及客户地理位置分布等问题，包括设计或优化工厂、仓库等基础设施的分布以及配套的运输能力；它是对供应链设施进行决策的过程，也就是确定供应链中的节点和线路的过程。由此可知，供应链网络规划对于供应链管理具有战略意义。

本章将供应链网络中的每一个主体视为网络中的“节点”，而将各主体之间的各种合作关系视为供应链网络中联结各节点的“边”，重点讨论各“节点”在供应链网络中的布局问题(设施选址)和“边”的选择问题(运输问题和最短路问题)。

第二节　供应链网络设施选址及算法

供应链网络战略层面的优化问题主要包括节点设施的选址问题(Facility Location Problem)，即确定设施(仓库、配送中心(Distribution Center，DC)、停车场、工厂等)的最优数量及最佳位置，以使物流成本最低。

一、设施选址问题概述

选址在整个供应链网络系统中占有非常重要的地位，主要属于管理战略层的研究问题。选址决策就是要确定设施的数量、位置以及分配方案。这些设施主要指供应链网络中的节点，如制造商、供应商、仓库、配送中心、零售网点等。选址问题可以按照被定位对象的空间维数、目标区域、目标函数、问题中的参数等进行分类：

(1) 按被定位的对象的空间维数分为立体选址、平面选址、线选址、点选址。

立体选址：集装箱装箱问题。

平面选址：工厂或货运站的设施布局。

线选址：巷道内划出拣选带。

点选址：制造或配送系统的选址。

(2) 按照目标区域的结构划分为连续选址、网格选址、网络选址和离散点选址。

连续选址:候选区域是一个平面或球面,任意点都可作为选址点。

网格选址:目标区域被划分成多个单元,要求为对象分配其中若干单元。

网络选址:目标选址区是一个网络,即节点和边的集合。

离散点选址:候选点数量有限且较少。

(3) 从目标函数来分类:中位问题、中心问题、反中心问题。

中位问题:总成本最小为目标。

中心问题:服务于每个客户的最大成本最小化为目标。

反中心问题:服务于每个客户的最小成本最大化为目标。

(4) 根据问题中的选址数量:单源选址问题和多源选址问题(选址分配问题)。

单源选址问题:已知若干现有设施,选择一个新设施的最优地址。

多源选址问题:已知若干现有设施,选择多个新建设施,并确定哪些新设施应为哪些现有设施服务(分配问题)。

(5) 根据问题中的参数是否随时间而改变,分为静态选址和动态选址。

(6) 根据参数是确定性的还是随机性的,分为确定性选址问题和随机选址问题。

(7) 根据候选点是否存在服务能力约束,可以分为无限能力选址和有限能力选址。

设施选址决策对整个供应链网络的效率和效益的提高起着重要的作用,且属于长期规划项目,要考虑众多因素,使得选址问题非常复杂。配送中心的建设投资大、周期长、回收慢,且一经选定后就需长期运营,因此,合理选址就显得十分重要。为提高综合效益,在供应链网络的分析和设计时,设施选址需要模型化和定量化。

本节主要介绍求解连续点选址问题和离散点选址问题中的一些基本的算法。

二、连续点选址问题

连续点选址问题的候选区域是一个平面或球面,任意点都可作为选址点。此处讨论求解连续点选址问题的两种基本算法:重心法和交叉中值法。

(一) 重心法

重心法可用于以总和最小为目标函数的供应链网络单一设施选址问题。

设有一系列的供给点和需求点,位处(X_i,Y_i),

V_i—i点的运输量;

R_i—到i点的运输费率;

d_i—从所选位置到i点的距离。

目标:求解位置(X,Y)使运输成本最少。

求解步骤:

(1) 用一般重心法求解得到$\overline{X},\overline{Y}$:

$$\overline{X}=\frac{\sum_i V_iR_iX_i}{\sum_i V_iR_i},\overline{Y}=\frac{\sum_i V_iR_iY_i}{\sum_i V_iR_i};$$

(2) 用 $\overline{X},\overline{Y}$ 找到 d_i：

$$d_i = \sqrt{(X_i - \overline{X})^2 + (Y_i - \overline{Y})^2}$$

(3) 用精确解公式再次求解 $\overline{X},\overline{Y}$：

$$\overline{X} = \frac{\sum_i \dfrac{V_i R_i X_i}{d_i}}{\sum_i \dfrac{V_i R_i}{d_i}}$$

$$\overline{Y} = \frac{\sum_i \dfrac{V_i R_i Y_i}{d_i}}{\sum_i \dfrac{V_i R_i}{d_i}}$$

(4) 用修正的 $\overline{X},\overline{Y}$ 去找修正的 d_i；

(5) 重复步骤(3)～(5)直到 $\overline{X},\overline{Y}$ 没有变化；

(6) 用最终的坐标去计算总成本。

例 4-1　某企业的两个工厂分别生产 A,B 两种产品，供应三个市场 M_1,M_2,M_3，已知的条件如图 4-3 和表 4-1 所示。现需要设置一个中转仓库，A,B 两种产品通过该中转仓库间接向三个市场供货。请使用重心法求解，并进行一次迭代。

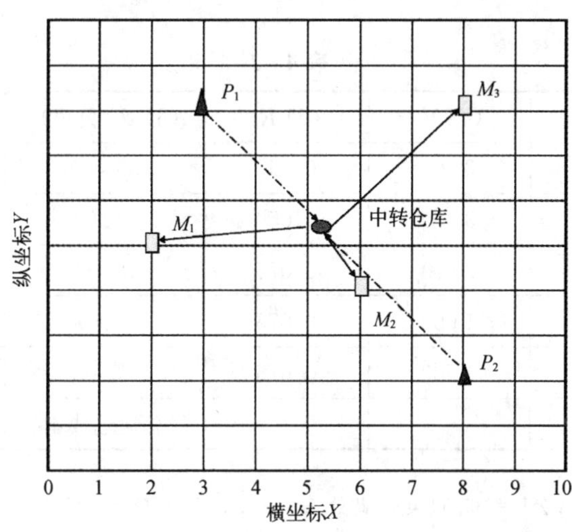

图4-3　工厂 P_1,P_2 和市场 M_1,M_2,M_3 及建议的仓库位置图

表 4-1　市场和供应地的坐标，货物运输量和运输费率

地点 i 坐标值	产品 s	总运输量 V_i(美元)	运输费率 a	坐标值 X_i,Y_i
1—P_1	A	2 000	0.050	3　8
2—P_2	B	3 000	0.050	8　2
3—M_1	A&B	2 500	0.075	2　5
4—M_2	A&B	1 000	0.075	6　4
5—M_3	A&B	1 500	0.075	8　8

解:(1) 求解 $\overline{X}$,$\overline{Y}$。

如表 4-2 所示:

表 4-2

i	X_i	Y_i	V_i	R_i	V_iR_i	$V_iR_iX_i$	$V_iR_iY_i$
1	3	8	2 000	0.050	100.00	300.00	800.00
2	8	2	3 000	0.050	150.00	1 200.00	300.00
3	2	5	2 500	0.075	187.50	375.00	937.50
4	6	4	1 000	0.075	75.00	450.00	300.00
5	8	8	1 500	0.075	112.50	900.00	900.00
					625.00	3 225.00	3 237.50

现在得到:

$\overline{X}$=3 225.00/625.00=5.16

$\overline{Y}$=3 237.50/625.00=5.18

(2) 仓库选址的运输成本计算。

如图 4-3 所示,坐标值限定了仓库的位置。与该位置相关的总运输成本可以从表 4-3 得出。

表 4-3

i	X_i	Y_i	(4) V_i	(5) R_i	(6) d_i(公里)[a]	(7)=(4)*(5)*(6)
1	3	8	2 000	0.050	35.52[b]	3 552
2	8	2	3 000	0.050	42.63	6 395
3	2	5	2 500	0.075	31.65	5 935
4	6	4	1 000	0.075	14.48	1 086
5	8	8	1 500	0.075	40.02	4 503
					总运输成本	21 471

*注:a 距离精确到 1/100 公里。

b 由下式得到 $d_i = 10\sqrt{A}$ 公里=35.52 英里,此处 $A=(3-5.16)^2+(8-5.18)^2$。

(3) 修正 $\overline{X}$,$\overline{Y}$,见表 4-4。

表 4-4

i	(2) V_iR_i	(3) $V_iR_iX_i$	(4) $V_iR_iY_i$	(5) d_i	(6)=(2)/(5) V_iR_i/d_i	(7)=(3)/(5) $V_iR_iX_i/d_i$	(8)=(4)/(5) $V_iR_iY_i/d_i$
1	100.00	300.00	800.00	35.52	2.815	8.446	22.523
2	150.00	1 200.00	300.00	42.63	3.519	28.149	7.037
3	187.50	375.00	937.50	31.65	5.924	11.848	29.621
4	75.00	450.00	300.00	14.48	5.180	31.077	20.718

续　表

i	(2) V_iR_i	(3) $V_iR_iX_i$	(4) $V_iR_iY_i$	(5) d_i	(6)=(2)/(5) V_iR_i/d_i	(7)=(3)/(5) $V_iR_iX_i/d_i$	(8)=(4)/(5) $V_iR_iY_i/d_i$
5	112.50	900.00	900.00	40.02	2.811	22.489	22.489
					20.249	102.009	102.388

$\overline{X}=102.009/20.249=5.038$

$\overline{Y}=102.388/20.249=5.057$

总成本为 21 431 美元。

(4) 迭代，见表 4-5。

表 4-5

迭代次数	X 坐标	Y 坐标	总成本(美元)
0	5.160	5.180	21 471.00 ←——重心
1	5.038	5.057	21 431.22
2	4.990	5.031	21 427.11
3	4.966	5.032	21 426.14
4	4.951	5.037	21 425.69
5	4.940	5.042	21 425.44
6	4.932	5.046	21 425.30
7	4.927	5.049	21 425.23
8	4.922	5.051	21 425.19
9	4.919	5.053	21 425.16
10	4.917	5.054	21 425.15
11	4.915	5.055	21 425.14
…… 100	…… 4.910	…… 5.058	…… 21 425.14 ←——精确解

(二) 交叉中值法

交叉中值模型是将供应链网络中的道路网格作为选址范围的一种单一设施选址方法。选址的依据是设施到各个服务对象的绝对距离综合最小，其最终的结果应该是两个相互垂直方向上所有服务对象的物流需求量的重心位置。交叉中值法的求解步骤如下：

第一步，先求 X 坐标的解。

(1) 按坐标从小到大的顺序排列需求点并编号为 $1,2,\cdots,s,\cdots,n$。

(2) 计算总权重(需求量) $W=\sum_{1}^{n} w_i$，计算累积权重(需求量)。

(3) 找满足以下公式的需求点 s：

$$\begin{cases} \sum_{i=1}^{s-1} w_i < \frac{W}{2} \\ \sum_{i=1}^{s} w_i \geqslant \frac{W}{2} \end{cases}$$

若 $\sum_{i=1}^{s} w_i > \frac{W}{2}$,则选址的 x 坐标即为对应的需求点 s 的 x 坐标。

若 $\sum_{i=1}^{s} w_i = \frac{W}{2}$,则选址的 x 坐标即为对应原需求点 s 和需求点 $s+1$ 的 x 坐标范围内任一点。

第二步,求解 Y 坐标的解,并确定最终选址位置。

例 4-2 一个连锁供应商想在一个地区开设一个新的零售门店,主要的服务对象是附近的 5 个住宿小区的居民,他们是新开设零售门店的主要顾客源,已知的条件如表 4-6 和图 4-4所示。权重代表每个月潜在的顾客需求总量,基本可以用每个小区中的总的居民数量来近似。公司希望通过这些信息来确定一个合适的门店的位置,要求每个月顾客到门店所行走的距离总和最小。

表 4-6 需求点对应的权重

需求点	X 坐标	Y 坐标	权重(需求量)w_i
1	3	1	1
2	5	2	7
3	4	3	3
4	2	4	3
5	1	5	6

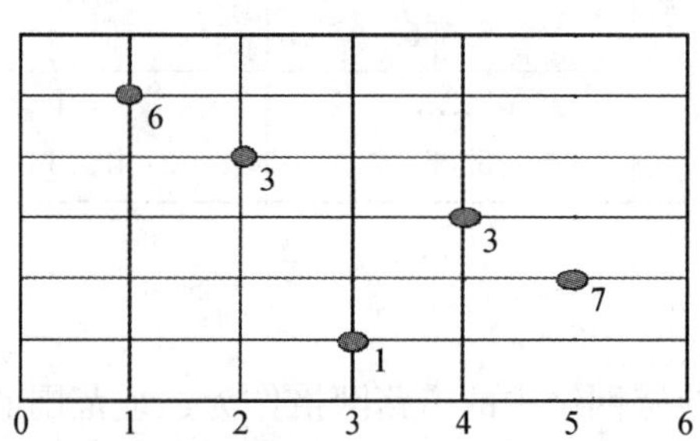

图 4-4 连锁门店选址问题需求点分布图

解:第一步,计算 X 轴方向的中值:

(1) 确定中值。

$$\frac{W}{2} = (3+7+1+3+6)/2 = 10$$

(2) X 轴方向的中值计算(从左到右),见表 4-7。

表 4-7

需求点	沿 X 轴的位置	$\sum w_i$
5	1	6
4	2	6+3
1	3	6+3+1
3	4	
2	5	

(3) X 轴方向的中值计算(从右到左),见表 4-8。

表 4-8

需求点	沿 X 轴的位置	$\sum w_i$
2	5	7
3	4	7+3
1	3	
4	2	
5	1	

第二步,计算 Y 轴方向的中值:

(1) Y 轴方向的中值计算(从上到下),见表 4-9。

表 4-9

需求点	沿 Y 轴的位置	$\sum w_i$
5	5	6
4	4	6+3
3	3	6+3+3
2	2	
1	1	

(2) Y 轴方向的中值计算(从下到上),见表 4-10。

表 4-10

需求点	沿 Y 轴的位置	$\sum w_i$
1	1	1
2	2	1+7
3	3	1+7+3
4	4	
5	5	

可能的方案,见表 4 - 11:

表 4 - 11

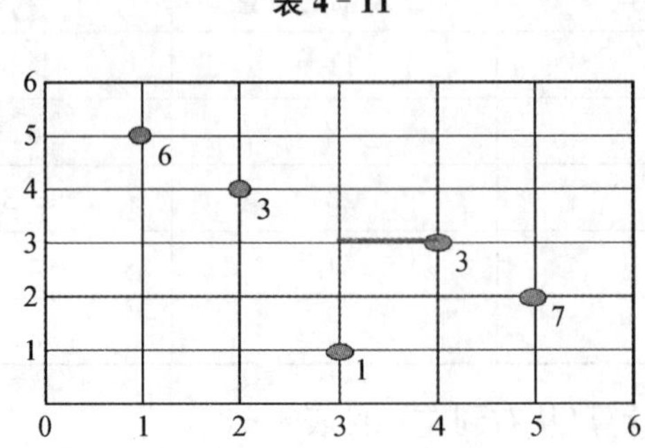

三、离散点选址问题

离散点选址指的是在有限的候选位置里,选取最为合适的一个或者一组位置为最优方案,相应的模型称为离散点选址模型,目前主要可以分为两类模型,分别是覆盖选址模型和 p 中位设施选址模型。其中覆盖模型常用的是集合覆盖模型和最大覆盖模型。

覆盖模型,是对于需求已知的一些需求点,如何确定一组服务设施来满足这些需求点的需求,如图 4 - 5 所示。在这个模型中,需要确定服务设施的最小数量和合适位置。集合覆盖模型用最小数量的设施去覆盖所有的需求点;最大覆盖模型在给定数量的设施下,覆盖尽可能多的需求点。覆盖模型适用于商业物流系统,如零售点的选址,加油站的选址、配送中心的选址等,公用事业系统,如急救中心、消防中心等,以及计算机与通信系统。

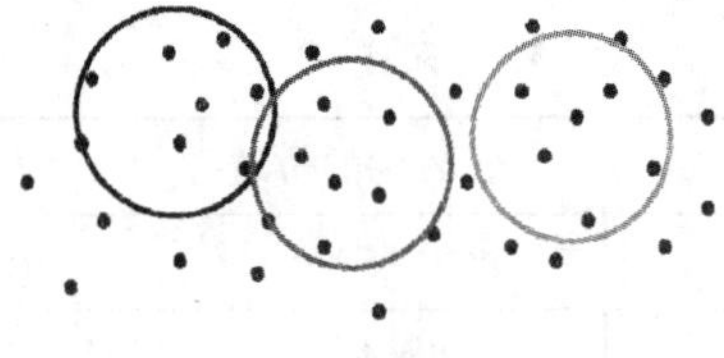

图 4 - 5　覆盖选址问题

在 p 中位设施选址模型中,服务设施的数量(数量为 p)为已知,需要确定这 p 个设施的合适位置。

第三节　供应链运输网络优化及算法

运输问题(Transportation Problem,TP)是运筹学的经典分支之一,一般研究把某种商品从若干产地运至若干销地,并要求所采用的运输路线或运输方案是最经济的。供应链网络中的运输问题依然属于线性规划问题的范畴,但是由于其约束方程组的系数矩阵具有特殊的结构,因而可以找到比一般单纯形法更简便、更高效的求解方法。本节首先介绍供应链网络中的运输问题,然后讨论了供应链网络中的最短路径问题。

一、供应链网络中的运输问题

（一）运输问题基本模型

假设某批物资从 m 个产地 $a_1, a_2, \cdots a_m$ 到 n 个销地 $b_1, b_2, \cdots b_n$，若已知从产地 i 到销地 j 的单位运费（或运输距离）为 $c_{ij}, i=1,2,\cdots,m; j=1,2,\cdots,n$，求应如何组织调运，才能使总运费（或总的运输量）最省？

假定：

a_i ——第 i 产地的供应量，$i=1,2,\cdots,m$。

b_j ——第 j 销地的需求量，$j=1,2,\cdots,n$。

c_{ij} ——从产地 i 到销地 j 的单位运费，$i=1,2,\cdots,m; j=1,2,\cdots,n$。

x_{ij} ——产地 i 到销地 j 的调运数量。

则该问题为求解最佳调运方案，即求解所有 x_{ij} 的值，使总的运输费用 $\sum_{i=1}^{m}\sum_{j=1}^{n} c_{ij}x_{ij}$ 达到最少。决策变量为 x_{ij}。

该问题的数学模型形式为：

$$\min z = \sum_{i=1}^{m}\sum_{j=1}^{n} c_{ij}x_{ij}$$

$$s.t.\begin{cases} \sum_{i=1}^{m} x_{ij} \geqslant b_j, j=1,2,\cdots,n。\\ \sum_{j=1}^{n} x_{ij} \leqslant a_i, i=1,2,\cdots,m。\\ x_{ij} \geqslant 0, \text{对所有的 } i,j。\end{cases}$$

根据该问题中总供应量 $\sum_{i=1}^{m} a_i$ 与总需求量 $\sum_{j=1}^{n} b_j$ 的关系，可将运输问题分为两类：

(1) 当 $\sum_{i=1}^{m} a_i = \sum_{j=1}^{n} b_j$ 时，为平衡型运输问题。

平衡型运输问题的数学模型形式可表示为：

$$\min z = \sum_{i=1}^{m}\sum_{j=1}^{n} c_{ij}x_{ij}$$

$$s.t.\begin{cases} \sum_{i=1}^{m} x_{ij} = b_j, j=1,2,\cdots,n。\\ \sum_{j=1}^{n} x_{ij} = a_i, i=1,2,\cdots,m。\\ x_{ij} \geqslant 0, \text{对所有的 } i,j \end{cases}$$

该模型包含有 $m \times n$ 个变量，$m+n$ 个约束方程，其系数矩阵 A 如下：

$$
\begin{array}{c}
x_{11}x_{12}\cdots x_{1n}\quad x_{21}x_{22}\cdots x_{2n}\cdots x_{m1}x_{m2}\cdots x_{mn}
\end{array}
$$

$$
A=\begin{pmatrix}
1 & 1 & \cdots & 1 & & & & & & & & & \\
 & & & & 1 & 1 & \cdots & 1 & & & & & \\
 & & & & & & & & \cdots & \cdots & & & \\
 & & & & & & & & & & 1 & 1 & \cdots & 1 \\
1 & & & & 1 & & & & & & 1 & & & \\
 & 1 & & & & 1 & & & & & & 1 & & \\
 & & \ddots & & & & \ddots & & \cdots & \cdots & & & \ddots & \\
 & & & 1 & & & & 1 & & & & & & 1
\end{pmatrix}
\begin{array}{l}
\left.\begin{array}{l}\\ \\ \\ \\ \end{array}\right\} m\text{行} \\
\left.\begin{array}{l}\\ \\ \\ \\ \end{array}\right\} n\text{行}
\end{array}
$$

A 中对应于变量 x_{ij} 的系数向量 P_{ij}，其分量除第 i 个和第 $m+j$ 个为 1 外，其余部分全为 0，表示为：

$$P_{ij}=(0\cdots1\cdots1\cdots0)^T=e_i+e_{m+j}$$

例 4-3　A_1、A_2 两煤矿产的煤运往 B_1、B_2、B_3 三个城市销售，各煤矿的供应量、各城市的需求量以及煤矿与城市之间的单位运费如表 4-12 所示。试列出其数学规划模型。

表 4-12　单位运价表

城市 / 单位运费 / 煤矿	B_1	B_2	B_3	供应量(t)
A_1	90	70	95	200
A_2	80	65	75	230
需求量(t)	100	150	180	

解:设 x_{ij} 为第 i 煤矿向第 j 城市的煤的供应量，c_{ij} 表示第 i 煤矿向第 j 城市供应煤的单位运费。$i=1,2;j=1,2,3$。

此题供应总量与需求总量相等，为平衡型的运输问题。列出模型如下：

$$\min z=90x_{11}+70x_{12}+95x_{13}+80x_{21}+65x_{22}+75x_{23}$$

$$
s.t.\begin{cases}
x_{11}+x_{12}+x_{13}=200。\\
x_{21}+x_{22}+x_{23}=230。\\
x_{11}+x_{21}=100。\\
x_{12}+x_{22}=150。\\
x_{13}+x_{23}=180。\\
x_{ij}\geqslant 0, i=1,2; j=1,2,3。
\end{cases}
$$

(2) 当 $\sum_{i=1}^{m}a_i\neq\sum_{j=1}^{n}b_j$ 时，为不平衡型运输问题。不平衡型运输问题有产大于销和销大于产两种情况，不平衡型运输问题可以转换为平衡型运输问题。下面讨论其中一种情况，另一种情况类似推出。

对于产量大于销量的运输问题，有 $\sum_{i=1}^{m} a_i > \sum_{j=1}^{n} b_j$，模型形式为：

$$\min z = \sum_{i=1}^{m}\sum_{j=1}^{n} c_{ij}x_{ij}$$

$$s.t.\begin{cases}\sum_{i=1}^{m} x_{ij} = b_j, j = 1,2,\cdots n。\\ \sum_{j=1}^{n} x_{ij} \leqslant a_i, i = 1,2,\cdots m。\\ x_{ij} \geqslant 0,\text{对所有的 } i,j。\end{cases}$$

虚拟一个销地 B_{n+1}，B_{n+1} 的需求量 b_{n+1} 为总产量与总销量之差，即 $b_{n+1} = \sum_{i=1}^{m} a_i - \sum_{j=1}^{n} b_j$，单位运费 $c_{(i,n+1)} = 0(i = 1,\cdots,m)$，这样原问题转化为有 m 个产地和 $n+1$ 个销地的平衡型运输问题，剩下的工作就是求解一个平衡型运输问题了。销量大于产量的情况可以类似的虚拟一个产地。

（二）表上作业法

表上作业法是求解供应链网络中的运输问题的主要方法，它的实质是单纯形法在求解运输问题时的一种简化方法，也称为是运输单纯形法，因而它具有与单纯形法相同的求解思想，表上作业法求解思路如下。

1. 初始可行基的确定

(1) 最小元素法。

最小元素法的基本思想是优先安排单位运价最小的产地与销地之间的运输业务，从而实现“就近供应”。基本步骤如下：

① 在产销平衡表中选一个单元 x_{ij}，令 $x_{ij} = \min\{a_i, b_j\}$，即 A_i 尽量满足 B_j 的需求，使一个约束方程得到满足，将 x_{ij} 的值填入表中相应位置。

② 从 a_i 和 b_j 中分别减去 x_{ij} 的值，即 A_i 在尽可能满足 B_j 的需求后，调整 A_i 供给量和 B_j 需求量。

③ 若 $a_i = 0$，则划去对应行（A_i 产品全部供给完），若 $b_j = 0$，则划去对应列（B_j 需求全部满足），注意每次只能划去一行或是一列（即只去掉一个约束）。

④ 若产销平衡表中所有的行或列均被划去，则结束；否则，在剩下的产销平衡表中选下一个变量，转步骤②继续进行。

最终产生的一组变量将满足下面的条件：

① 所有的变量 x_{ij} 非负，且基变量总数为 $m+n-1$；

② 所有的约束均得到满足；

③ 所有的基变量 x_{ij} 构成闭回路。

例 4-4 用最小元素法求解例 3 的初始调运方案。

解:如表 4-13 和表 4-14 所示。

表 4-13 单位运价表

单位运费 煤矿\城市	B_1	B_2	B_3
A_1	90	70	95
A_2	80	65	75

表 4-14 产销平衡表

单位运费 煤矿\城市	B_1	B_2	B_3	供应量(t)	供应量修改值 a_i'		
					第一次修改	第二次修改	
A_1	100		100	200	100	0	第四步
A_2		150	80	230	80	0	第二步
需求量(t)	100	150	180				
需求量修改值 b_j'	0	0	100 0				
	第三步	第一步					

第一步,在表 4-13 中选取单位运价最小的 $c_{22}=65$,对应的变量为 x_{22}。在表 4-14 中,取 $x_{22}=\min\{a_2,b_2\}=150$,此时 B_2 需求量修改为 $b_2'=150-150=0$。A_2 供给量修改为 $a_2'=230-150=80$。划去表 4-13 和表 4-14 中第 2 列。

第二步,在表 4-12 中选取剩下的单位运价最小的 $c_{23}=75$,对应的变量为 x_{23},在表 4-14 中取 $x_{23}=\min\{a_2',b_3\}=80$,此时 B_3 需求量修改为 $b_3'=180-80=100$,A_2 供给量第二次修改为 $a_2'=0$。划去表 4-13 和表 4-14 中第 2 行。

第三步,在表 4-13 中选取剩下的单位运价最小的 $c_{11}=90$,对应的变量为 x_{11},在表 4-14 中取 $x_{11}=\min\{a_1,b_1\}=100$,此时 B_1 的需求量修改为 $b_1'=0$,A_1 的供给量第一次修改为 $a_1'=200-100=100$。划去表 4-13 和表 4-14 中第 1 列。

第四步,在表 4-13 中此时只剩 $c_{13}=95$,对应变量为 x_{13},在表 4-14 中,取 $x_{13}=\min\{a_1',b_3'\}=100$,最终 A_1 的供给量第二次修改值 a_1' 和 B_3 的需求量第二次修改值 b_1' 均为 0。划去第 1 行或第 3 列均可。

由表 4-14 可得,初始基可行解为:

$x_{11}=100, x_{13}=100, x_{22}=150, x_{23}=80, x_{12}=x_{21}=0$

(2) 西北角法。

西北角法也称为左上角法，每次选取的 x_{ij}，都是左上角第一个元素，该方法的特点是 x_{ij} 选取方便，因而算法简单易实现。

例 4-5　用西北角法求解例 3 的初始调运方案。

解：第一步，从表 4-12 中选取西北角的元素 x_{11}，取 $x_{11}=\min\{a_1, b_1\}=100$，意即 A_1 煤矿尽可能满足 B_1 城市的需求量 100，此时 B_1 达到全部需求后，需求量修改为 $b'_1=100-100=0$，A_1 的供给量第一次修改为 $a'_1=200-100=100$。划去第 1 列。

第二步，重复第一步，选取剩下的表中西北角的元素 x_{12}，取 $x_{12}=\min\{a'_1, b_2\}=100$，意即 A_1 煤矿尽可能满足 B_2 城市的需求量，此时 A_1 已供给完所有的煤，供给量第二次修改为 $a'_1=100-100=0$，B_2 未满足全部需求，需求量修改为 $b'_2=150-100=50$。划去第 1 行。

第三步，重复前面的步骤，选取剩下表中西北角的元素 x_{22}，取 $x_{22}=\min\{a_2, b'_2\}=50$，意即 A_2 煤矿尽可能满足 B_2 城市的需求量，此时 B_2 获得全部需求，需求量第二次修改为 $b'_2=50-50=0$，A_2 供给量第一次修改为 $a'_2=230-50=180$。划去第 2 列。

第四步，重复前面的步骤，选取剩下表中西北角的元素 x_{23}，取 $x_{23}=\min\{a'_2, b_3\}=180$，该问题是平衡型运输问题，所以最后 A_2 煤矿的供给量刚好达到 B_3 城市的需求量，a'_2 和 b'_3 均修改为 0。此时划去第 2 行或划去第 3 列均可。

至此，产销平衡表中所有的行或列均被划去。由表 4-15 可得，初始基可行解为：$x_{11}=100, x_{12}=100, x_{22}=50, x_{23}=180, x_{13}=x_{21}=0$。

表 4-15　产销平衡表

调运量（煤矿 \ 城市）	B_1	B_2	B_3	供应量(t)	供应量修改值 a'_i		
					第一次修改	第二次修改	
A_1	100	100		200	100	0	第二步
A_2		50	180	230	180	0	第四步
需求量(t)	100	150	180				
需求量修改值 b'_j	0	50 0	0				
	第一步	第三步					

最小元素法和西北角法用于求解初始可行基时均会遇到一些特殊情况，一般称为是“退化”。总的来说，退化有以下两种情况：

① 当选定元素 x_{ij} 后发现该元素所在行的产量等于所在列的销量，这样，修改后的产量和销量均为 0，此时只能划去一行或是一列，不能同时划去。

② 当选定元素 x_{ij} 后,发现对应供给量 a_i 和需求量 b_j 均为 0,那么 $x_{ij} = \min\{a_i, b_j\} = 0$,此时仍应把 x_{ij} 作为基变量,把 0 值填入相应表中(基变量取 0 值退化)。

(3) 沃格尔法。

沃格尔法(Vogel's method)首先由各销售地到各供应地的单位运价中找出最小单位运价和次小单位运价,并称这两个单位运价之差为该供应地或销售地的罚数。若罚数的值不大,不能按照最小单位运价安排运输所造成的运费损失不大;反之,如果罚数的值很大,不按照最小单位运价组织运输就会造成很大损失,故应尽量按照最小单位运价安排运输。

2. 最优性检验

所求得的基可行解均要经过最优性检验,以判定该解是否为最优解(也就是最终选择的方案)。表上作业法的最优性检验是对检验数 $c_{ij} - C_B B^{-1} P_{ij}, i = 1, \cdots, m; j = 1, \cdots, n$ 进行判别。运输问题的目标函数要求实现最小化,因而,当所有的 $c_{ij} - C_B B^{-1} P_{ij} \geqslant 0$ 时,所得的解为最优解,否则还要进行解的改进。下面介绍两种常用的最优性判别方法。

(1) 闭回路法。

闭回路法的原理就是通过寻找闭回路来计算非基变量的检验数,再对检验数判断是否找到最优解。而从每一空格出发一定存在唯一的闭回路。

一般称基变量在产销平衡表中所对应的格为数字格,非基变量值均为 0,对应格为空格。通过在调运方案的计算表上,从每一空格出发,以水平的或是垂直的直线向前划,每碰到数字格就转 90 度后,继续前进,直到回到起点为止。

以表 4 - 15 为例,$x_{11}, x_{12}, x_{22}, x_{23}$ 为基变量,x_{21} 和 x_{13} 为非基变量。从空格 x_{21}(非基变量)出发,经数字格 x_{11}, x_{12}, x_{22} 回到起点,形成回路,如图 4 - 6 所示。

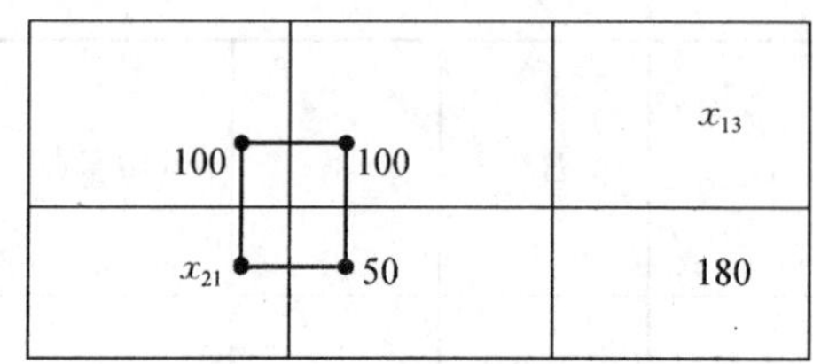

图 4 - 6　闭回路图示

考察这个初始方案,$x_{21} = 0$ 表示 A_2 煤矿的煤没有运往 B_1 城市,现若想改变初始方案,把 A_2 的煤运送 1 单位给 B_1,那么,为了保持平衡,就必须使 x_{11} 减少 1 单位、x_{12} 增加一单位以及 x_{22} 减少 1 单位。上述调整是为了使总的运输数量达到平衡,但是会造成总的运输费用上的改变。

总运输费用改变量 $= 80 \times 1 + 90 \times (-1) + 70 \times 1 + 65 \times (-1) = -5$。

也就是说,当改变运输方案,使 A_2 运送 1 单位的煤到 B_1 时,会使总的运输费用减少 5 元。此总运输费用改变量 -5 即为检验数。同法可求得另一非基变量 x_{13} 的检验数为 15,增加 x_{13} 的值,总运输费用改变量增加 15 元。因而可通过增加非基变量 x_{21} 的值寻求更优方案。实际上,x_{21} 就是在单纯型表里进行迭代时的入基变量。

(2) 位势法。

当产销点过多时,采用闭回路法就很烦琐,这时一般采用位势法。位势法又称 $v - V$

法，它是由解运输问题的对偶问题而来的。平衡运输问题的对偶问题为：

$$\max g = \sum_{i=1}^{m} a_i u_i + \sum_{j=1}^{n} b_j v_j$$

$$s.t.\begin{cases} u_i + v_j \leqslant c_{ij} \text{。} \\ i = 1,\cdots,m; j = 1,\cdots,n \text{。} \end{cases}$$

这里对偶模型里的变量 $u_i(i=1,\cdots,m)$ 与 m 个供应约束相对应，变量 $v_j(j=1,\cdots,n)$ 与 n 个需求约束相对应。u_i 和 v_j 称为变量 x_{ij} 的位势。由于原问题是等式约束，因而对偶变量 u_i 和 v_j 的符号无限制。

根据对偶理论，有 $C_B B^{-1} = (u_1, u_2, \cdots, u_m, v_1, v_2, \cdots, v_n)$，

而决策变量 x_{ij} 的系数向量 $P_{ij} = e_i + e_{m+j}$，

所以，$C_B B^{-1} P_{ij} = u_i + v_j$，从而 $c_{ij} - C_B B^{-1} P_{ij} = c_{ij} - (u_i + v_j)$。这是一种通过位势求检验数的方法。

单纯形法所有基变量的检验数为 0，所以对于基变量 x_{ij} 有

$c_{ij} - (u_i + v_j) = 0$，即 $u_i + v_j = c_{ij}$。

平衡型运输问题基变量的个数有 $m+n-1$ 个，因而像 $u_i + v_j = c_{ij}$ 这样的方程有 $m+n-1$ 个。这组方程中包含有 $m+n$ 个未知的对偶变量 u_i 和 v_j，所以其中必存在一个自由未知量，假定为 u_1，并取 $u_1 = 0$（这样做并不影响结果），从而可以计算出所有其他的对偶变量的值。再根据对偶变量的值计算非基变量的检验数，并进行判断。

综上所述，位势法的判定步骤如下：

① 根据初始基可行解列出关于对偶变量的方程组（共有 $m+n-1$ 个方程）：

$$\begin{cases} u_{i_1} + v_{j_1} = c_{i_1 j_1} \\ u_{i_2} + v_{j_2} = c_{i_2 j_2} \\ \cdots \\ u_{i_{m+n-1}} + v_{j_{m+n-1}} = c_{i_{m+n-1} j_{m+n-1}} \end{cases}$$

② 令 $u_1 = 0$，求得所有对偶变量 u_i 和 v_j 的值；

③ 将 u_i 和 v_j 的值代入 $c_{ij} - (u_i + v_j)$，求的所有非基变量的检验数，若存在非基变量的检验数为负，则该非基变量的增大可以使解更优。

下面是以西北角法求得的初始基可行解：

以 $x_{11} = 100, x_{12} = 100, x_{22} = 50, x_{23} = 180, x_{13} = x_{21} = 0$ 为例，

根据基变量 $x_{11}, x_{12}, x_{22}, x_{23}$ 给出对偶变量方程组为：

$$\begin{cases} u_1 + v_1 = 90 \\ u_1 + v_2 = 70 \\ u_2 + v_2 = 65 \\ u_3 + v_3 = 75 \end{cases}$$

令 $u_1 = 0$，求得 $u_1 = 0, u_2 = -5, v_1 = 90, v_2 = 70, v_3 = 80$。代入 $c_{ij} - (u_i + v_j)$ 求得

非基变量 x_{13} 和 x_{21} 的检验数分别为 $c_{13}-(u_1+v_3)=15$ 和 $c_{21}-(u_2+v_1)=-5$，意即非基变量 x_{21} 的增加能使方案更优，在进行解的改进的时候，选取它为入基变量。可以看到，此法求得的结果与闭回路法一致。

3. 解的改进

前面介绍了如何判断所求的基可行解是否为最优解，当经过判断所求解非最优解时，尚需对解进行改进，这就涉及入基和出基的问题，本部分对此进行介绍。

运输问题最常用的解的改进方法为闭回路调整法。其基本思想是，选取检验数为负的所有非基变量中的最小者作为入基变量，以对应空格为出发点画出闭回路，在经过的数字格中选择(−1)的最小者，对应的基变量为出基变量，然后对数据进行调整。

依然以前文得到的数据为例，根据西北角法计算的初始基可行解为 $x_{11}=100, x_{12}=100, x_{22}=50, x_{23}=180, x_{13}=x_{21}=0$，求得非基变量 x_{13} 和 x_{21} 的检验数分别为 15 和−5，此时只有 x_{21} 的检验数不满足非负，取其为入基变量，以对应的空格引出闭回路如表 4 - 16 所示。

表 4 - 16　产销平衡表

调运量 煤矿＼城市	B_1	B_2	B_3	供应量(t)
A_1	100	100(−1)	(+1)	200
A_2		50(+1)	(−1)180	230
需求量(t)	100	150	180	

选取闭回路上具有(−1)的数字格中最小者，$\theta=\min\{100,180\}=100$（其原理与单纯形法中由 θ 确定出基变量相同）。然后在闭回路上按照+、−号分别加上和减去 θ 值，即 $x_{13}+100, x_{12}-100, x_{22}+100, x_{23}-100$，得到表 4 - 17。

表 4 - 17　产销平衡表

调运量 煤矿＼城市	B_1	B_2	B_3	供应量(t)
A_1	100		100	200
A_2		150	80	230
需求量(t)	100	150	180	

得到新一轮基可行解为 $x_{11}=100, x_{13}=100, x_{22}=150, x_{23}=80, x_{12}=x_{21}=0$。

采用闭回路法或位势法计算该基可行解的非基变量 x_{12} 和 x_{21} 的检验数分别为−15 和 10，从而确定 x_{12} 为换入变量。

重复上述步骤，直至求得最终数据，如表 4-18 所示。

表 4-18　产销平衡表

调运量　城市 煤矿	B_1	B_2	B_3	供应量(t)
A_1	50	150		200
A_2	50		180	230
需求量(t)	100	150	180	

在计算过程中需要注意的是，可能会出现非基变量(空格)的检验数为 0 的情况，这时，该产销平衡的运输问题存在有无穷多最优解。在已求得一个最优解的表格中，以这样的空格出发做闭回路重新进行调整，可以得到另一个最优解。

二、供应链网络中的最短路径问题

最短路径问题是图论研究中的一个经典算法问题，旨在寻找由结点和路径组成的供应链网络中两结点之间的最短路径。最短路径算法的具体形式主要有：

(1) 确定起点的最短路径问题：已知起始结点，求最短路径的问题。

(2) 确定终点的最短路径问题：已知终结结点，求最短路径的问题。

(3) 确定起点终点的最短路径问题：已知起点和终点，求两结点之间的最短路径。

(4) 全局最短路径问题：求图中所有的最短路径。

在无向图中，确定终点的最短路径问题与确定起点的问题完全等同；在有向图中，把确定终点的问题中的所有路径方向反转，即与确定起点的问题等同。

目前的最短路径算法中较为常用的三个算法是标号(Dijkstra)法、Floyd 算法和 Bellman-Ford 算法。每种算法都有其特点和优势。

(一) 标号法

1. 标号法算法描述

标号法也称 Dijkstra(迪杰斯特拉)算法，是荷兰科学家 Dijkstra 于 1959 年提出的求解两点间最短路径的有效算法。基于最短路的子路还是最短路的原理，Dijkstra 算法以起始点为中心向外层层扩展，寻找一个节点到其他所有节点的最短路径，直到扩展到终点为止。

设 $G=(V,A)$ 是一个带权有向图，V 是图中所有顶点的集合，任意边(弧)的权重值为 w_{ij}，$w_{ij}\geqslant 0$，把顶点集合 V 分成两个子集 S 和 T，$V=S\cup T$ 且 $S\cap T=\varnothing$，S 为已求出最短路径的顶点集合(开始时 S 中只有一个源点)，T 为未确定最短路径的顶点集合，每求得一条最短路径，按最短路径长度的递增次序依次把第二组的顶点加入 S 中，直到全部顶点都加入到 S 中，算法结束。在加入的过程中，总保持从源点 v_s 到 S 中各顶点的最短路径长度不大于从 v_s 到 T 中任何顶点的最短路径长度。

标号法的求解步骤如下：

第一步,给起点 v_s 标上固定标号 $P(v_s)=0$(v_s 的距离为 0),其余各点标临时标号 $T(v_j)=\infty, j\neq 1$。此时 S 中只有一个源点 v_s,即 $S=\{v_s\}$,T 包含除 v_s 外的其他顶点,即 $T=\{$其余顶点$\}$。

第二步,考虑满足条件 $(v_i, v_j)\in A$ 的所有点,v_i 具有 P 标号,v_j 具有 T 标号,修改 v_j 的 T 标号为 $T(v_j)=\min\{T(v_j), P(v_i)+w_{ij}\}$。

第三部,若网络图中已无 T 标号点(T 集合为空),停止计算。否则,令 $T(v_{j0})=\min\limits_{v_j\in T}\{T(v_j)\}$,然后将 v_{j0} 的 T 标号改成 P 标号,v_{j0} 加入 S,转入第二步。

此外,从起点 v_s 开始,在每一步中给每个结点 v_j 标号$[d_j, v_i]$,其中 d_j 为起点 v_s 到 v_j 的最短距离,v_i 为该最短路线上的前一节点。若给终点 v_t 标上号$[d_t, v_i]$,表示已求出 v_1 至 v_t 的最短路,其最短路长为 d_t,最短路径可根据标号 v_i 反向追踪而得。

2. 标号法适用范围

Dijkstra 算法可求单源、无负权的最短路径问题,可适用于有向图和无向图,时效性较好,但由于其遍历计算的节点很多,所以算法的效率较低。

3. 标号法算法实例

例 4-6 根据图 4-7,用 Dijkstra 算法找出以 A 为起点的单源最短路径。

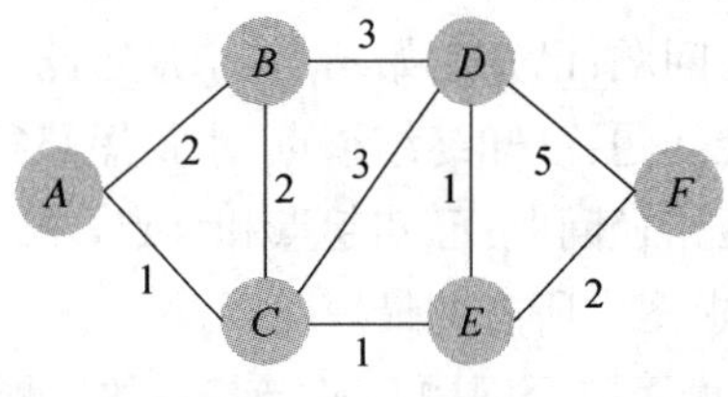

图 4-7 无向图-1

解:求解步骤如表 4-19 所示。

表 4-19 Dijkstra 算法步骤流程

步骤	S 集合中	T 集合中
1	选入 A,此时 $S=\{A\}$ 此时最短路径 $A\rightarrow A=0$ 以 A 为中间点,从 A 开始找	$T=\{B,C,D,E,F\}$ $A\rightarrow B=2, A\rightarrow C=1$ $A\rightarrow U$ 中其他顶点 $=\infty$ 其中 $A\rightarrow C=1$ 权值最小,路径最短
2	选入上一轮中找到的最短路径的顶点 C,此时 $S=\{A,C\}$ 此时最短路径 $A\rightarrow A=0, A\rightarrow C=1$ 以 C 为中间点,从 $A\rightarrow C=1$ 这条最短路径开始新一轮查找	$T=\{B,D,E,F\}$ $A\rightarrow C\rightarrow B=3$(比上面的 $A\rightarrow B=2$ 要大,不替换 B 的权值) $A\rightarrow C\rightarrow D=4$ $A\rightarrow C\rightarrow E=2$ $A\rightarrow C\rightarrow U$ 中其他顶点$=\infty$ 其中 $A\rightarrow B=2$ 和 $A\rightarrow C\rightarrow E=2$ 为最短

续 表

步骤	S 集合中	T 集合中
3	选入 B,E,此时 S={A,C,B,E} 此时最短路径 A→A=0,A→C=1,A→B=2,A→C→E=2 以 B 和 E 为中间点,从 A→B=2 和 A→C→E=2 这两条最短路径开始新一轮查找	U={D,F} A→B→D=5(比上面的 A→C→D=4 大,不替换,保持 D 的权值为 A→C→D=4);A→C→E→D=3 A→C→E→F=4 A→B→U 中其他顶点=∞ 其中 A→C→E→D=3 最短
4	选入 D,此时 S={A,C,B,E,D} 此时最短路径 A→A=0,A→C=1,A→B=2,A→C→E→D=3 以 D 为中间点,从 A→C→E→D=3 这条最短路径开始新一轮查找	T={F} A→C→E→D→F=8(比上面的 A→C→E→F=4要长,保持 F 的权值为 A→C→E→F=4) 其中 A→C→E→F=4 最短
5	选入 F,此时 S={A,C,B,D,E,F} 此时最短路径 A→A=0,A→C=1,A→B=2,A→C→E=2,A→C→E→D=3,A→C→E→F=4	T 集合已空,查找完毕

（二）Floyd 算法

1. Floyd 算法描述

Floyd 算法是一个经典的动态规划算法,可以正确处理有向图或负权的最短路径问题。假设 $Dis(i,j)$ 为节点 i 到节点 j 的最短路径的距离,每一个节点 k,我们检查 $Dis(i,k)+Dis(k,j)<Dis(i,j)$ 是否成立,如果成立,证明从 i 到 k 再到 j 的路径比 i 直接到 j 的路径短,则设置 $Dis(i,j)=Dis(i,k)+Dis(k,j)$,这样一来,当遍历完所有节点 k 时,$Dis(i,j)$ 中记录的便是 i 到 j 的最短路径的距离。算法具体步骤如下:

第一步,从任意一条单边路径开始。所有两点之间的距离是边的权,如果两点之间没有边相连,则权为无穷大。

第二步,对于每一对顶点 u 和 v,看看是否存在一个顶点 w 使得从 u 到 w 再到 v 比已知的路径更短。如果是,则更新它。

2. Floyd 算法适用范围

Floyd 算法简单有效,容易理解,可以算出任意两个节点之间的最短距离,代码编写简单。但是时间复杂度比较高,不适合计算大量数据。

3. Floyd 算法实例

例 4-7　根据图 4-8,用 Floyd 算法找出任意两点的最短路径步骤。

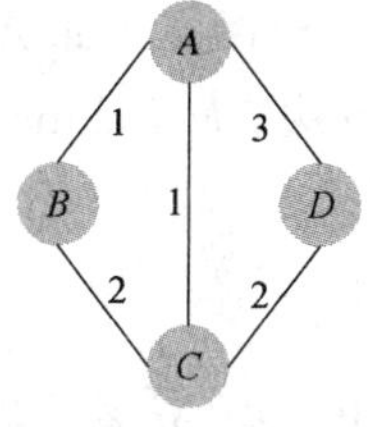

图 4-8　无向图-2

解:求解过程如表 4-20 所示。

表 4-20　Floyd 算法步骤流程

	Distk[1]	Distk[2]		Distk[3]	MIN
$A \to B$	1	3		7	1
$A \to C$	1	3	5	*	1
$A \to D$	3	3		5	3
$B \to C$	2	2		6	2
$B \to D$	*	4	4	*	4
$C \to D$	2	4		6	2

(三) Bellman-Ford 算法

Bellman-Ford 算法能在更普遍的情况下(存在负权边)解决单源点最短路径问题。算法大致流程是用一个队列来进行维护,初始时将源加入队列,每次从队列中取出一个元素,并对所有与其相邻的点进行松弛,若某个相邻的点松弛成功,则将其入队,直到队列为空时算法结束。

1. Bellman-Ford 算法描述

对于给定的带权(有向或无向)图 $G=(V,E)$,其源点为 s,加权函数 w 是边集 E 的映射。对图 G 运行Bellman-Ford 算法的结果是一个布尔值,表明图中是否存在着一个从源点 s 可达的负权回路。若不存在这样的回路,算法将给出从源点 s 到图 G 的任意顶点 v 的最短路径 dist[v]。算法步骤如下:

第一步,初始化:将除源点外的所有顶点的最短距离估计值 dist[v]$\to +\infty$,dist[s]$\to 0$;

第二步,迭代求解:反复对边集 E 中的每条边进行松弛操作,使得顶点集 V 中的每个顶点 v 的最短距离估计值逐步逼近其最短距离;(运行 $|v|-1$ 次)

第三步,检验负权回路:判断边集 E 中的每一条边的两个端点是否收敛。如果存在未收敛的顶点,则算法返回 false,表明问题无解;否则算法返回 true,并且从源点可达的顶点 v 的最短距离保存在 dist[v]中。

2. Bellman-Ford 算法适用范围

Bellman-Ford 算法可以判断有无负权回路(若有,则不存在最短路),时效性较好。与 Dijkstra 算法不同的是,在 Bellman-Ford 算法中,边的权值可以为负数。设想可以从图中找到一个环路(即从 v 出发,经过若干个点之后又回到 v)且这个环路中所有边的权值之和为负。那么通过这个环路,环路中任意两点的最短路径就可以无穷小下去。如果不处理这个负环路,程序就会永远运行下去,而 Bellman-Ford 算法具有分辨这种负环路的能力。

3. Bellman-Ford 算法实例

例 4-8　根据图 4-9,用 Bellman-Ford 算法找出以 a 为起点的单源最短路径。

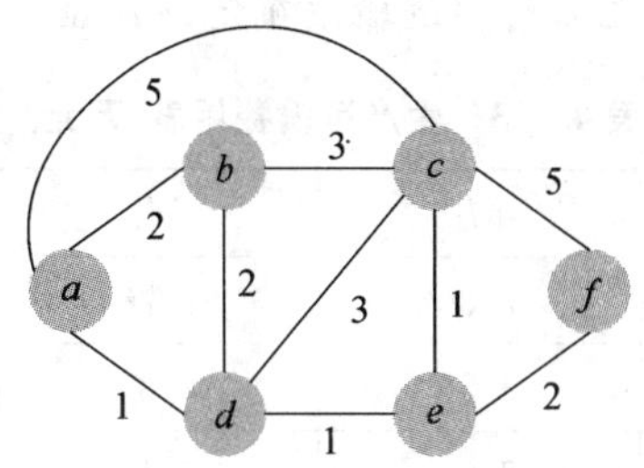

图 4-9　无向图-3

解:求解过程如表 4-21 所示。

表 4-21　Bellman-Ford 算法步骤流程

k	distk[a]	distk[b]	distk[c]	distk[d]	distk[e]	distk[f]
1	0	2	5	1	*	*
2	0	2	4	1	2	10
3	0	2	3	1	2	4
4	0	2	3	1	2	4
5	0	2	3	1	2	4

案例分析

案例一:选址和运输问题

第 1 小题:某厂每年需要从 P_1 地运来钢材,从 P_2 地运来铸铁,从 P_3 地运来焦炭,从 P_4 地运来各种造型材料。据调查分析,今后较长时期内市场对该厂产品的需求量将呈上升趋势,为此该厂拟在原料产地附近地区建一分厂,以降低成本。各地到拟议中的分厂城市中心的距离和每年的材料运量如表 4-22,请用重心法确定分厂厂址,并进行一次迭代修正。

表 4-22　距离运量表

原材料供应地及其坐标	P_1		P_2		P_3		P_4	
	X_1	Y_1	X_2	Y_2	X_3	Y_3	X_4	Y_4
距城市中心的坐标距离(km)	30	40	50	60	40	30	50	10
年运输量(吨)	2 000	1 200	1 000	2 500				

第 2 小题:几年后,市场对该厂产品的需求不断增加。但是,该厂产品在市场上已受到其他厂家产品的竞争压力。为此,该厂拟接近销地寻找新的仓库库址。据调查,该厂产品集中销售于 M_1、M_2、M_3、M_4 四个市场,现有 F_3、F_4 两地可供选择,各市场的需求量、分厂或仓

库到各市场的运费单价如表 4-23,请用运输法确定新库址。

表 4-23　生产运输费用表(万元)

	M_1	M_2	M_3	M_4	生产量(台)
F_a	8.00	7.80	7.70	7.80	7 000
F_b	7.65	7.50	7.35	7.15	5 500
F_3	7.15	7.05	7.18	7.65	12 500
F_4	7.08	7.20	7.50	7.45	(12 500)
需求量(台)	4 000	8 000	7 000	6 000	25 000

案例一求解:

第1小题:

(1) 仓库的初始选址。

i	X_i	Y_i	V_i	R_i	V_iR_i	$V_iR_iX_i$	$V_iR_iY_i$
1	30	40	2 000	1	2 000	60 000	80 000
2	50	60	1 200	1	1 200	60 000	72 000
3	40	30	1 000	1	1 000	40 000	30 000
4	50	10	2 500	1	2 500	125 000	25 000
					6 700	285 000	207 000

根据上面数据求得:

(2) 相应的初始运输成本计算如表 4-24:

表 4-24

i	X_i	Y_i	V_i	R_i	d_i/km	$V_iR_id_i$ 成本/吨公里
1	30	40	2 000	1	15.49	30 980
2	50	60	1 200	1	30.04	36 048
3	40	30	1 000	1	2.69	2 690
4	50	10	2 500	1	22.19	55 475
					运输总成本	125 193

其中,$d_i = k\sqrt{(X_i - \overline{X})^2 + (Y_i - \overline{Y})^2}$,$k$ 表示比例尺,这里为 1。

(3) 进行一次迭代修正如表 4-25:

表 4-25

迭代次数	$\overline{X}$	$\overline{Y}$	总成本
0	42.54	30.90	125 193
1	40.36	30.36	122 539

其中，迭代计算过程如表 4－26：

表 4－26

I	X_i	Y_i	V_i	R_i	d_i/km	$V_i R_i d_i$ 成本/$
1	30	40	2 000	1	14.15	28 300
2	50	60	1 200	1	31.17	37 404
3	40	30	1 000	1	0.51	510
4	50	10	2 500	1	22.53	56.325
					运输总成本	122 539

第 2 小题：

(1) 利用最小元素方法，求出选择 F_3 为仓库地址时的调运费用。

① 从表中找出运价最小者(若有多个则任选其一)，我们选定 F_3 和 M_2 对应的 7.05，用括号括上。将 F_3 和 M_2 所对应的产量和需求量中最小者 8 000 填在括号旁边。由于 M_2 的需求已经全部满足，不再需要 F_a 和 F_b 向 M_2 供货，即 M_2 所在列应该变为 0。此时，表变成如表 4－27 样式。

表 4－27　生产运输费率表

	M_1	M_2	M_3	M_4	生产量(台)
F_a	8.00	0	7.70	7.80	7 000
F_b	7.65	0	7.35	7.15	5 500
F_3	7.15	(7.05)8 000	7.18	7.65	4 500
需求量(台)	4 000	0	7 000	6 000	25 000

重复上述操作，最后得出的生产运输费率表如 4－28。

表 4－28　生产运输费率表

	M_1	M_2	M_3	M_4	生产量(台)
F_a	0	0	(7.70)6 500	(7.80)500	0
F_b	0	0	0	(7.15)5 500	0
F_3	(7.15)4 000	(7.05)8 000	(7.18)500	0	0
需求量(台)	0	0	0	0	0

② 采用位势法检验初始调运方案是否为最优，并进行调整，得出最优调运方案。

将运价分解为 V 和 U 两个部分，如表 4－29 所示。

表 4-29 生产运输费率表

		V_1	V_2	V_3	V_4	生产量（台）
		M_1	M_2	M_3	M_4	
U_1	F_a	8.00	7.80	(7.70)	(7.80)	0
U_2	F_b	7.65	7.50	7.35	(7.15)	0
U_3	F_3	(7.15)	(7.05)	(7.18)	7.65	0
需求量(台)	0	0	0	0	0	

即:$U_1+V_3=7.7$;$U_1+V_4=7.8$;$U_2+V_4=7.15$;$U_3+V_1=7.15$;$U_3+V_2=7.05$;$U_3+V_3=7.18$

令:$U_1=0$,则:$U_2=-0.65$;$U_3=-0.52$;$V_1=7.67$;$V_2=7.57$;$V_3=7.7$;$V_4=7.8$

经过验证,U_i+V_i 全部小于所对应的运价,上述结果为最优解。

③ 选择 F_3 为仓库地址时的运输费用 TC_3。

$$\begin{aligned} TC_3 &= 7.70\times6\,500+7.80\times500+7.15\times5\,500+7.15\times4\,000+7.05\times8\,000+\\ &\quad 7.18\times500\\ &=181\,865 \end{aligned}$$

(2) 利用最小元素方法,求出选择 F_4 为仓库地址时的调运费用。

① 从表中找出运价最小者(若有多个则任选其一),选定 F_4 和 M_1 对应的 7.08,用括号括上。将 F_4 和 M_1 所对应的产量和需求量中最小者 4 000 填在括号旁边。由于 M_1 的需求已经全部满足,不再需要 F_a 和 F_b 向 M_1 供货,即 M_1 所在列应该变为 0。此时,表变成如表 4-30 的样式。

表 4-30 生产运输费率表

	M_1	M_2	M_3	M_4	生产量(台)
F_a	0	7.80	7.70	7.80	7 000
F_b	0	7.50	7.35	7.15	5 500
F_4	(7.08)4 000	7.20	7.50	7.45	8 500
需求量(台)	0	8 000	7 000	6 000	25 000

重复上述操作,最后得出的生产运输费率如表 4-31 所示。

表 4-31 生产运输费率表

	M_1	M_2	M_3	M_4	生产量(台)
F_a	0	0	(7.70)7 000	0	0
F_b	0	0	0	(7.15)5 500	0
F_4	(7.08)4 000	(7.20)8 000	(7.50)0	(7.45)500	0
需求量(台)	0	0	0	0	0

② 采用位势法检验初始调运方案是否为最优，并进行调整，得出最优调运方案。

将运价分解为 V 和 U 两个部分，如表 4－32 所示。

表 4－32　生产运输费率表

		V_1	V_2	V_3	V_4	生产量(台)
		M_1	M_2	M_3	M_4	
U_1	F_a	8.00	7.80	(7.70)	7.80	0
U_2	F_b	7.65	7.50	7.35	(7.15)	0
U_3	F_3	(7.08)	(7.20)	(7.50)	(7.45)	0
需求量(台)	0	0	0	0	0	

即：$U_1+V_3=7.70$；$U_2+V_4=7.15$；$U_3+V_1=7.08$；$U_3+V_2=7.20$；$U_3+V_3=7.50$；$U_3+V_4=7.45$

令：$U_3=0$，则：$U_1=0.2$；$U_2=-0.3$；$V_1=7.08$；$V_2=7.20$；$V_3=7.50$；$V_4=7.45$

经过验证，U_i+V_i 全部小于所对应的运价，上述结果为最优解。

③ 选择 F_4 为仓库地址时的运输费用 TC_4。

$$TC_4=7.70\times7\,000+7.15\times5\,500+7.08\times4\,000+7.20\times8\,000+7.50\times0+7.45\times500=182\,870$$

由于 $TC_4>TC_3$，所以应该选择 F_3 为仓库地址。

案例二：最短路问题

某企业有一批货物要从产地 S 运往销售地 T。S 有多条路径可以到达 T，如图 4－10 所示，各地之间的距离也在图上标出。请利用最短路径法确定从 S 到 T 的最佳行车路线。

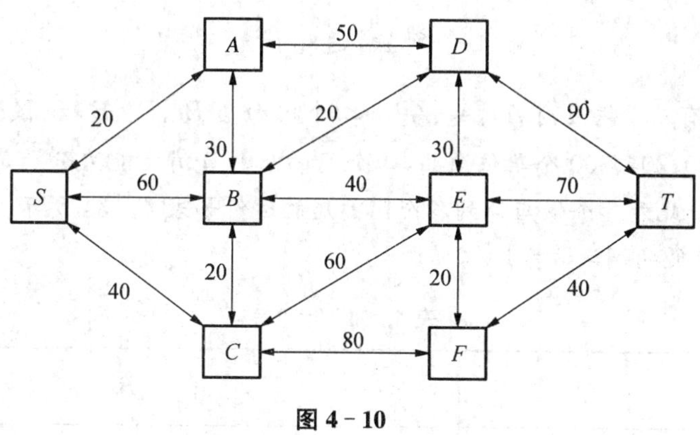

图 4－10

解：用最短路线法求解，计算过程如表 4－33 所示：

表 4-33

步骤	已决点	已某最近的未决点	总成本	第 n 步最近结点	最小成本	其上一点
1	S	A	20	A	20	$S \to A^*$
2	S A	C B	40 $SA+AB=20+30=50$	C	40	$S \to C$
3	S A C	B B B	60 $SA+AB=50$ $SC+CE=60+40=100$	B	50	$A \to B^*$
4	S(去掉) A B C	— D D E	— $SA+AD=20+50=70$ $AB+BD=50+20=70$ $SC+CE=40+60=100$	D	70	$A \to D$ $B \to D$
5	A(去掉) B C D	— E E E	— $AB+BE=50+40=90$ $SC+CE=40+60=100$ $AD+DE=70+30=100$	E	90	$B \to E^*$
6	B(去掉) C D E	— F T F	— 120 $AD+DT=90+70=160$ 110	F	110	$E \to F^*$
7	C(去掉) D E F	— T T T	— $AD+DT=70+90=160$ $BE+ET=90+70=160$ $EF+FT=110+40=150$	T	150	$F \to T^*$

答:S 到 T 的最佳行车路线的实际走向为 $S \to A \to B \to E \to F \to T=150$(公里)。最短路程长度为 150 公里。

案例三:运输问题

某连锁超市有三个供应商 A_1、A_2、A_3 和四个门面店 B_1、B_2、B_3 和 B_4,三个供应商每日供货量分别是 500、200、300 个单位商品,四个门面店的日消化能力分别是 200、300、100 和 400 个单位商品。此外各个供应商到各个门面店的运价如表 4-34 所示。请利用表上作业法,确定总运费最低的调运方案。

表 4-34 运价表

门面店 供应商	B_1	B_2	B_3	B_4
A_1	6	3	2	5
A_2	7	5	8	4
A_3	3	2	9	7

解:(略)。

本章小结

本章着重介绍了供应链网络配置及优化的方法，主要阐述了两方面的问题，即“点”的问题和“线”问题。“点”的问题是指供应链中的选址问题，着重介绍了重心法选址的计算问题。“线”的问题是指供应链运输网络的优化，着重介绍了运输问题及最短路问题。

第5章　供应链合作伙伴关系管理

随着经济全球化的发展，科学技术的进步，市场竞争日益加剧，企业面临的竞争环境发生了巨大的变化，“以企业为中心”的传统管理模式已不能适应市场环境，企业单凭自身内部资源的整合已经难以把握快速变化的市场机遇，于是许多企业将注意力转向企业外部。所以，加快对用户变化需求的反应速度，同时加强与合作伙伴的合作，建立供应链合作伙伴关系，从而对企业内外资源进行有效的优化整合，是供应链运行的前提和基础。供应链管理的关键在于各节点企业之间有效的连接与合作，以及相互在设计、生产、竞争策略等方面的协调，所以供应链合作伙伴关系管理是供应链管理的核心内容。本章主要介绍供应链合作伙伴关系相关概念、演变过程及分类，并对合作伙伴选择的指标体系和选择模型做了具体阐述，最后分析了供应链合作伙伴的选择步骤。

第一节　供应链合作伙伴关系演变

一、供应链合作伙伴关系的定义

供应链合作伙伴关系(Supply Chain Partnership，SCP)，是在供应链内部两个或两个以上独立的成员之间形成的一种协调关系，以保证实现某个特定的目标或效益。

从以上定义来看，对于供应链合作伙伴关系的理解要把握以下几点。

首先，供应链合作伙伴之间是长期稳定的合作，强调高度信任和战略合作，而不单是操作层面的合作。因此，相互信任的重要性是不言而喻的。它是构建和维系供应链合作伙伴关系的基础，是伙伴间稳定合作的必要保障。

其次，合作伙伴之间彼此交换的不仅是有形的物质，还包括研发、信息、物流以及技术、生产管理等方面无形的相互支持和帮助。供应链合作伙伴之间，不只注重物品的供求及价格问题，更要注重合作后服务水平的提高。因此它意味着合作方要在新产品、新技术的共同研发和数据与信息的共享等方面做出共同努力。

最后，供应链合作伙伴关系建立的目的是双赢(win-win)。企业以追求利润为经营目的，参与到供应链中的根本目的也是提高企业自身利润。因此建立合作伙伴关系要保证合作双方的利益，甚至是合作各方的共同利益，这样才能激发企业合作的积极性。

供应链合作伙伴关系形成于集成化供应链管理环境下，形成的原因通常是为了降低供应链总成本，降低库存水平，提高信息共享水平，改善相互之间的交流，保持战略伙伴相互之间操作的一贯性，形成更大的竞争优势，以实现供应链节点企业的财务状况、质量、产量、交货期、用户满意度和业绩的改善和提高。

二、供应链合作伙伴关系的演变

供应链合作关系是随着市场对企业要求的不断变化而发展起来的，其形成过程受到市场条件和技术水平的限制，从传统的企业关系发展到供应链的合作伙伴关系，不仅给企业带来了巨大的收益，也对企业的经营提出了更高的要求。企业合作伙伴关系的形成和发展也是管理模式的一种变革，企业经营者必须面对经营模式的变化，解决和其他企业合作时的冲突。传统的企业关系向供应链合作关系转变大致经历了 4 个发展阶段：传统的企业关系阶段（1960—1970 年）、物流关系阶段（1970—1980 年）、战略合作伙伴关系阶段（1990 年至今）、网络资源关系阶段，如图 5-1 所示。

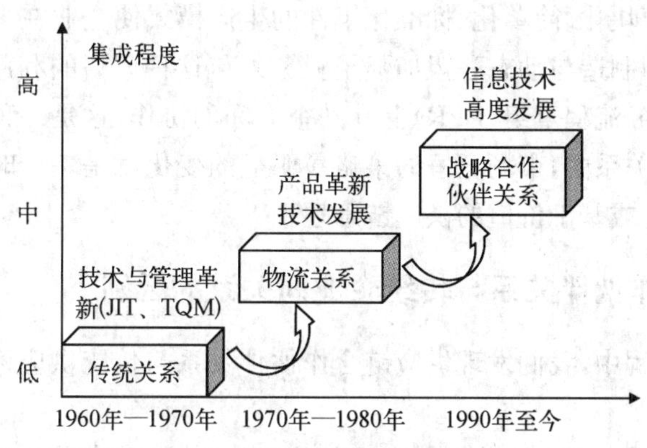

图 5-1　企业关系的演变过程

（一）传统的企业关系阶段

在传统的企业关系阶段，企业之间的关系是以传统的产品买卖为特征的短期合同关系，也就是简单的“买—卖”交易关系，基于这种企业关系，企业的经营管理理念是以生产为中心的，供销处于次要的、附属的地位。企业之间的控制，是通过买方企业在卖方企业之间引起价格竞争并在卖方企业之间分配采购数量来实现的。在这种情况下，企业之间很少进行沟通与合作，也就谈不上企业之间的战略联盟与合作。

双方的利益在很大程度上是对立的，由于双方很少关注除了价格和质量以外的东西，往往导致运作上效率很低。由于信息的不透明，使得很小的需求波动导致了很大的生产波动大量的缺货和库存现象的出现，也使得生产计划很难准确，运作流程上往往也存在重复和盲点，供货提前期冗长使企业很难对市场变化做出快速的反应，在供应链的管理战略上有着种种的不协调。

（二）物流关系阶段

随着 JIT 等现代化管理思想的出现，传统的以生产为主要目的的企业模式开始向物流关系模式转变。物流关系模式是以加强基于产品质量和服务的物流关系为特征，物流从供应链上游到下游的转换过程进行集成,注重服务的质量和可靠性,供应商在信息共享、柔性、准时等方面的要求较高。在这种模式下,为了达到生产均衡化和物流同步化,企业的各部门间以及企业之间开始进行合作与沟通,但是,这种基于简单物流关系的企业合作关系,在供应链合作中其实是一种处于作业层和技术层的合作,在很多方面,如信息共享、柔性和敏捷性等,都不能很好地适应越来越激烈的市场竞争的需要,企业则需要更高层次、更大范围的合作,于是出现了以实现集成化战略合作伙伴关系和以信息共享的网络资源关系为特征的基于战略伙伴关系的模型。

(三) 战略合作伙伴关系阶段

具有战略合作伙伴关系的企业体现了企业内外资源集成与优化利用的思想。基于这种企业运作环境的产品制造过程,从产品的研究开发到投放市场,周期大大地缩短了,而且顾客导向化程度更高,模块化、简单化、标准化组件的生产模式使企业在多变的市场中柔性和敏捷性显著增强,虚拟制造与动态联盟加强了业务外包这种策略的利用。企业集成从原来的中低层次的内部业务流程重组(BPR)上升到企业间的协作,这是一种最高级别的企业集成模式。在这种企业关系中,市场竞争的策略最明显的变化就是基于时间的竞争和价值链的价值让渡系统管理,或基于价值的供应链管理。

三、供应链合作伙伴关系与传统企业间关系的区别

在上述的演变进程中,我们发现供应链合作伙伴关系与传统供应商关系之间有着很大的区别。

(1) 参与方的区别。传统的供应商关系大多局限于制造商与供应商,制造商与分销商、零售商之间;而供应链上的合作伙伴不仅有供应商和制造商,且分销商、零售商、终端客户甚至第三方物流企业等都属于供应链的组成部分。

(2) 合作时间的区别。传统供应商关系是建立在买卖基础上的短期或者临时的合同关系,因此双方的主要精力都集中在价格的竞争上;而供应链合作伙伴关系则是建立在长期合作基础上的互相支持、互相扶助以取得双赢局面的关系。

(3) 交换对象的区别。传统供应商关系下,双方只是进行有形商品的交换;而供应链合作关系下,双方不仅限于物质的交换,更重要的是信息、服务、研发、技术以及物流等方面的交换。

(4) 供应商选择标准的区别。传统关系下,企业对于供应商的选择标准主要是集中在价格上,在此基础上企业才考虑供货质量和时间的问题;而供应链合作关系下企业选择供应商除了要考虑价格和供货质量外,还要考虑多种因素,包括供应商的供货能力、经营业绩、发展潜力等,以保证与供应商的长期稳定合作。

(5) 供应商数量区别。传统关系下企业供应商数量较多,更换频繁,稳定性差;供应链合作关系下,企业会选择少数甚至是唯一的供应商以建立长期合作,具有较强的稳定性。当然,也要认识到单一供应源对于企业是存在着较大风险的。

(6) 信息共享区别。传统关系下,企业与供应商之间信息不对称,双方都会为了各自的利益隐瞒部分信息;供应链合作关系下,企业之间信息共享程度较高。传统关系下质量控制

发生在事后，企业只能通过到货验收掌握；供应链合作关系下企业可以全程参与和监控供应商研发和生产，从而保证质量。

其主要区别如表5-1所示。

表5-1　供应链合作关系与传统供应商关系的比较

	传统企业关系	供应链合作关系
相互交换的主体	物料	物料、服务
供应商选择标准	强调低价格	多个标准并行考虑（交货期、质量和可靠性等）
稳定性	变化频繁	长期、稳定、紧密合作
合同性质	单一、短期	侧重长期战略合同
供应批量	小	大
供应商数量	很多	少（少而精，可以长期紧密合作）
供应商规模	可能很小	大
供应商的定位	当地	无界限（全球范围内）
信息交流	信息专有	信息共享
技术支持	被动提供	主动提供甚至介入产品开发
质量控制	入库验收、检查控制	制造商的标准管理和供应商的全面质量管理
选择范围	投标评估	广泛评估可增值的供应商

四、供应链合作伙伴关系的重要意义

供应链合作关系的建立，合作各方都将受益，具体表现在良好的供应链合作伙伴关系可以降低供应链成本、降低库存水平、增强信息共享、保持战略伙伴相互之间操作的一致性、改善相互之间的交流状况，最终创造更大的竞争优势。

（一）减小供应链上不确定因素，降低库存

战略伙伴关系意味着一个企业有着多个稳定的合作伙伴，下游企业可以在发出订单之前为上游企业提供具体的需求计划，这时上游企业所面对的需求就由原来的订单和预测转化为具有战略合作伙伴关系的企业的需求计划，以及对没有战略伙伴关系的企业的需求预测有了较为明确的需求信息，企业就能够减少为了吸收需求波动而设立的成品库存，制订更精确的生产计划。

战略伙伴关系的建立实际上表明企业间的互相信任，从产品设计上的合作开始到产品的质量免检都是这种合作关系的基本特征。下游企业可以获取供应企业综合稳定的生产计划和作业状态，无论企业能否按要求供货，需求企业都能预先得到相关信息并采取相应的对策。因此，外购物料库存将因供应方生产信息透明度的提高而降低。

（二）快速响应市场

制造商通过与供应商建立合作伙伴关系，可以充分利用供应商的专长，将大量自己

不擅长的零配件等的设计和生产任务通过外包而分给擅长于此的企业来完成，自己则集中力量于自身的核心竞争优势。这样既不必实施昂贵而风险巨大的垂直集成，又能充分发挥各方的优势，并能迅速开展新产品的设计和制造，从而使新产品响应市场的时间明显缩短。

当今消费市场需求瞬息万变，不仅仅是制造商，供应商、分销商、零售商都必须对这些变化做出及时快速响应，才有可能立足市场，获取竞争优势。企业与企业之间的竞争已转向供应链和供应链之间的竞争，而供应链的竞争力来源于供应链上各节点企业的紧密合作。这种合作拆除了企业的围墙，将各个企业独立的信息化“孤岛”连接在一起，实现供应链无缝连接，使整个供应链像单个企业一样运作，且又能发挥每个企业的核心竞争优势。这是传统意义上的供应链所无法相比的，传统意义上的供应链正是因为链上各节点企业间信息不畅通，企业间合作和沟通非常少，信息波动扭曲放大，或者企业为了自身利益而不惜牺牲整个物流的速度，使得整个供应链企业对市场变化的需求反应迟缓。

（三）加强企业的核心竞争力

企业的核心竞争力是指企业在研发、设计、制造、营销、服务等某一两个环节上明显优于竞争对手并且不易被竞争对手模仿的、能够满足客户价值需要的独特能力。自从普拉哈拉德和哈默提出“核心竞争力”一词以来，企业核心竞争力的培育和实施日益受到重视。正因为企业日趋注重自身的核心竞争力，强调企业自身的特点，企业的非核心竞争力业务必然要靠其他在此业务上具有核心竞争力的企业来承担。各自具有优势的企业在共同的目标下联合起来，以协作共享信息、降低整体成本并共担风险、共享利益。显然，离开企业的核心竞争力谈供应链管理，就如不建地基而想建大厦一样；而要想强调企业的核心竞争力，若没有以战略合作关系为基础的供应链管理这一新的管理模式与之呼应，也发挥不了其核心优势。所以，供应链管理强调链中企业的战略合作关系，其实质是强调企业要发挥各自的核心竞争力。以战略合作关系为基础的供应链能发挥企业的核心竞争优势，获得竞争中的优势地位。

（四）提升用户满意度

在产品设计过程中，基于销售环节企业的信息，制造商可以更准确地把握市场需求，从而研发设计出更符合市场需求的产品。在制造过程中，供应商及时、准确、高质量的供应可以缩短生产周期，提高产业的协调能力和顾客对产品质量的满意度，从而以优质的产品更快地响应市场。通过供应链上企业的反馈信息可以及时在企业间共享并得到解决从而使售后服务得到保证。产品和服务质量的提高，必然会提高用户满意度。

第二节　供应链合作伙伴关系分类

在现实经济活动中，供应链伙伴合作的动力源于四大驱动要素：期望获取企业单独研发无法实现的新技术；期望获取企业单独投资资本过高的技术；期望获取企业自有、发展和维护成本过高的某种能力；期望获取与对方共同拥有的核心竞争能力。合作涉及的面非常广，涉及许多不同类型的合作伙伴，涉及广泛的共同活动，从业务单元之间的信息共享，到复杂的长期产品研发与市场营销项目。所以，开发和管理合作关系需要结合企业实际去识别和理解合作关系的类型，在关系的发展过程中注意合作关系的匹配问题。

一、合作关系的分类

在供应链管理中潜在的合作伙伴可分为三大类：客户、物料供应商和支持供应链运作的服务提供商，如合同制造商、第三方物流提供商等。与不同的伙伴之间建立的合作关系并非都是相同的，可能会有迥然不同的特征。图 5-2 给出了不同类型合作关系的匹配矩阵。其中，横轴以合作伙伴数量表示合作关系的相对广度，纵轴表示合作的相对深度。整个合作关系匹配矩阵中定义了四种不同的合作关系：交易型合作、协作型合作、协调型合作和协同型合作。

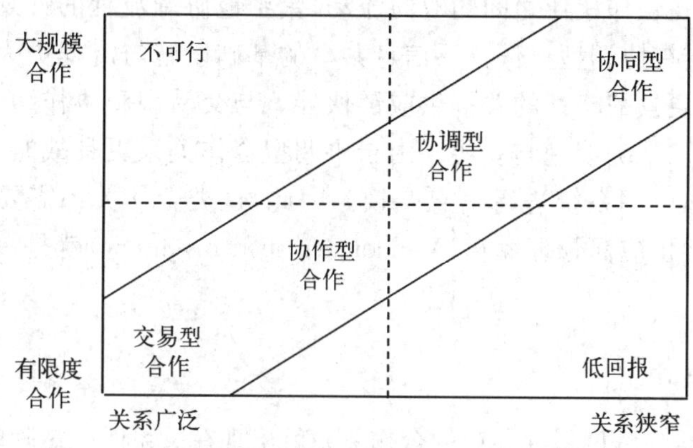

图 5-2　供应链合作关系分类矩阵

可以注意到，这四类不同程度的合作关系的边界是模糊的，因为合作关系是一个连续统一体。单纯的两维变量分类难免有局限性，因此，可以利用不同的组合变量，如投资水平、技术合作依赖度等来描述合作关系的深广度，还可利用组合变量建立多维模型。合作关系的称谓并不重要，重要的是能够识别出导致不同合作关系产生差异化的不同特征。所有的关系不尽相同，合作也有差异。企业在开始系统地建立与供应链伙伴之间的合作关系之前，必须先了解合作关系的程度与企业特定的需求。下面将讨论如何决定与各个供应链伙伴的合作程度。

（一）交易型合作

交易型合作是以合作伙伴之间最有效率、最有效益地执行交易为目标。譬如，客户与供应商达成协议，在某一段时间内或是在达到特定采购量时，以事先协议好的价格进行采购，这就是交易型合作关系。买方在协议生效期间，为取得固定采购价格，必须采购一定数量的产品，以降低供应商的风险，也有助于其生产计划的完成。然而，交易型合作关系伙伴很少专注于降低供应链管理成本及提高供应链收益，其专注的焦点是提高交易执行的简捷性，但这并不表示这种合作关系没有战略价值。例如，通过剔除持续不断的重新谈判来降低交易费用。交易型合作通常用于通用物料的采购活动，主要是依据价格决定与之交易的供应商。

(二)协作型合作

协作型合作具有较高的信息共享水平。供应链伙伴需要提供自动承诺和确认,并共享相关预测、库存可用性、采购订单、订单与交货状态等数据,以 EDI 等方式传递给合作伙伴。在协作型合作关系中,所提供数据的类型和格式通常已标准化。随着先进技术的不断发展,EDI 已成为目前基本的沟通方式。即使对不具备 EDI 交换能力的企业,互联网技术和企业间网络都可以提供电子文档和产品数据管理的支持,提供工作流管理的功能,包括自动指定文件、表格、特定数据与任务的路径。

(三)协调型合作

协调型合作下的供应链伙伴具有更加密切地合作、更加依赖彼此的能力。这类合作关系需要沟通信息在合作伙伴之间的双向流动,紧密地协调流程的计划和执行。与协作型合作关系相比,支持协调型合作关系信息共享的基础设施与流程更为复杂,因此,这种合作模式较适用于更具战略性的关键供应链伙伴。与交易型和协作型关系不同,协调型合作关系需要更高水平的谈判与妥协。由于协调型合作关系更具战略性,信息共享水平更高,所以需要投入专用系统进行信息交换。因此,这类合作关系需要伙伴双方的长期承诺,并认真履行。供应商管理库存(Vendor-managed Inventory)就是一种常见的协调型合作模式。

(四)协同型合作

供应链伙伴的合作程度最深最广的合作关系就出现在关系匹配矩阵的右上角——协同型合作。协同型合作关系通常也称为战略合作伙伴关系、战略联盟。协同型合作关系中,合作关系已经超越了供应链运作中的各种关系类型和程度,包含了其他关键业务流程。合作伙伴可以共同投资研发项目、供应商开发以及知识产权(Intellectual Property,IP)的开发项目,从实体资产与知识资产的共享,乃至延伸到了人力资本的共享。

在协同型合作关系中,合作伙伴共同开发信息,而不只是单纯的相互传输和交换信息,不仅如此,协同型合作关系更专注于未来的战略愿景,而不只是专注于短期计划和战术执行。长期商业承诺是协同型合作关系的一个重要标志。此外,在产品开发战略中,考虑供应链需求的开发项目就是协同型合作关系的极佳实践。企业将关键物料供应商和合同制造商视为产品开发团队不可或缺的重要成员,就能够使产品设计方案与一流的供应链绩效实施方案匹配。与其他类型的合作关系只能局限于产品数据的交换不同,协同型合作关系能够共享产品数据管理系统。总之,在协同型合作关系层次上,双方共享高水平的集成,通常,这种合作伙伴关系不存在到期日。

二、合作关系的匹配

企业与每个供应链伙伴的合作关系在合作关系矩阵中都有一个合适的位置。企业在设计合作战略时,必须为每个合作伙伴匹配最合适的合作关系类型。合作关系匹配矩阵中为此提供了一组匹配选择(见图 5-2),沿着对角线提供了合作关系递增的关系类型。但在匹配选择合作模式时，需要尽可能地避免矩阵中“低回报”区域与“不可行”区域。

首先，注意避免矩阵中的“低回报”区域。在“低回报”区域中，企业与少数几个供应链合作伙伴进行有效的合作，这种合作模式需要的投资以及风险相对较低，当然投资回报也相对较低。对于合作战略而言，“低回报”并不能构成合作战略有效的业务基础，尽管这种合作模式能够产生微利，却远远不足以抵消企业的战略投入价值。

其次，需要避免矩阵中“不可行”区域。在“不可行”区域中，企业的目标是与广泛的供应链合作伙伴进行深度的合作。虽然合作支持系统开发商通常将这种合作模式默认为最优模式，认为借助于先进的信息技术能够将既具有广度（广泛的供应链伙伴）又具深度（进行大规模合作）的合作模式演绎为现实，并且这种合作模式在理论上也是可行的，但这种合作模式并不切合实际，主要因为促使广泛的供应链伙伴在大规模的业务上与企业的业务目标保持协调一致是相当困难的。

尽管合作支持系统可实现与供应链伙伴的无缝整合，但目前大多数合作关系尚处于交易型和协作型两种，专注于基本的供应链活动，通常是采购和制造等活动的合作。交易型和协作型这两种合作模式在降低库存水平、提高客户服务水平、提高人力资源有效利用率、更快速更可靠地交货等方面，合作利益还很有限，合作所产生的价值还不足以推动企业战略，使企业进入新的市场，以获得新的技术及新的能力。然而，这并不表示交易型和协作型关系没有价值，相反，这正是合作伙伴之间建立真正的合作联盟，开发更复杂、更具战略意义的关系而迈出的第一步。而更进一步的合作需要更多的资本投入、持久地维护，需要时时预警可能危害合作关系的不利状况。事实上，不同企业适合不同的合作类型，包括各种类型的合作关系在企业流程中的分布、比例等，差异很大。从合作关系的深度和广度来看，所谓的“最优模式”也因企业而异。此外，企业可以达到“最优模式”的能力还受到外部合作伙伴广度的限制。

第三节　合作伙伴选择的指标体系构建

一、供应链管理下合作伙伴的类型

在集成化供应链管理环境下，供应链合作关系的运作需要减少供应源的数量，相互的连接变得更密切，并且供应链节点企业会在更大的市场范围内寻找最杰出的合作伙伴。为了能更有效地选择合作伙伴，可以将合作伙伴分为不同的类型，便于进行针对性管理。首先，可以将合作伙伴分成两个不同的层次：重要合作伙伴和次要合作伙伴。重要合作伙伴是少而精的、与制造商关系密切的合作伙伴，次要合作伙伴是相对较多的、与制造商关系一般的合作伙伴。供应链合作关系的变化主要影响重要合作伙伴，对次要合作伙伴的影响较小。

根据合作伙伴在供应链中的增值作用及其竞争实力，可将合作伙伴分成不同的类别，分类矩阵如图 5－3 所示。

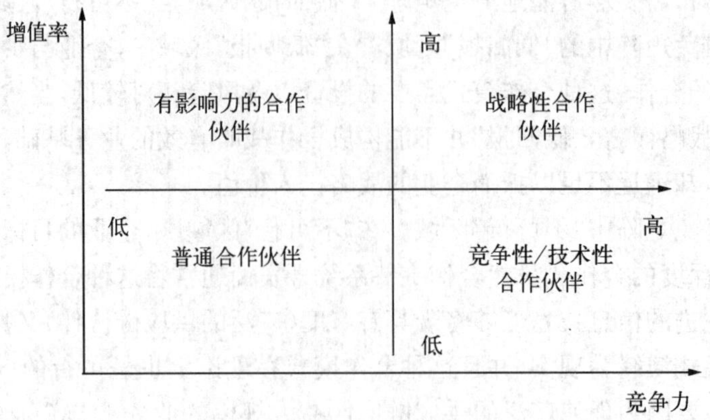

图 5-3 合作伙伴分类矩阵

其中纵轴代表的是合作伙伴在供应链中增值的作用,对一个合作伙伴来说,如果不能对供应链的增值做出贡献,它对供应链的其他企业就没有吸引力。横轴代表某个合作伙伴与其他合作伙伴之间的区别,主要是设计能力、特殊工艺能力、柔性、项目管理能力等方面竞争力的区别。

在实际运作中,应根据不同的目标选择不同类型的合作伙伴。对长期合作而言,要求合作伙伴能保持较高的竞争力和增值率,因此最好选择战略性合作伙伴;对短期合作或某一短暂市场需求而言,只需选择普通合作伙伴满足需求,以保证成本最小化;对中期合作而言,可根据竞争力和增值率对供应链的重要程度的不同,选择不同类型的合作伙伴(有影响力的或竞争性/技术性的合作伙伴)。

二、选择合作伙伴时考虑的主要因素

随着市场需求不确定性的增强,合作各方要尽可能削弱需求不确定性带来的影响和风险。因此供应链合作伙伴的选择已不仅限于企业之间的交易价格本身的考虑,还有很多方面值得双方关注,比如,制造商总是期望他的供应商完善服务,搞好技术创新,实现产品的优化设计等。

(一) 影响供应链合作伙伴选择的基本因素

在选择合作伙伴时首先必须考虑三个最基本的因素。

1. 价格

企业选择合作伙伴的一个关键的目的是要降低成本,因此企业要对各备选合作伙伴的成本进行核算,以保证降低成本、增加利润,即实现供应链总成本最小化,实现多赢的战略目标。这要求伙伴之间具有良好的信任关系,从而降低连接成本。

2. 核心竞争力

企业寻找合作伙伴的根本原因是要集中资源培养和提升自身的核心竞争力,同时将自己的非核心业务外包给擅长做这些业务的企业,从而实现优势互补,提升整条供应链的竞争力。因此这就要求合作伙伴必须拥有各自的核心竞争力,同时这种核心竞争力又是企业实施供应链管理所需要的。这是建立合作伙伴关系的必要条件。

3. 价值观

价值观和战略思想是企业一切经营活动的灵魂和导向，合作伙伴与企业拥有一致的价值观和战略思想，才可能建立合作伙伴关系。比如，当企业注重的是顾客的服务质量，那么他与单纯追求低成本的供应商就无法实现合作。

以上三个因素是建立合作伙伴关系的前提条件。只有满足这三条，才有建立合作伙伴关系的必要和可能。

（二）影响供应链合作伙伴选择的其他因素

1. 企业的业绩和经营状况

合作伙伴的业绩和经营状况可以反映其综合能力和整体运作情况，在一定程度上还可以反映出企业的发展潜力和前景，因此是企业的重要参考因素。通过对合作伙伴的业绩和经营状况的了解，企业可以了解合作伙伴的整体运作情况。

2. 企业间利益分配的合理性

对各成员企业来说，加入供应链的根本目的就是为了获取经济收益。对于整个供应链而言，如何评价各成员方对整个供应链的贡献，再分配所带来的合作收益是一个决定供应链合作成败的关键问题。如果处理得不好，则会引发冲突，降低效率与收益，甚至可能会导致整个供应链的解体。因此，在供应链合作关系建立之初，就应该就如何评价、补偿与收益分享进行协商以达成共识，建立合理的利益分配机制，并根据环境变化进行修正。合理的利益分配可以刺激供应链中企业合作的积极性，对供应链合作关系有积极的促进作用。

3. 企业间的信息交流与共享

供应链管理的有效实施是以信息及时、准确的传递甚至是共享为基础的。因此，为了保证供应链上信息的有效传递，在选择合作伙伴时，要确认其是否有信息交流和共享的意愿以及是否具备相应的信息技术和设备等，以满足供应链上信息的有效交流和共享。

4. 企业间的相互依赖程度

企业间相互依赖程度的不同容易导致“权力复归”现象的发生，这种现象是供应链中优势企业利用自己在供应链中的优势地位和相对权力来控制和管理其他企业。在合作方之间的力量或可提供的资源不太对等的情况下，相互依赖程度不对等，较弱的一方容易认为对方权力利用不当或缺乏尊敬，而另一方容易认为对方存在机会主义行为，冲突就会产生，从而破坏供应链成员间的合作关系，导致合作关系的不稳定。

5. 企业间的响应速度

企业面对的市场环境在不断发生变化，而供应链管理的一个主要目标就是把握快速变化的市场机会，因此要求各个伙伴企业应具有较高的敏捷性，要求对来自供应链核心企业或其他伙伴企业的服务请求具有一定的快速反应能力，以此来提高整个链条的反应能力和响应速度。

6. 企业间的风险性

供应链自身的结构特征决定了供应链的运营要比单个企业的经营具有更高的风险性。例如,市场风险依旧存在,只不过在个体伙伴之间得到了重新分配,因为伙伴企业面临不同的组织结构、技术标准、企业文化和管理观念,所以必须认真考虑如何通过伙伴的选择,尽量回避或减少供应链整体运行风险。

7. 合作伙伴数量与质量

合作伙伴越多,企业管理难度越大,相应的管理成本也越高,而且不利于合作的稳定性和长期性。因此合作伙伴的选择要注重质量而非数量。尽量选择少数优秀的合作伙伴并建立稳定长期合作,这样可以保证供应链的整体水平。但也要注意避免某一环节上只有一个合作伙伴,因为如果某一环节只有单一供应源,一旦合作伙伴出现问题,那么整条供应链都可能会中断甚至破裂。

三、指标体系的设置原则

一般而言,指标体系的构建有一些基本准则,比如要遵循科学性、规范性、实用性等基本原则。为使所选取的指标能够全面、客观、真实的衡量企业关系,我们在建立指标体系时应遵循以下五项原则:

(1) 系统全面性原则:指标体系不仅要全面反映供应链中企业之间合作伙伴关系的现状,还要能反映出合作伙伴在整个供应链中与其他企业合作的能力,使测度结果合理、客观,为发展供应链合作伙伴关系打下良好的基础。

(2) 简明科学性原则:指标体系的大小必须适宜,也就是说指标体系不能过大也不能过小。如果指标体系过大,指标层次多,指标过细,必将把测度人吸引到细小的问题上,除了增加测度企业之间合作伙伴关系的难度以外,还可能淡化主要指标的作用,降低选择的准确性。相反,如果指标体系过小,指标层次少,指标过粗,又不能完全反映当前的水平。

(3) 独立性原则:独立性原则指的是对隐含的相关关系在处理方法上尽可能地将其弱化及消除,各评价指标之间应尽可能表现出一种独立性原则,避免显见的包含与被包含关系。

(4) 稳定可比性原则:指标体系的指标设置不仅要考虑在本系统中的使用,还要考虑到与其他的类似指标体系的可比性。

(5) 灵活可操作性原则:市场是不断变化的,每个企业也都有自己的特点,每条供应链都有各自不同的特征,指标应该具有足够的灵活性,使企业能够针对市场机遇,根据自身的实际情况,对指标体系进行灵活调整。

四、指标体系的构建

作为一个完整的供应链,除了有上游的供应商之外,还需要有下游的分销商;除了需要有形产品供应商之外,还需要无形服务提供商。企业在选择有形产品供应商、无形服务提供商以及分销商的时候,需要考虑的因素是不相同的,因此评价指标设置的侧重点也应该有所不同,所以将评价指标分为共性指标和特性指标。

根据调查研究,总结出其中考虑的共同因素,作为共性评价指标;同时又把那些需要根据合作伙伴类型的不同而单独考虑的因素作为特性评价指标。每一种类型的企业的评价指标体系都是由共性指标和特性指标两部分共同构成。

(一) 共性指标

共性指标是选择不同类型的合作伙伴都需要考虑的指标,主要是从整体的角度衡量备选企业的综合实力,主要包括企业实力评价指标、环境指标、信息化程度指标和宏观环境评价指标四大类指标,具体内容如表 5-2 所示。

表 5-2　供应链合作伙伴选择共性评价指标

一级指标	二级指标	指标的测量	指标类型
企业实力评价指标	企业规模	专家评分综合评测	定性
	财务状况	用净资产收益率、资产周转率来综合反映	效益型
	企业信誉	专家评分综合评测	定性
	设备状况	即设备先进程度,用专家评分综合评测	定性
	人员素质	专家评分综合评测	定性
	管理水平	专家评分综合评测	定性
	企业发展前景	专家评分综合评测	定性
环境指标	环保资金投入	环保投入/总产值	效益型
	能源消耗程度	单位产出能耗	成本型
	环境影响度	专家评分综合评测	定性
	绿色认同度	即顾客对产品的绿色认同度,用专家评分综合评测	定性
	资源回收利用率	可回收资源回收利用率	效益型
信息化程度指标	专业信息人员比例	信息人员人数/企业总人数	效益型
	信息设备装配程度	信息设备投资/全部设备投资	效益型
	系统无重大差错率	信息系统年安全运行天数/360	效益型
宏观环境评价指标	政治法律环境	专家评分综合评测	定性
	社会文化环境	专家评分综合评测	定性
	经济技术环境	专家评分综合评测	定性
	自然地理环境	专家评分综合评测	定性

企业实力评价指标是衡量企业整体状况的指标,包括企业规模、财务状况、企业信誉、设备状况、人员素质、管理水平以及发展前景等。该项指标是目前企业都比较看重的指标。

环境指标随着健康环保节能理念的深入人心,也成为选择供应链合作伙伴的重要指标之一。各国的政府都为企业制定了越来越严格的环保法规,消费者也越来越关注健康环保。

国际贸易中的绿色壁垒也从一定程度上反映了人们在绿色和环保方面对企业产品的要求。所有的这些因素都要求未来的供应链必须要更加注重绿色环保理念,只有这样才能打开更大的市场,才能更好地满足顾客的需求。因此在供应链合作伙伴评价选择指标体系中加入环境指标是必要的。一般选择环保资金投入、能源消耗程度、环境影响度、绿色认同度和资源回收利用率来反映企业的绿色环保状况。

信息化程度指标对于供应链来说也是一项非常重要的指标。供应链合作伙伴的信息化水平的高低必然会影响供应链企业间信息的共享程度,而信息的阻滞、脱节、传输不畅势必会影响对顾客最终需求的响应速度,进而影响整个供应链的竞争力。一般选择专业信息人员比例、信息设备装配程度和系统无重大差错率这三项指标来衡量备选企业的信息化程度。

宏观环境评价指标主要是用来衡量企业所处的宏观社会环境。核心企业在构建供应链过程中,必须要考虑备选合作伙伴所处的宏观环境状况如何,特别是在当今经济全球化的趋势下,企业要进行跨国选择合作伙伴的时候,备选企业所在国家的政治、法律、经济、技术及社会文化环境等因素就成为必须考虑的因素。

(二)特性指标

特性指标是根据所要选择的合作伙伴类型的不同,需要特别考虑的指标,主要是指供应链合作伙伴的业务能力指标。产品供应商、物流服务提供商和下游分销商在供应链中所处的位置不同,所承担的业务不同,衡量这些企业业务能力的因素也是不同的。因此我们在进行选择评价的时候,需要分别构建相应的业务能力评价指标。特性指标的具体内容如表5-3所示。

表5-3　不同类型的供应链合作伙伴的特性评价指标

一级指标	二级指标	指标的测量	指标类型
业务能力（产品供应商）	质量	用产品合格率来反映	效益型
	成本	与产品采购相关的费用	成本型
	交货准时性	历史准时交货次数/总交货次数	效益型
	服务	专家评分法综合评测	定性
	订货提前期	原始指标值	成本型
	技术水平	用R&D投入比率、新产品开发率反映	效益型
	生产能力	年产量	效益型
业务能力（物流服务商）	成本	相关运输仓储成本	成本型
	准确率	准确完成的物流量/物流完成总量	效益型
	损耗率	损耗量/物流完成总量	成本型
	作业速度	交货时间	成本型
	顾客满意程度	专家评分综合评测	定性

续　表

一级指标	二级指标	指标的测量	指标类型
业务能力（分销商）	市场控制力	市场占有率	效益型
	销售成本	产品分销相关费用	成本型
	地理位置优势	专家评分综合评测	定性
	市场开发水平	年市场开发资金投入量	效益型
	销售能力	库存周转率	效益型
	合作意愿	专家评分综合评测	定性

对于供应链的产品供应商而言，其主要业务是及时地、高质量地为核心企业提供所需要的产品。因此，特性指标主要是针对其提供的有形产品提出来的，主要包括：质量、成本（包括运费等与产品采购相关的各种费用）、交货准时性、服务、订货提前期、技术水平和生产能力等指标，这些指标在一定程度上反映了该供应商提供产品的能力。

物流服务商主要向供应链核心企业提供无形的服务，因此在对其业务能力进行评价时所需要考虑的因素就有别于产品供应商。衡量物流服务商业务能力的指标主要包括成本、准确率、损耗率、作业速度和顾客满意程度等。

分销商位于整个供应链的下游，其直接面对的是顾客和复杂的市场环境。供应链核心企业在选择分销商合作伙伴时，主要考虑的是分销商在产品市场上的影响力。衡量分销商业务能力的指标主要包括市场控制力、销售成本、地理位置优势、市场开发水平、销售能力和合作意愿等。

第四节　供应链合作伙伴选择方法

供应链合作伙伴评价选择的复杂性在于决策制定过程中各种各样的指标都必须考虑，而其所涉及的指标却是如此众多，如何将众多的评价指标进行有效的集成便成了主要问题。通过多年的理论与实践的发展，选择合作伙伴的方法较多，一般要根据供应单位的多少、对供应单位的了解程度以及对物资需要的时间是否紧迫等要求来确定。目前，供应链合作伙伴选择主要有：直观判断法、招标法、协商选择法、采购成本比较法、ABC 成本法（即作业成本法）、层次分析法、人工神经网络算法及数据包络分析法等。

一、直观判断法

直观判断法是根据征询和调查所得的资料并结合人的分析判断，对合作伙伴进行详细分析、对比评价的一种方法。这种方法主要是根据企业对合作伙伴以往业绩、质量、服务、价格等相关信息的了解程度，提出合作伙伴名单，然后由有经验的评审人员做出判断，最终确定合作伙伴。常用于选择企业非主要原材料的合作伙伴。

二、招标法

当采购数量大、合作伙伴竞争激烈时，可采用招标法来选择适当的合作伙伴。它是由企业提出招标条件,各招标合作伙伴进行竞标,然后由企业决标,与提出最有利条件的合作伙伴签订合同或协议。

招标法可以是公开招标,也可以是指定竞标。公开招标对投标者的资格不予限制;指定竞标则由企业预先选择若干个可能的合作伙伴,再进行竞标和决标。

招标方法的竞争性强,企业能在更广泛的范围内选择适当的合作伙伴,以获得供应条件有利的、便宜而适用的物资。但招标法手续较繁杂、耗时长,不能适应紧急订购的需要,主要是因为订购者对投标者了解不够,双方没有时间充分协商准备,造成货不对路或不能按时到货的后果,不适用于选择战略合作伙伴。

三、协商选择法

在供货方较多、企业难以抉择时,也可以采用协商选择的方法,即由企业先选出供应条件较为有利的几个合作伙伴,同他们分别进行协商,再确定适当的合作伙伴。与招标法相比,协商选择法由于供需双方能充分协商,在物资质量、交货日期和售后服务等方面较有保证。但由于选择范围有限,不一定能得到价格最合理、供应条件最有利的供应来源。当采购时间紧迫、投标单位少、竞争程度小、订购物资规格和技术条件复杂时,协商选择方法也比招标法更为合适。但是要确定适合的合作伙伴,由于选择范围有限,不一定能得到各方面条件最佳的合作伙伴。

四、采购成本比较法

对质量和交货期都能满足要求的合作伙伴,则需要通过计算采购成本来进行比较分析。采购成本一般包括售价、采购费用、运输费用等各项支出的总和。采购成本比较法是通过计算分析各个不同合作伙伴的采购成本,以选择采购成本较低的合作伙伴的一种方法。这种方法单纯从采购成本的角度来进行选择,有很大的局限性,往往与企业的战略目标相违背,不适用于寻找供应商伙伴的核心企业。

五、ABC 成本法

鲁德霍夫和科林斯在 1996 年提出基于活动的成本分析法。成本分析法是利用作业成本计算提供的动态信息,对所有作业成本进行分析与修正,使企业管理深入到作业水平,促进企业有效地提高作业完成的效率和质量水平,减少浪费,降低资源消耗。其目的在于尽可能消除不增值作业,改进增值作业,并提高增值作业的效率,优化作业链和价值链,最终增加企业价值和顾客价值。

供应链中的物流活动是价值增值与成本增加相结合的过程。该成本模型通过分析企业因采购活动而产生的直接和间接的成本的之和,即总成本,并根据的总成本大小来进行选择合作伙伴。ABC 计算由合作伙伴各项性能指标在企业生产经营过程中引起的附加费用,为企业在选择合作伙伴的过程中提供了比较合理的依据和方法。ABC 总成本模型为:

$$S_i^B = (p_i - p_{\min}) \times q + \sum_j c_j^B \times D_{ij}^B$$

式中，S_i^B 是第 i 个合作伙伴的成本值；p_i 是第 i 个合作伙伴的单位销售价格；$p_{\min}$ 是合作伙伴中单位销售价格的最小值；q 是采购量；c_j^B 是因企业采购相关活动导致的成本因子 j 的单位成本；D_{ij}^B 是因合作伙伴 i 导致的在采购企业内部的成本因子 j 的单位成本。

这个成本模型用于分析企业因采购活动而产生的直接和间接成本的大小。企业将选择 S_i^B 值最小的合作伙伴。

该方法仅适合寻找供应商合作伙伴的核心企业，对于核心企业是供应商的来说，在选择合作伙伴为客户时就不太适合。

六、层次分析法

层次分析法是 20 世纪 70 年代由著名运筹学家萨蒂提出的，之后，韦伯等提出利用层次分析法选择合作伙伴。它的基本原理是根据具有递阶结构的目标、子目标(准则)、约束条件、部门等来评价方案，采用两两比较的方法确定判断矩阵，然后把判断矩阵的最大特征根对应的特征向量的分量作为相应的系数，最后综合给出各方案的权重(优先程度)。由于该方法让评价者对照相对重要性函数表，给出因素两两比较的重要性等级，因而可靠性高、误差小。不足之处是遇到因素众多、规模较大的问题时，该方法容易出现问题，如判断矩阵难以满足一致性要求，往往难于进一步对其分组。它作为一种定性和定量相结合的工具，目前已在许多领域得到了广泛的应用。

另外，蒂默曼提出的合作伙伴评价分类法(Categorical Method)，温德和罗宾森、格理格利提出的标重法(Weighted Point Plan)，这些都可以用于合作伙伴的选择，但它们在供应链环境下应用都存在一些问题，由于没有考虑具体的环境，所以不能有效地对合作伙伴进行评价和选择。

七、人工神经网络算法

人工神经网络(Artificial Neural Network，ANN)是 20 世纪 80 年代后期迅速发展的一门新兴学科，ANN 可以模拟人脑的某些智能行为，如知觉、灵感和形象思维等，具有自学习、自适应和非线性动态处理等特征。至今为止，人们提出了三十多种神经网络模型，在这些模型中，常用的有如下几种：自适应共振理论模型(ART)、雪崩模型(AVA)、反向传播模型(BP)、学习矩阵模型(LM)等。

这是一种更加接近于人类思维模式的定性与定量相结合的综合评价选择模型。多层神经元构造的神经网络通过对给定样本模式的学习，获取评价专家的知识、经验、主观判断及对目标重要性的倾向。当对合作伙伴做出综合评价时，该方法可再现评价专家的经验、知识和直觉思维，从而实现了定性分析与定量分析的有效结合，也可以较好地保证合作伙伴综合评价结果的客观性。

基于人工神经网络的合作伙伴综合评价选择的总体流程结构模型如图 5 - 4 所示。

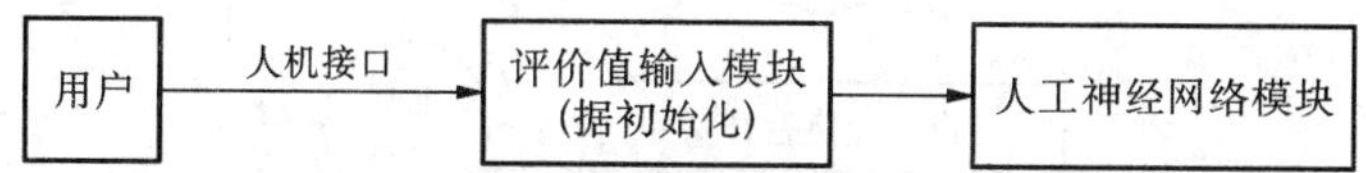

图 5 - 4　基于人工神经网络的合作伙伴综合评价选择的总体流程结构模型

在选定评价指标组合的基础上,对评价指标做出评价,得到评价值之后,因各指标间没有统一的度量标准,难以进行直接的分析和比较,也不利于输入神经网络计算。因此,在用神经网络进行综合评价之前,应首先将输入的评价值通过隶属函数的作用转换为[0,1]之间的值,即对评价值进行标准无纲量化,作为神经网络的输入,以使 ANN 可以处理定量和定性指标。

八、数据包络分析法

数据包络分析法是以相对效率理论为基础,根据多指标投入和多指标产出对相同类型的单位或部门产生的相对有效性或效益进行评价的一种系统分析方法。

该方法有效地避免了主观因素的影响,在简化算法和减少误差方面具有很大优势。但这种方法只适用于供应同类的或具有替代功能的合作伙伴。

第五节　供应链合作伙伴选择步骤

合作伙伴的评价选择是供应链合作关系运行的基础。合作伙伴的业绩在今天对制造企业的影响越来越大,在交货期、产品质量、提前期、库存水平、产品设计等方面都影响着制造企业。合作伙伴的评价、选择对企业来说是多目标的,包含许多可见和不可见的多层次的因素。

一、合作伙伴选择的步骤

合作伙伴的综合评价选择可以归纳为如图 5-5 所示的几个步骤,企业必须确定各个步骤的开始时间,每一个步骤对企业来说都是动态的(企业可自行决定先后和开始时间),并且每一个步骤对企业来说都是一次改善业务的过程。

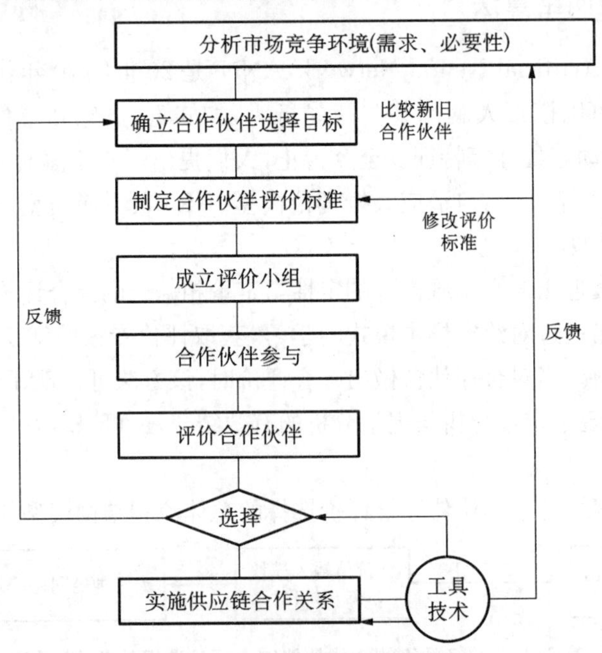

图 5-5　合作伙伴选择步骤图

（一）分析市场竞争环境（需求、必要性）

分析市场环境的目的是了解市场需求从而确认是否有建立合作伙伴关系的必要性。市场需求是企业一切活动的驱动源，因此建立基于信任、合作、开放性交流的供应链长期合作关系，必须首先分析市场竞争环境。即必须要知道目前市场上产品的需求是什么，产品的类型及特征有什么要求，以确认客户的需求，从而确定是否有建立供应链合作伙伴关系的必要性。若已建立供应链合作关系，则根据需求的变化确认供应链合作关系变化的必要性，从而确认合作伙伴评价选择的必要性，同时，分析现有合作伙伴的现状，分析、总结企业存在的问题。

（二）建立合作伙伴选择目标

相关企业必须确定合作伙伴评价程序如何实施，信息流程如何运作，由谁负责实施，并且必须建立实质性、实际的目标。其中降低成本是主要目标之一，合作伙伴的评价、选择不仅仅是一个简单的评价、选择过程，也是企业本身和企业与企业之间的一次业务流程重构过程，实施得好，就可为其自身带来一系列的利益。

（三）制定合作伙伴评价标准

合作伙伴综合评价的指标体系是企业对合作伙伴进行综合评价的依据和标准，是反映企业本身和环境所构成的复杂系统不同属性的指标，是按隶属关系、层次结构有序组成的集合。要根据系统全面性、简明科学性、稳定可比性、灵活可操作性的原则，建立集成化供应链管理环境下合作伙伴的综合评价指标体系。不同行业、企业，不同产品需求，不同环境下的合作伙伴评价应是不一样的，但不外乎都涉及合作伙伴的业绩、设备管理、人力资源开发、质量控制、成本控制、技术开发、用户满意度、交货协议等可能影响供应链合作关系的方面。

（四）成立评价小组

企业必须建立一个小组以控制和实施合作伙伴评价。组员以来自采购、质量、生产、工程等与供应链合作关系亲密的部门为主，组员必须有团队合作精神、具有一定的专业技能，同时必须得到制造商企业和合作伙伴企业最高领导层的支持。

（五）合作伙伴参与

一旦企业决定实施合作伙伴评价，评价小组必须与初步选定的合作伙伴取得联系，以确认它们是否愿意与企业建立供应链合作关系，是否有获得更高业绩水平的愿望。企业应尽可能早地让合作伙伴参与到评价的设计过程中来。由于企业的力量和资源是有限的，企业只能与少数的、关键的合作伙伴保持紧密合作，所以参与的合作伙伴数量不能太多。

（六）评价合作伙伴

评价合作伙伴的一个主要工作是调查、收集有关合作伙伴的生产运作等全方位的信息。在收集合作伙伴信息的基础上就可以利用一定的工具和技术方法进行合作伙伴的评价。

在评价过程的最后有一个决策点,根据一定的技术方法选择合作伙伴。如果选择成功,就可开始实施供应链合作关系;如果没有合适的合作伙伴可选,就返回第二步重新开始评价选择。

(七)实施供应链合作关系

在实施供应链合作关系的过程中,市场需求将不断变化,可以根据实际情况的需要及时修改合作伙伴评价标准,或重新开始制定合作伙伴评价标准。在重新选择合作伙伴的同时,应给予原有合作伙伴以足够的时间适应市场变化。

二、建立供应链合作伙伴关系注意的问题

(一)选择合作伙伴不只是选择战略性合作伙伴

根据在供应链中的增值作用及其竞争实力,合作伙伴分成普通合作伙伴、有影响力的合作伙伴、竞争性合作伙伴和战略性合作伙伴 4 种类型。而供应链战略性合作伙伴关系的建立,可以降低供应链总成本、降低供应链上的库存水平、增强信息共享水平、改善相互之间的交流、保持战略伙伴相互之间操作的一贯性,最终产生更大的竞争优势,进而实现供应链节点企业的财务状况、质量、产量、交货、用户满意度以及业绩的改善和提高。因此,许多企业认为只有战略性合作伙伴才是真正的合作伙伴,选择合作伙伴就是选择战略性合作伙伴。然而,不同的供应链目标需要选择不同类型的合作伙伴,而非一概建立或选择战略性合作伙伴。

(二)并非所有的客户都应该成为合作伙伴

供应链合作伙伴关系对供需双方来说具有重要意义,会形成一个双赢的局面,因而,许多企业会认为所有的客户都要建立合作伙伴关系。事实上,有许多看似不错的合作伙伴关系,最后获得的成效甚至无法弥补建立合作伙伴关系所花费的成本与精力。换言之,当企业关系只涉及非常单纯的产品服务的传递,或者当基本的运送目标非常标准且固定时,合作伙伴关系的缔结就没有任何意义可言。毕竟,建立合作伙伴关系是一种高风险的策略,一旦失败将会导致大量的资源、机会与成本的浪费,比传统的供应商关系更加糟糕。因此,企业必须有选择性地运用伙伴关系策略。

(三)合作伙伴不应只包括供应商

在涉及供应链合作伙伴选择的问题时,许多企业只是把供应链的上游企业——供应商列入合作伙伴的范围,往往忽略了供应链的下游企业——分销商或第三方物流企业。事实上,分销商更贴近用户,更知道用户的喜好,从而能在新产品的需求定义方面提出更为恰当的建议,使得产品的设计能做到以用户需求来拉动,而不是传统的将产品推向用户。而第三方物流企业是企业原材料和产品流通的重要保障,会直接影响到企业的生产和销售。因此,在选择供应链合作伙伴时,切不可忽视分销商的选择问题。

（四）合作伙伴选择不是阶段性的行为

供应链合作伙伴关系一般都有很好的延续性和扩展性。这就需要企业在进行供应链合作伙伴选择之前就应该对整个供应链有一个宏观和长期的规划，也就是说要考虑得尽量全面、具体，并要充分照顾到供应链未来的发展以方便合作伙伴关系的升级，这也是企业供应链的可持续发展问题。因为供应链合作伙伴的选择是一项复杂的系统工程，如果忽视了可以进一步合作的伙伴，不但会浪费企业的投资，还会造成时间、人力等资源的损失。因此，基于时间要求、资源利用和发展要求等因素企业在进行供应链合作伙伴选择时应当首先做好总体规划，然后再分步实施，提前与需要加强合作的合作伙伴建立关系，对于剩余的合作伙伴可以慢慢再考虑。

（五）合作伙伴的数量并非越少越好

有些企业在选择供应商时，趋于采用更少甚至单一供应商，以便更好地管理供应商，与供应商建立长期稳定的供需合作关系。从理论上说，企业通过减少供应商的数量，一方面可以扩大供应商的供货量，从而使供应商获得规模效益，企业和供应商都可以从低成本中受益；另一方面有利于供需双方形成长期稳定的合作关系，质量更有保证。但是，采用更少甚至单一供应商，一方面由于发生意外情况、缺乏竞争意识，供应商可能中断供货，进而耽误企业生产；另一方面由于供应商是独立性较强的商业竞争者以及不愿意成为用户的一个原材料库存点，往往使企业选择单一供应商的愿望落空。因此，企业在选择供应商时，不能简单地认为选择越少（甚至单一供应商）的供应商越好，一定要结合双方的情况而定。

案例分析

戴尔公司的供应商关系管理①

戴尔计算机的"零库存"得益于科学的供应商关系管理。科学的供应商管理机制体现在供应商关系的建立、供应商关系的管理、支持供应商的发展、给供应商公平的利润等方面。

1. 供应商选择

戴尔全球采购中心是一个与供应商打交道的重要部门。在管理供应商方面，全球采购中心有三个任务：保证供应商供应的连续性、保证供应商在生产成本方面有一定的领先性、保证供应商产品的品质。戴尔一开始就从下面几个方面出发对供应商进行慎重选择。

(1) 环保与员工福利——戴尔希望供应商能够注重环保并且很好地对待自己的员工，这是一个基本前提。

(2) 成本领先——将供应商与其他同类型的供应商比较，看其在成本上是否具有优势。

① 资料来源：www. sohu. com。

(3) 技术产业化的速度——供应商的生产技术水平怎样。能否把新的技术迅速形成量产。

(4) 持续供应能力——戴尔从供应商的财务能力、供货的情况怎样、能够做到几天的库存量等方面来考察供应商是否有很好的持续供应能力。

(5) 服务——供应商能否满足戴尔在服务方面的需求。

(6) 品质——这是最核心的因素。戴尔会对供应商的产品品质在不同的环境进行评测,保证产品品质。

2. 供应商关系管理

戴尔公司和供应商建有非常严密的网络。戴尔的供应商每个星期都会收到更新的下三个月的生产预测,对于一些需求变化比较大的零部件甚至一天就要更新一次。这不仅使得戴尔即使在市场情况变化大的情况下也能够得到及时的供货,实现了"敏捷",而且供应商也可以根据实际情况安排生产,减少库存。

当戴尔接到客户从网上发出的订单后,立即通过网络发给配件供应商,各个供应商在收到订单以后,马上会组织生产,在指定的期限内发货给戴尔。戴尔公司只需在生产车间进行组装,就可以把成品包装发送了。

戴尔每天都通过网络与供应商进行协调沟通:监控每个零部件的发展情况,并把自己新的要求随时发布在网络上,供所有的供应商参考,提高透明度和信息流通效率;供应商则随时向戴尔通报自己的产品发展、价格变化、存量等方面信息。通过网络沟通,密切了伙伴关系。戴尔也会不断地对送货情况进行监测,并给供应商发出详尽的绩效报告,让他们准确地知道自己做了什么,与过去相比、与其他供应商相比,他们的绩效让他们处在什么位置。如果一批货送晚了,哪怕只是晚几分钟,戴尔也会立刻签发一份书面(电子)批评信。每个季度戴尔会对供应商进行考评,优胜劣汰,实现良性循环。

3. 支持供应商的发展

戴尔鼓励供应商共同研究开发新产品,和供应伙伴共享设计数据库、技术、信息和资源,这大大加快了新技术推向市场的速度。戴尔管理供应商有一个重要原则,就是"少数及密切配合供应商",它把整体供应商的数量控制在一定范围内,并且在商品管理、质量和工艺管理等方面为供应商提供培训,帮他们改善内部流程,实现持续改进。最能够体现戴尔支持供应商发展,实现持续改进的是 BPI(business process improvement,业务流程改善),戴尔公司专门有一个 BPI 部门,跟六西格玛一样,BPI 也有黑带、绿带、黄带等级别,戴尔会给供应商提供 BPI 的培训,让他们采用 BPI 的方法来降低成本、提升质量。戴尔还把品质管理等工具分享给供应商,使其自身采购的管理水平也得到提高。

4. 给供应商公平的利润

在利润分配上,戴尔除了要补偿供应商的全部物流成本(包括运输、仓储、包装等费用)外,还要让其享受供货总额 3%~5%的利润,让各地区的供应商同时作为该地区销售代理商之一,这样供应商又可获得另外一部分相应的利润。这种由单纯的供应商身份向供货及销售代理商双重身份的转变,使物品采购供应—生产制造—产品销售各环节更加紧密结合,也实现了由商务合作向战略合作伙伴关系的转变,实现了风险共担、利润共享的双赢目标。

5. 双赢的绩效

与供应商的战略伙伴关系，开发了供应商的核心能力，供应商将自己熟悉的供货领域的产品面市情况、性能/价格比等信息，及时反馈给戴尔，有利于完善产品的性能和新产品的研发，这使得戴尔每年用于产品创新的支出不到 5 亿美元，平均占公司销售额的 1.5%。供应商在和戴尔的合作中融为一体，分享了企业高速成长的优厚回报。

基于这种战略联盟的合作，供应商以及具有供货及销售双重身份的第三方专业物流公司，全面地参与了戴尔的供应链生产经营活动。戴尔构建了一个可以给各方参与者都带来赢利的真正的生态供应链，第三利润源得到了深层次开发，真正实现了与战略伙伴的互赢。

本章小结

本章重点讨论了供应链战略合作伙伴关系管理问题，依次对供应链合作伙伴关系的演变、分类、指标体系、选择模型、选择步骤进行了阐述。

供应链合作伙伴关系(Supply Chain Partnership，SCP)，是在供应链内部两个或两个以上独立的成员之间形成的一种协调关系，以保证实现某个特定的目标或效益。传统的企业关系向供应链合作关系转变大致经历了三个发展阶段：传统的企业关系阶段、物流关系阶段、战略合作伙伴关系阶段。

供应链管理的合作关系分为四种：交易型合作、协作型合作、协调型合作和协同型合作。

建立指标体系时应遵循系统全面性原则、简明科学性原则、独立性原则、稳定可比性原则、灵活可操作性原则。每一种类型的企业的评价指标体系都是由共性指标和特性指标两部分共同构成。共性指标是选择不同类型的合作伙伴都需要考虑的指标。特性指标是根据所要选择的合作伙伴类型的不同，需要特别考虑的指标，主要是指供应链合作伙伴的业务能力指标。

供应链合作伙伴选择主要有：直观判断法、招标法、协商选择法、采购成本比较法、作业成本法(即 ABC 成本法)、层次分析法、人工神经网络算法及数据包络分析法等。

合作伙伴的综合评价选择可以归纳为以下几个步骤：分析市场竞争环境、建立合作伙伴选择目标、建立合作伙伴评价标准、成立评价小组、合作伙伴参与、评价合作伙伴、实施供应链合作关系。

第 6 章　供应链环境下的采购与库存策略

采购与库存管理策略是供应链运营管理的重要内容，本章着重阐述采购及库存管理的基本概念，从多角度对采购行为进行分类，分析了供应链环境下采购的特点及流程，介绍了准时采购的基本内容并对比分析了其与传统采购的区别。本章还分析了供应链管理环境下的库存控制容易产生的问题，在此基础上着重分析了 VMI 和 JMI 的基本思想及其实施策略。

第一节　采购管理概述

一、采购的概念

在人们现代消费生活中，所耗费的物品都离不开采购。一般来说，采购是指单位或者个人基于生产、销售、消费等目的，购买商品或劳务的交易行为。根据人们获得商品的方式、途径不同，可将采购从狭义和广义两方面来定义。

狭义的采购是指限于以购买的方式，由买方支付对等的代价，向卖方换取物品的行为过程。这种以货币换取物品的方式，就是最普通的采购途径。个人也好，企业机构也好，为了满足其消费或生产的需求，十有八九就是以“购买”的方式来进行的。

广义的商品采购是指除了以购买的方式获取物品之外，还可以通过下列途径取得物品的使用权，以达到满足需求的目的：

(1) 租赁。租赁是指一方以支付租金的方式取得他人物品的使用权。

(2) 借贷。借贷是指一方以无须支付任何代价的方式取得他人的物品的使用权，使用权完毕，仅仅返还物品。这种无偿借用他人物品的方式，通常是基于借贷双方的情谊与密切的关系，特别是借方的信用。

(3) 交换。所谓的“交换”就是通过以物易物的方式取得物品的所有权及使用权，但是并没有直接支付物品的全部价款。换言之，当双方交换价值相等物品时，不需要以金钱补偿对方；当交换价值不等时，仅由一方补贴差额给对方。

综上所述，我们可以知道，商品采购就是单位或者个人为了满足某种特定的需求，以购买、租赁、借贷、交换等各种途径，取得商品及劳务的使用权或所有权的活动过程。在日常经营活动中，我们所讲的商品采购主要是以购买方式为主的商品采购过程。

二、采购的分类

在采购活动中，企业依据每一种采购的特点，合理选择采购方式，更有效地解决采购问题。根据不同的分类原则，将采购活动分成不同的采购方式。

（一）按采购物品用途分类

按照采购物品的用途不同，采购可以分为企业采购和消费采购。

1. 企业采购

企业采购，是指企业为了经营或生产所需产品和服务，而按一定代价同外部进行的交易活动。企业采购规模一般都很大，潜在的资源也很少，甚至在整个市场中仅有几家厂商可以提供；采购需求由生产驱动，波动性强；涉及金额较大，且为了生产能顺利进行，需要有合理的采购体系和流程作保证。

2. 消费采购

消费采购，是个人为了某种消费需求而进行的采购。与企业采购不同的是，顾客通常是所购买产品和服务的最终消费者，采购决策由个人决定，采购动机带有个人喜好或冲动；采购需求由生活所需导向，通常较稳定。

（二）按采购主体分类

采购主体是指实施采购的利益主体，根据采购主体不同，采购可分为个人采购和集团采购，如图 6－1 所示。

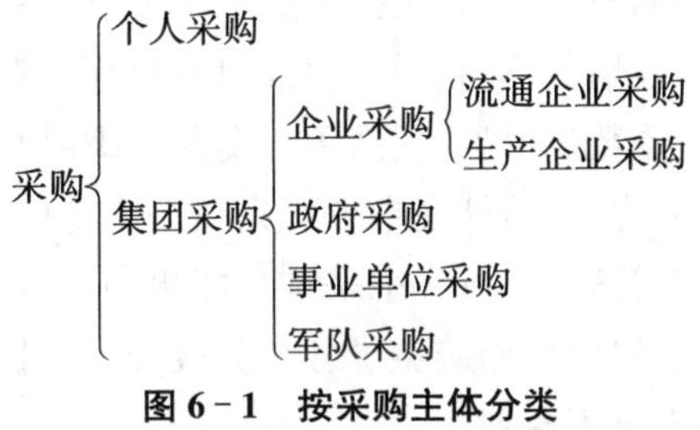

图 6－1　按采购主体分类

1. 个人采购

个人采购是指个人为了满足自身需要而发生的购买消费品的行为。一般是单次、单一品种、单一决策，购买随即发生，带有很大的主观性和随意性，即使采购失误，也仅影响到个人，造成的损失不大。

2. 集团采购

集团采购一般是两个以上的人共同进行的商品采购，一般是多品种、大批量、大金额、多批次甚至持续进行的，直接关系到多个人的集团采购。集团采购一般要非常谨慎、严格和科学，典型的集团采购，主要是指企业采购、政府采购、事业单位采购和军队采购等。而根据企业类型不同，企业采购又分为流通企业采购和生产企业采购。此外，集团采购还能够帮助确立统一的采购标准和耗用标准，对采购业务流程进行规范优化，减少采购过程中的资源浪费,提高企业的采购效率。

(三) 按照采购对象分类

根据采购对象的不同,可以将采购分为对有形商品和无形商品的采购。

1. 有形商品采购

有形商品是指有形的、实物形态的、可以看得见的货物,主要是指原料、物料和辅料,包括生产中所用的机械设备、办公用品、原材料及低值易耗品等。机械设备属于固定资产,使用寿命相对较长,因此此类商品的采购具有采购次数少、每单采购金额大的特点;低值易耗品是价值较低且在生产过程中易损坏的物品,因此采购次数多。

2. 无形商品采购

无形商品的采购主要是指对技术、服务和工程发包的采购。无形采购通常是看不见、摸不着的,但是它们对企业生产却很重要。高新技术在很大程度上可以降低企业生产成本,提高工作效率;优秀的服务可以提高顾客满意度,尤其是在销售型企业,优秀的服务可以大大提高销量,树立企业形象。无形商品采购一般不单独进行,而是随着有形采购而发生的。

(四) 按采购组织形式分类

按采购组织形式的不同,采购可分为集中采购、分散采购和混合制采购。

1. 集中采购

集中采购是相对分散采购而言的,它是指采购工作集中在一个部门办理,统一组织企业所需要物品的采购业务。一般情况下,企业其他部门不拥有采购权责。

由于集中采购可以使采购数量增加,提高了与卖方的谈判力量,比较容易获得价格折让和良好的服务,因此采购价格优惠;另外集中采购只在一个部门开展,采购方针和作业规划容易统一实施,因此集中采购管理统一;集中采购功能集中,可以精简人力,推行专业分工,因此可以较大程度节约成本;集中采购避免了各自为政、产生过多的存货,各部门的过剩物资可以实现相互转用,有利于统筹规划。

然而,集中采购也有缺点。比如,采购流程长,延误时效,零星、地域性及紧急采购状况难以适应;采购与使用单位分离,采购绩效比较差。

集中采购通常适用于大宗和批量物品、价格较高的物品、定期采购的物品、关键的零部件及原材料和其他战略资源、保密程度高及产权约束多的物品。

2. 分散采购

分散采购是由企业下属各单位(如子公司、分厂、车间或分店)实施的满足自身生产经营需要的采购。分散采购是集中采购的完善和补充,有利于采购环节与存货、供料等环节的协调配合,有利于增强基层工作责任心,使基层工作富有弹性和成效。分散采购通常适用于小批量、低价值、总支出产品经营费用中占比较小的物品采购,需要因地制宜由不同企业完成。分散采购和集中采购有各自的优点,如表 6-1 所示。

表 6-1　集中采购和分散采购优点比较

集中采购的优点	分散采购的优点
形成经济规模，提高对供应商的讨价还价能力	易于调动各利润中心或成本中心的积极性
便于管理、控制采购成本，促进供应流程的规范化	接近内部用户，对需求的反应速度快
易于物品标准化与材料的综合利用	采购程序简洁
易于企业整体战略目标的实现	更好地应付紧急需用
集中储存，节约仓位	密切物品使用方与供应商的关系
统筹调度使用，降低安全库存	易于内部协调，扯皮少

3. 混合制采购

混合制采购是将集中采购和分散采购联合起来进行的一种采购方式，由于集中采购和分散采购都各有优缺点，集中采购的优势是可以将企业的采购需求进行集中，形成规模效应，分散采购的优势是比较灵活，因此将集中采购和分散采购混合起来使用通常可以实现优化。

（五）按采购方法分类

按照采购方法的不同，采购可以分为传统采购和科学采购两种方式。

1. 传统采购

传统采购模式有很多弱点，如耗时的手工订货操作、不规则采购而产生的腐败现象、昂贵的存货和采购成本、冗长的采购周期、复杂的采购管理等。由于中间商过多，传统采购提高了商品的成本，因此最终损害的是消费者的利益。

2. 科学采购

科学采购包括订货点采购、MRP 和 ERP 采购、JIT 采购和供应链(SC)采购、电子商务(EC)采购等方法。科学采购可以很好地解决传统采购的问题，其中订货点采购可以降低缺货风险的同时降低库存成本，而 MRP 采购可以为企业制定一个合理的采购方案，JIT 采购和电子商务都可以解决采购过程冗长的问题。

三、采购管理的概念和内容

（一）采购管理的含义

采购管理(Procurement Management)是指为了保障企业物资供应和增强企业竞争力，综合现代管理理论和技术方法对企业采购进货活动进行计划、组织、指挥和协调、控制等一系列管理活动的总和。

（二）采购管理的内容

采购管理在企业管理中占有至关重要的地位，良好的采购管理不仅可以保证企业所需物资的正常供应，而且通过采购管理，能从市场上获取支持企业进行物资采购和生产经营决策的相关信息，更重要的是可以与供应商建立长期友好的关系，建立企业稳定的资源供应基地。

采购管理的主要内容包含八个方面:采购管理组织、采购需求分析、资源市场分析、制定采购订货计划、采购计划实施、采购评估、采购监控和采购基础工作。

1. 采购管理组织

采购管理组织是采购管理中最基本的组成部分,为了搞好企业复杂多变的采购管理工作,需要有一个合理的采购管理机制和一个精干的采购管理部门,要有一些专业的采购管理人员和操作人员。

2. 采购需求分析

在采购前,要先弄清楚企业需要采购哪些品种规格的物资、需要采购多少,什么时候需要、需要多少等问题。作为企业的采购部门,应当掌握全企业的物资需求情况,制定物料需求计划,从而为制定出科学合理的采购订货计划做准备。

3. 资源市场分析

根据企业所需采购的物资品种规格,分析资源市场的情况,包括资源的分布情况、供应商情况、品种质量、价格、交通运输情况、供应市场的结构等,分析的目的是为制定采购订货计划做准备。

4. 制定采购订货计划

根据需求品种情况和供应商的情况,制定出切实可行的采购订货计划,包括选择供应商、具体的订货策略、运输进货策略以及具体的实施进度计划等,具体解决什么时候订货、订什么货、订多少、向谁订、怎么订、怎样进货、怎样支付等一系列具体采购计划。

5. 采购计划实施

把上面制定的采购订货计划分配落实到人,根据既定的进度实施。具体包括联系供应商、进行采购谈判、签订采购合同、运输到货、到货验收入库、支付货款以及善后处理等。只有通过这些具体活动,才能完成一次完整的采购活动。

6. 采购评估

在完成一次采购任务后对此次采购进行评估,在月末、季末、年末一定时期内对采购活动进行总结评估,主要在于评估采购活动的效果、总结经验教训、找到问题、制定改进方法等。通过总结评估,可以肯定成绩,发现问题,制定措施,改进工作,促进企业的采购管理水平不断提升。

7. 采购监控

采购监控是对采购活动进行的监控活动,包括对采购成本管理、采购资金、采购事务活动的监控。

8. 采购基础工作

采购基础工作是指为建立科学、有效的采购系统,需要一些基本建设工作,包括管理基础工作、软件基础工作和硬件基础工作。

第二节　供应链环境下的采购管理

一、供应链环境下采购的地位和作用

在供应链环境下，采购的地位发生了巨大变化。采购是连接节点企业的纽带，它在供应链节点企业之间，为原材料、半成品和产成品的生产合作交流架起一座桥梁，沟通生产需求和物资供应，是提高供应链节点企业同步化运营的关键环节，同时也是提高供应链竞争力的重要途径和手段。

供应链环境下的采购模式对供应和采购双方是典型的双赢，对于采购方来说，可以在获得稳定且具有竞争力的价格的同时，提高产品质量和降低库存水平，还能与供应商共同进行产品设计开发，提高对市场需求变化的响应速度；对于供应商来说，在保证有稳定的市场需求的同时，由于同需求方的长期合作伙伴关系，能更好地了解需求方的需求，改进产品生产流程，提高运作质量，降低生产成本，获得比传统模式下更高的利润。

二、供应链环境下采购的特点

在供应链管理的环境下，和传统采购不一样，企业采购的特点主要体现在如下几个方面。

（一）为订单而采购

在传统的采购模式中，采购的目的很简单，就是为了补充库存，即为库存而采购。采购方并不关心企业的生产过程，不了解生产进度和产品需求的变化，因此采购过程缺乏主动性，采购部门制定的采购计划很难适应制造需求的变化。在供应链环境下，采购活动是以订单驱动方式进行的，制造订单的产生是在用户需求订单的驱动下产生的。然后，制造订单驱动采购订单，采购订单再驱动供应商。这种准时化的订单驱动模式，使供应链系统得以准时响应用户的需求，从而降低了库存成本，提高了物流的速度和库存周转率。

（二）外部资源管理

在建筑行业中，当采用工程业务承包时，为了对承包业务的进度与工程质量进行监控，负责工程项目的部门会派出有关人员深入到承包工地，对承包工程进行实时监管。这种方法也可以适用于制造企业的采购业务活动，这是将事后把关转变为事中控制的有效途径——供应管理，或者叫外部资源管理。准时化思想出现以后，采购已经不再是去市场简单购买所需的原材料，而是通过与供应商建立一种新型的供需合作模式，把采购的事后控制转变为事中控制，实现管理的延伸，从而将对企业内部的采购职能管理转变为对外部资源的管理。

（三）战略协作伙伴关系

在传统的采购模式中，供应商与需求企业之间是一种简单的买卖关系，因此无法解决一

些涉及全局性、战略性的供应链问题,而基于战略伙伴关系的采购方式为解决这些问题创造了条件。这些问题是:

(1) 库存问题。在传统的采购模式下,供应链的各级企业都无法共享库存信息,各级节点企业都独立地采用订货点技术进行库存决策,不可避免地产生需求信息的扭曲现象,因此供应链的整体效率得不到充分提高。但在供应链管理模式下,通过双方的合作关系,供需双方可以共享库存数据,因此采购的决策过程变得透明多了,减少了需求信息的失真。

(2) 风险问题。供需双方通过战略性合作关系,可以降低由于不可预测的变化带来的风险,如运输过程中的风险、信用的风险、产品质量的风险等。

(3) 降低采购成本问题。通过合作伙伴关系,供需双方都从降低交易成本中获得好处。由于避免了许多不必要的手续和谈判过程,信息的共享减少了信息不对称决策可能造成的成本损失。

三、供应链环境下采购管理的目标

供应链采购管理的主要目标是在总成本最低的前提下,保证原材料的供应不会中断,提高成品生产的质量,保证客户满意度最大化。采购管理的目标可以细化为以下几个方面:

(1) 为企业的运作提供所需的不间断的原材料、物品和服务;

(2) 将存货投资和损失降到最低的程度;

(3) 保持和提高质量;

(4) 寻找或开发具有竞争优势的供应商;

(5) 尽可能使采购的产品标准化;

(6) 以最低的总成本采购所需的产品和服务;

(7) 与企业内其他职能部门构建更加良好的合作关系。

此外,采购活动中需要关注五个恰当:恰当的数量,实现采购的经济批量,既不积压又不造成短缺;恰当的时间,实现及时化采购,既不能提前,给库存带来压力,也不能滞后,给生产带来停顿;恰当的地点,实现最佳的物流效率,尽可能解决采购成本;恰当的价格,实现采购价格的合理化,价格过高会造成浪费,价格过低则可能造成质量难以保证;恰当的来源,力争实现供需双方间的合作与协调,达到双赢结果。

四、供应链环境下采购管理的流程

供应链环境下采购的基本流程有以下几个方面:

(1) 采购需求分析。负责具体业务的人员应该清楚地知道本部门独特的需求,即需要什么、需要多少、何时需要。这样采购部门会收到这个部门发出的物料需求单。掌握企业全面的物资需求,为制定科学合理的采购订货计划做准备。

通常采购需求的表现方式有很多,包括内部客户的采购通知单(请购单)、返回采购通知单、客户预测订单、重复订购点系统、存货盘点以及采购卡。

(2) 资源市场分析。即根据企业所需的物资品种和采购类型分析资源市场情况,包括资源分布情况、供应商情况、品种质量、价格情况和交通运输情况等。资源市场分析的重点是供应分析和品种分析。通常有关资源市场的信息并不总是清晰的，需要下功夫做一些研究。

(3) 制定采购计划。根据企业物料需求种类、采购类型、资源市场状况，制定出切实可行的采购订货计划，包括对供应商的要求、供应品种、具体的订货策略、运输策略和具体的实施进度计划等。

(4) 供应商选择。根据采购计划和前几个步骤的分析，决定供应商选择的标准和数量。首先初步筛选符合要求的供应商，然后对初选的供应商进行实地考察和评估。这个过程一方面防止供应链增加不必要的中间环节，另一方面可以更好地了解供应商的实力。供应商可以处于一个完全竞争的市场、寡头市场或垄断市场。了解这些信息有助于采购专业人员决定供应商的数量，判断哪种采购的方式最为有效，如谈判、竞争投标等。最后，在考察评估的基础上，通过与供应商的沟通互动，决定最终要选择的供应商。

(5) 采购计划实施。依据具体的采购计划执行实施，包括联系指定的供应商，贸易洽谈、签订购货合同、运输进货、到货验收和支付货款等。

(6) 采购过程监控。在整个采购过程中需要进行相应的监控工作，包括采购流程的效率和效能、采购资金的支付情况等。

(7) 采购管理评价。确定最佳供应商的一个办法，就是在订立合同之后追查供应商的绩效。对供应商进行评价和管理是采购周期的一个关键环节，主要评估采购活动的效果，总结经验教训，以确定改进机会或是发现供应商绩效的不佳方面。

下面通过采购输入输出流程图(见图 6－2)和采购流程简图(见图 6－3)来描述采购流程体系。

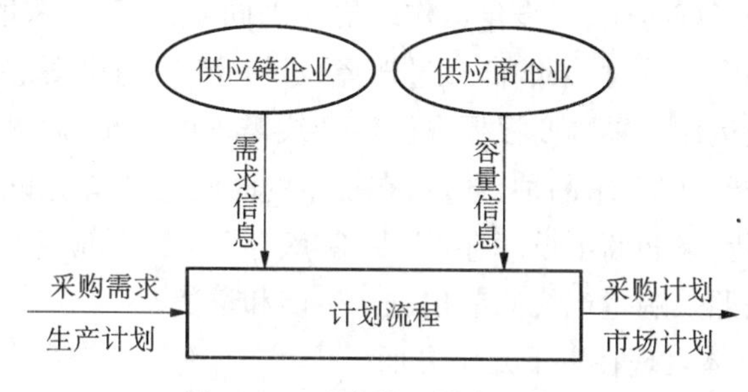

图 6－2　采购输入输出流程图

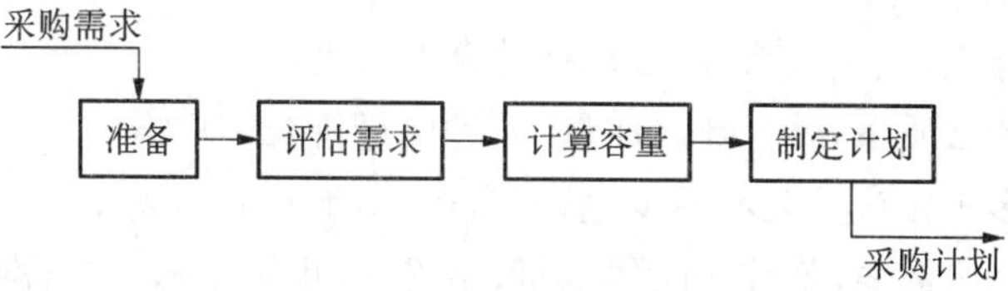

图 6－3　采购流程简图

第三节　供应链环境下的采购策略

一、准时采购

(一) 准时采购的基本思想

准时采购(Just In Time Procurement)也叫 JIT 采购法,是一种先进的采购模式,也是一种管理哲学。它的基本思想是:在恰当的时间、恰当的地点以恰当的数量、恰当的质量提供恰当的物品。它是从准时生产发展而来的,是为了消除库存和不必要的浪费而进行持续性改进。要进行准时化生产必须有准时的供应,因此准时化采购是准时化生产管理模式的必然要求。它和传统的采购方法在质量控制、供需关系、供应商的数目、交货期的管理等方面有许多不同,其中关于供应商的选择(数量与关系)、质量控制是其核心内容。

准时采购包括供应商的支持与合作以及制造过程、货物运输系统等一系列的内容。准时化采购不但可以减少库存,还可以加快库存周转、缩短提前期、提高购物的质量、获得满意交货等效果。

(二) 准时采购对供应链管理的意义

JIT 采购对于供应链管理思想的贯彻实施有重要的意义。供应链环境下的采购模式和传统的采购模式的不同之处,在于采用订单驱动的方式。订单驱动使供应与需求双方都围绕订单运作,也就实现了准时化、同步化运作。要实现同步化运作,采购方式就必须是并行的,当采购部门产生一个订单时,采购商经过选择、考核确定了 JIT 采购供应商以后,签订合作合同,实施采购供应运作。采购商根据自己生产线需求的节拍,向供应商发出看板指令,要求供应商根据看板指令的需求品种、数量,在指定的时间送到指定的需求地点。这样连续的多频次小批量的送货,采购商不设库存,实现"零库存"生产;供应商也可以不设库存,与采购商实行同步生产,按照采购生产线的节拍进行生产和送货。

JIT 采购的原理具体表现在以下几个方面:

(1) 与传统面向库存采购不同,准时化采购是一种直接面向需求的采购模式。它的采购送货是直接送到需求点上。

(2) 用户需要什么,就送什么,品种规格符合客户需要。

(3) 用户需要什么质量,就送什么质量,品种质量符合客户需要。

(4) 用户需要多少,就送多少,不少送,不多送;拒绝次品和废品。

(5) 用户什么时候需要,就什么时候送货,不晚送,也不早送,非常准时。

(6) 用户在什么地点需要,就送到什么地点。

(三) 准时采购的特点

和传统的采购方式相比,准时采购具有许多不同之处,具体表现在如下几个方面。

1. 采用较少的供应商，甚至单源供应

传统的采购模式一般是多头采购，供应商的数目相对较多。准时采购模式中供应商数量较少，甚至采取单一供应商。从理论上讲，采用单供应源比多供应源好，一方面，管理供应商比较方便，也有利于降低采购成本；另一方面，供需双方建立长期稳定的战略合作关系，保证产品质量的稳定。但是，采用单一的供应源也有风险，比如供应商可能因意外原因中断交货，以及供应商缺乏竞争意识等。

在实际工作中，许多企业也不是很愿意成为单一供应商的。原因很简单，一方面供应商是具有独立性较强的商业竞争者，不愿意把自己的成本数据披露给用户；另一方面供应商不愿意成为用户的一个产品库存点。实施准时化采购，需要减少库存，但库存成本原先是在用户一边，现在转移到了供应商。因此用户必须意识到供应商的这种忧虑。

2. 综合评估供应商

在传统的采购模式中，供应商是通过价格竞争而选择的，供应商与用户的关系是短期的合作关系，当发现供应商不合适时，可以通过市场竞标的方式重新选择供应商。但在准时化采购模式中，由于供应商和用户是长期的合作关系，供应商的合作能力将影响企业的长期经济利益，因此对供应商的要求就比较高。在选择供应商时，需要对供应商进行综合的评估，在评价供应商时价格不是主要的评价因素，质量才是最重要的标准，这种质量不单指产品的质量，还包括工作质量、交货质量、技术质量等多方面内容。

3. 交货准时性

准时采购的一个重要特点是要求交货准时，这是实施精细生产的前提条件。交货准时取决于供应商的生产与运输条件。作为供应商来说，要使交货准时，可从以下几个方着手：一方面是不断改进企业的生产条件，提高生产的可靠性和稳定性，减少延迟交货。作为准时化供应链管理的一部分，供应商应该采用准时化的生产管理式，以提高生产过程的准时性。另一方面，为了提高交货准时性，运输问题不可忽视，要进行有效的运输计划与管理，使运输过程准确无误。

4. 有效的信息交流

准时化采购要求供应与需求双方信息高度共享，保证供应与需求信息的准确性和实时性。由于双方的战略合作关系，企业在生产计划、库存、质量等各方面的信息都可以及时进行交流，以便出现问题时能够及时处理。

5. 小批量的采购策略

小批量采购是准时化采购的一个基本特征。准时化采购和传统的采购模式的一个重要不同之处在于，准时化生产需要减少生产批量，因此采购的物资也应采用小批量。当然，小批量采购自然增加运输次数和成本，对供应商来说，这是很为难的事情，特别是供应商在国外等远距离的情形下，实施准时化采购的难度就更大。解决的办法可以通过混合运输、代理运输等方式，或尽量使供应商靠近用户等。

传统采购和 JIT 采购的区别如表 6－2 所示。

表 6-2 传统采购和 JIT 采购的区别

项 目	传统采购	JIT 采购
供应商选择	多源供应,短期合作关系	单源供应,长期合作关系
采购批量	大批量,送货频率低	小批量,多批次
供应商评价	价格、质量等	质量、价格等
双方磋商重点	获取最低的价格	长期合作关系、质量和合理的价格
运输	较低的成本,供应高负责计划安排	准时送货,采购商负责计划安排
包装	常规包装	特定要求
检验	收货、点数统计、品质鉴定	开始时检验,逐步减少,最终取消
信息交换	一般要求	快速、可靠

(四) 准时采购实施的原则

在支持准时化生产的 JIT 采购中要求必须做到这五个恰当:恰当的数量、恰当的质量和时间、恰当的地点、恰当的价格和恰当的来源,这是 JIT 采购的基本原则。这里面的一个关键问题就是要对企业外部资源进行战略性管理,它涉及在 JIT 采购中如何管理供应商的问题。

从前面的分析可以看出,JIT 采购和传统采购在方法上有一些明显差别,要实施准时化采购法,以下三点是十分重要的:

(1) 选择最佳供应商并对其实施有效管理;

(2) 与供应商紧密合作,这是成功实施 JIT 的基石;

(3) 采购过程严格的质量控制,这是 JIT 成功的保证。

(五) 准时采购实施的方法

总结归纳企业实施 JIT 的实践经验,可以勾勒出 JIT 采购的一般方法。

(1) 创建 JIT 采购团队。世界一流企业的专业采购者有三个责任:寻找货源、商定价格、发展与供应商的协作关系并不断改进。事实上,一个专业化、高素质的采购团队,对实施 JIT 采购至关重要。为此,需要创建 JIT 采购团队分工协作来完成两大核心任务。任务一是专门处理供应商事务,包括认定和评估供应商的信誉、能力,或与供应商谈判签订准时化订货合同,向供应商发放免检签证等,同时负责供应商的培训和协调技术指导等。任务二是专门从事消除采购过程中的浪费的工作,以保证 JIT 采购的效率和效能。

(2) 制定计划,确保准时化采购策略有计划、有步骤地实施。JIT 计划的目标是确保其采购策略有计划有步骤地实施,这需要与供应商一起商定认同 JIT 采购的目标,以及协商实施 JIT 采购的有关措施,并与供应商一起商定准时化采购的目标和有关措施,保持经常性的信息沟通。

(3) 精选少数供应商,建立伙伴关系。准时化生产对 JIT 采购必须坚持的五个原则要求非常严格,否则,准时化生产就失去了意义。由此对供应商的要求是少而精,以方便对供应商的管理,保证 JIT 采购能实现这五个“恰当”。这就要求企业精选少数供应商,与其建立长期的伙伴关系。JIT 采购对供应商的选择通常会考虑这几个方面的因素：产品质量、供货情况、应变能力、地理位置、企业规模、财务状况、技术能力、价格、与其他供应商的可替代性等。先从某种产品或某条生产线试点开始，进行零部件或原材料的准时化，最后总结经验，为正式实施准时化采购打下基础。

(4) 管理好与供应商的关系。JIT 采购是供需双方共同的业务活动，需要双方共同努力，相互配合。这需要管理好与供应商的关系，包括：做好供应商的培训工作，使其认识和理解 JIT 采购的策略和运作方法，以获得供应商的积极支持与通力配合；为供应商提供技术支持，以确保提供绝对合格的产品。

(5) 持续改进。JIT 采购是一个不断完善和改进的过程，需要在实施过程中不断总结经验教训，从提高交货的准确性、提高产品质量、降低运输成本、降低供应商库存等多方面进行改进，不断提高 JIT 采购的运作绩效。

二、供应商管理

供应商是指可以为企业生产提供原材料、设备、工具及其他资源的企业。供应商可以是生产企业，也可以是流通企业。企业要维持正常的生产，就必须要有一批可靠的供应商为企业提供各种各样的物资供应。供应商管理是供应链采购中的重要问题，加强供应商管理是大幅度降低采购成本的重要途径，同时，能够从源头把握产品质量，对产品质量的提高具有显著的影响。

（一）供应商管理的定义

供应商管理(Supplier Management)，是对供应商了解、选择、开发、使用和控制等综合性管理工作的总称。其中，了解是基础，选择、开发、控制是手段，使用是目的。供应商管理的目的，就是要建立起一个稳定可靠的供应商队伍，为企业生产提供可靠的物资供应。

（二）供应商选择的原则

供应商选择应该综合考虑供应商的业绩、设备、人员管理、质量控制和成本控制、技术开发、客户满意度、交货协议等因素，建立和使用全面的供应商综合评价指标体系。一般情况下，供应商选择应遵循以下几个原则。

1. 目标定位

依据所采购物品的品质特性和采购数量去选择供应商，使建立的采购渠道能够保证品质要求，减少采购风险，并有利于自己的产品进入目标市场。选择的供应商的规模、层次和采购物品相当，而且采购数量不超过供应商产能的 50%，不选择全额供货的供应商，最好使同类物料的供应商数量约为 2～3 家，并有主次之分。

2. 优势互补

选择供应商除了在经营和技术能力方面符合企业预期的水平，供应商在某些领域应具有比采购方更强的优势，这样在日后的合作中能在一定程度上优势互补。尤其是在选择关键、重要零部件的供应商时，更需要对供应商的生产能力、技术水平、优势所在等方面有所了解。这样才能更好地选择到能长远发展的合作伙伴。

3. 择优选择

在选择供应商时,一般先考虑报价、质量以及相应的交货条件,在相同的报价及相同的交货承诺下,毫无疑问要选择那些信誉好的供应商。信誉好的供应商更有可能兑现交货承诺。在综合考察,平衡利弊后择优做出选择。

4. 共同发展

在市场竞争越来越激烈的情况下,如果供应商不全力配合企业的发展规划,企业在实际运行中必然会受到影响。如果供应商能把双方的利益捆绑在一起,这样就能对市场的变化做出及时反应,获得更大的收益。因此,与重要的供应商发展供应链战略合作关系非常重要。

(三) 两种供应关系模式

传统环境下的供应商关系,就是传统的竞争关系,竞争关系模式是价格驱动,而供应链管理环境下的供应商关系,是双赢关系模式,是一种合作的关系。这种供需关系最先在日本企业中采用,它强调供应商和生产商共同分享信息,互相合作,互相协作。二者的对比如表6-3所示。

表6-3　两种供应关系模式的对比

项　目	传统的竞争关系	双赢关系
相互交换的主体	物料	物料、服务
供应商选择标准	单一强调价格	多标准并行考虑
稳定性	变化频繁	长期、稳定、紧密合作
合作关系	短期关系	长期的信任合作
信息交流	信息专有	信息共享
质量控制	输入检查控制	外部资源管理

(四) 双赢供应关系管理

双赢关系已经成为供应链企业之间合作的典范,因此,要在采购管理中体现供应链的思想,对供应商的管理就应集中在如何与供应商建立双赢关系以及维护和保持双赢关系上。

1. 信息交流与共享机制

信息交流有助于减少投机行为,有助于促进重要生产信息的自由流动。为加强供应商与制造商的信息交流,可以从以下几个方面着手:

(1) 在供应商与制造商之间经常进行有关成本、作业计划、质量控制信息的交流与沟通,保持信息的一致性和准确性。

(2) 实施并行工程。制造商在产品设计阶段让供应商参与进来,这样供应商可以在原材料和零部件的性能和功能方面提供有关信息,为实施QFD(质量功能配置)的产品开发方法创造条件,把用户的价值需求及时地转化为供应商的原材料和零部件的质量与功能。

(3) 建立联合的任务小组解决共同关心的问题。在供应商与制造商之间应建立一种基于团队的工作小组,双方的有关人员共同解决供应过程以及制造过程中遇到的各种问题。

(4) 供应商和制造商经常互访。供应商与制造商采购部门应经常性地互访,及时发现和解决各自在合作活动中出现的问题和困难,建立良好的合作气氛。

(5) 使用 EDI 技术进行快速的数据传输。

2. 供应商的激励机制

要保持长期的双赢关系,对供应商的激励是非常重要的,没有有效的激励机制,就不可能维持良好的供应关系。在激励机制的设计上,要体现公平、一致的原则。签订柔性合同,以及采用赠送股权等方式,使供应商和制造商分享成功,同时也使供应商从合作中体会到双赢机制的好处。

3. 合理的供应商评价方法和手段

要实施供应商的激励机制,就必须对供应商的业绩进行评价,使供应商不断改进。没有合理的评价方法,就不可能对供应商的合作效果进行评价,将大大降低供应商的合作积极性和稳定性。对供应商的评价要抓住主要指标或问题,比如交货质量是否改善,提前期是否缩短,交货的准时率是否提高等。通过评价,把结果反馈给供应商,和供应商一起共同探讨问题产生的根源,并采取相应的措施予以改进。

第四节　供应链环境下的库存策略

一、供应链环境下存在的库存控制问题

库存存在供应链上的各个环节,而库存费占库存物品价值的 20%～40%,因此供应链中的库存控制十分重要。供应链环境下的库存与传统库存有很多的区别之处,传统的库存管理仅仅从优化单一的库存成本出发来做出决策,而从供应链管理的整体角度出发,这种单一的库存方法是远远不够的。供应链管理模式下的库存控制问题主要有信息类问题、供应链运营问题和供应链战略与规划问题三大类。在供应链管理环境下的库存控制经常会遇到以下几个问题。

(一) 缺乏供应链的系统观念

供应链的整体绩效取决于供应链上各节点的绩效以及节点间的协同绩效,但是由于各节点都是相互独立的,都有各自独立的经营目标,有些目标和供应链整体目标是不相干的,甚至是相互冲突的。因此,这种各自为政的行为必然导致供应链整体效率低下。比如,一家电器制造企业采用每笔订货费作为绩效评价的指标,该企业集中精力在降低订货成本上,但是这种情况没有考虑到供应链整体效能,缺乏针对全局供应链的绩效考评标准。

大部分供应链系统都没有建立针对供应链整体的绩效考核评价指标,这是供应链中普遍存在的问题,这必然会影响到市场的反应速度和服务水平,以及客户的满意度等。

(二) 信息传递效率低

在供应链中,各个供应链节点企业之间的需求预测、库存状态、生产计划等都是库存供应链管理的重要数据,这些数据分布在不同的供应链节点之间,要做到有效快速响应客户需求,就必须实时地传递这些数据。为此,需要对供应链的信息系统模型做出相应的改善,通过信息系统集成的办法,使供应链中的库存数据能够实时、快速地传递。但是,目前很多企业的信息系统并没有实现集成,使得供应商得到的往往是延迟的信息和不准确的信息。由于延迟引起需求预测的误差和影响库存量的准确度,都会给短期生产计划的实施带来困难。例如,企业为了制定一个生产计划,需要获得关于需求预测、当前库存状态、运输能力、生产能力等信息,这些信息需要从供应链的不同节点数据库获得,数据调用的工作量很大。数据整理完后制定主生产计划,然后运用相关管理软件制定物料需求计划,这样的一个过程需要很长的一段时间来完成。时间越长,预测误差越大,制造商对最新订货信息的有效反应能力就越差,生产出过时的产品和造成过高的库存也就不足为奇了。

(三) 忽视不确定性对库存的影响

供应链运作中存在诸多不确定因素,如订货前期、货物运输状况、原材料的质量、生产过程的时间、运输时间、需求变化等。为了减少不确定性对供应链的影响,首先应了解不确定性的来源。很多企业对这个问题并不重视,导致错误估计供应链中物料的订货提前期,造成库存过量或库存缺库的现象。

(四) 缺乏合作和协调性

供应链是一个整体,需要协调各节点企业的活动,才能获得最满意的运营效果。协调的目的是使满足一定服务质量要求的信息可以无缝地、流畅地在供应链中传递,从而使整个供应链能够根据用户的要求步调一致,形成更为合理的供需关系,适应复杂多变的市场环境。供应链的各节点企业为了应付不确定性,都设有一定的安全库存作为应急措施。在对供应链体系中,组织的协调涉及更多的利益群体,相互之间缺乏信任和信息透明度。为了应对市场的波动,企业不得不维持一个较高的安全库存,付出更高的代价。要进行有效的合作和协调,供应链组织之间需要有效的信任机制、激励机制和监管机制。

(五) 忽略产品过程设计的影响

科技进步使得生产效率大幅度提高,但是供应链库存的复杂性却没有被得到重视,结果使得节省的成本都被供应链的分销与库存成本给抵消了。同样,在引进新产品时,如果不进行供应链的规划,也会产生诸如运输时间过长、库存成本高的现象,从而无法获得利润。例如,美国一家计算机外设制造商,它为世界各国分销商生产打印机。打印机具有一些销售所在国特色的配件,如电源、说明书等。美国工厂按需求预测生产,但是随着时间的推移,当打印机到达各地区分销中心时,需求已经发生了变化。因为打印机是为特定国家而生产的,分销商没有办法来应付需求的变化。也就是说,这样的供应链缺乏柔性,结果造成产品积压,直接导致高库存。后来,该公司重新设计了供应链结构,主要改变了打印机的装配过程,工厂只生产打印机的通用组件，分销中心根据所在国家的需求特点加入相应的特色组件，这样大大降低了库存。

（六）缺乏及时、准确的交货状态信息

当客户下订单时，他们总是希望知道什么时候能交货。在等待交货过程中，企业也可能会对订单交货状态进行修改，特别是当交货时间被推迟以后。许多企业并没有及时、准确地把被推迟的订单引起的交货信息提供给客户，这必然会引起客户的不满。

无论生产企业还是物流企业，库存控制的目的都是为了保证供应链运行的连续性和稳定性。在了解和跟踪不确定性状态因素的前提下，利用跟踪到的信息制定相应的库存控制策略。库存控制策略制定的过程是一个动态的过程，在库存控制策略中应该反映不确定性动态变化的特性。

二、供应商管理库存（VMI）

为了适应供应链管理的要求，提高企业的竞争力，企业在不断寻找改进库存管理的新模式。供应商管理库存就是其中的一种，供应商管理库存打破了传统的各自为政的库存管理模式，体现了供应链的集成化管理思想，使供应链系统能够获得同步化的运作。

（一）供应商管理库存的定义

供应商管理库存（Vendor Managed Inventory，VMI）的定义为：按照双方达成的协议，由供应链的上游企业根据下游企业的物料需求计划、销售信息和库存量，主动对下游企业的库存进行管理和控制的库存管理方式（GB/T 18354—2006）。

由于供应商更了解自己商品的情况、供应能力、促销计划、新品计划、季节变化等，配合使用先进的电子技术，能够更好地帮助零售商管理订单和库存。这种技术可以提高供应链管理的效率，降低双方的库存，减少商品缺货率（特别是畅销产品），减少运作成本，提高对市场变化的反应速度，更好地满足消费者的需求。对供应商来讲，还可以提高市场预测准确率，更好地安排生产、分销和采购计划。对零售商来讲，可以集中精力为顾客服务，而且由于是供应商为其下订单，有可能在供应商商品短缺的情况下，优先得到满足。

VMI 的另一种定义是以供应商和客户等供应链上的合作伙伴获得最低成本为目的，在一个共同的协议下，由供应商管理库存，并不断监督协议执行情况，修正协议的内容，使库存管理得到持续改进的合作性策略。从本质上来看，VMI 模式的管理理念源于产品的市场全过程思想，即只要有一个产品没有被最终消费者购买并得到满意的消费，那么这个产品就不能算是已销售，并构成供应商的一种潜在风险，供应商同样负有监控该产品的流通状况的责任而不管该产品的产权归属是怎样的。

（二）供应商管理库存的基本思想和原则

供应商管理强调的是企业的核心竞争力，强调企业间建立长期合作伙伴关系，在信息和知识共享、合作关系充分发展的基础上，供应链伙伴寻求更深层次的整合。供应链上的某一个伙伴可能处于更适合的位置来执行某个通常由另一个伙伴拥有的决策权。如果把这个决

策权从这个合作伙伴转移到另一个更适合的合作伙伴,那么整个供应链的效率将得到改善。VMI 意味着供应链下游企业放弃库存管理权,而与下游企业自己管理库存相比,供应商在对自己产品进行管理方面更有经验,更专业。供应商可提供包括软件、专业知识、后勤设备和人员培训等一系列的服务,而提高供应链中企业的服务水平,同时降低了库存管理成本,而下游企业可以放开手脚进行核心业务的开发。

VMI 的库存管理系统能够打破传统的条块分割的库存管理模式,以系统的、集成的管理思想进行库存管理,使供应链系统能够获得同步化的运作。

VMI 的主要思想是供应商在用户的允许下设立库存,确定库存水平和补给策略,拥有库存控制权。精心开发和设计的 VMI 系统,不仅可以降低库存成本,还可以提高用户的服务满意度,改善资金流,与供应商共享需求变化的透明度和获得用户的高信任度。

供应商管理库存在实施的过程中需要坚持以下几个原则:

(1) 合作性原则。在实施该策略时,相互信任与信息透明是很重要的,供应商和用户(零售商)都要有较好的合作精神,才能够相互保持较好的合作。

(2) 互惠原则。VMI 不是关于成本如何分配或谁来支付的问题,而是关于减少成本的问题。通过该策略使双方的成本得到减少。

(3) 目标一致原则。双方都明白各自的责任,观念上达成一致的目标。例如,库存放在哪里,什么时候支付,是否要管理费,要花费多少等问题都要做出界定,并且体现在框架协议中。

(4) 连续改进原则。使供需双方能共享利益和消除浪费。

(三) 供应商管理库存的优缺点

1. VMI 的优点

实施 VMI 的好处主要体现在两个方面,一是成本的缩减,二是服务水平的改善。具体有如下优点:

(1) 销售商可省去多余的订货部门和不必要的控制步骤,提高服务水平。

(2) 供应商拥有库存,并通过有效的库存管理,协调对多个零售商的生产和配送。

(3) VMI 可以大大缩短供需方的交易时间,进而使上游企业更好地控制其生产经营活动,以更好地满足用户需求,从而提高整个供应链的柔性。

(4) 供应商按照零售商的数据,对需求做出预测,可减少预测的不确定性,从而减少了安全库存成本。

(5) 由于 VMI 允许供应商直接接触下游企业真正的需求信息,供应商能更好地控制其生产经营活动,以更好地满足用户需求,从而提高整个供应链的效率。

2. VMI 的缺点

供应商管理库存尽管可以为供需双方带来成本缩减、服务改善的优势,但在实施过程中存在很多局限。

(1) VMI 中,供应商和零售商之间的信任度和协作水平仍有待提升;

(2) 虽然框架协议由双方协定,但供应商主导地位明显,决策缺乏足够的协商;

(3) 信息系统的建设可能会占用大量的资金，信息共享可能会带来滥用信息和商业泄密。

三、联合库存管理(JMI)

联合库存管理(Jointly Managed Inventory，JMI)是在供应商管理库存的基础上发展起来的，将 VMI 中供应商的权责转化为供应链各节点企业之间的责任分摊，实现风险共担、利润共享，保持相邻的两个节点之间的库存管理者对需求的预测保持一致，从而提高供应链的同步化程度和运作效率的一种库存管理模式。

(一) JMI 的基本思想

联合库存管理是解决供应链系统中由于各节点企业的相互独立库存运作模式导致的需求放大现象，提高供应链的同步化程度的一种有效方法。联合库存管理和供应商管理库存不同，它强调双方同时参与，共同制定库存计划，使供应链过程中的每个库存管理者(供应商、制造商、分销商)都从相互之间的协调性考虑，保证供应链相邻的两个节点之间的库存管理者对需求的预测保持一致，从而削弱了需求放大现象。任何相邻节点需求的确定都是供需双方协调的结果，库存管理不再是各自为政的独立运作过程，而是供需双方协同的结果。

联合库存管理系统把供应链系统管理进一步集成为上游和下游两个协调管理中心，从而部分消除了由于供应链环节之间的不确定性和需求信息扭曲现象导致的供应链的库存波动。通过协调管理中心，供需双方共享需求信息，从而起到了提高供应链的运作稳定性作用。其基本模型如图 6-4 所示。

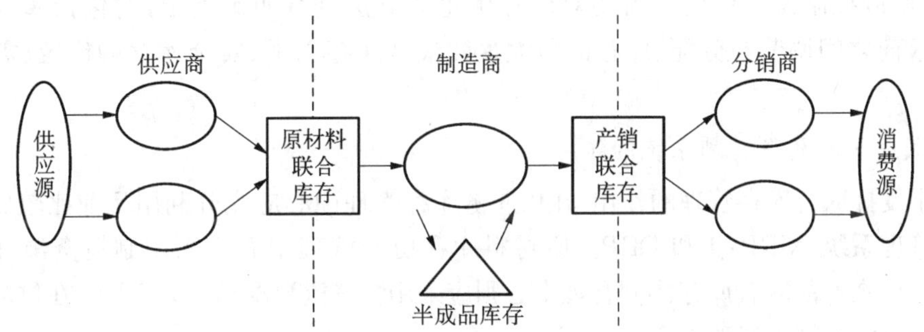

图 6-4　联合库存管理的基本模型

基于协调中心的联合库存管理和传统的库存管理模式相比，有如下几个方面的优点：

(1) 为实现供应链的同步化运作提供了条件和保证；

(2) 减少了供应链中的需求扭曲现象，降低了库存的不确定性，提高了供应链的稳定性；

(3) 库存作为供需双方的信息交流和协调的纽带，可以暴露供应链管理中的缺陷，为改进供应链管理水平提供证据；

(4) 进一步实现了供应链管理的资源共享和风险分担；

(5) 为实现“零库存”管理、准时采购以及精细供应链管理创造了条件。

(二)JMI的实施策略

1. 建立供需协调管理机制

为了发挥联合库存管理的作用,供需双方应从合作的精神出发,建立供需协调管理的机制,明确各自的目标和责任,建立合作沟通的渠道,为JMI提供有效的机制。没有一个协调的管理机制,就不可能进行有效的联合库存管理。

建立供需协调管理机制,要从以下几方面入手:

(1) 建立共同的合作目标。要建立联合库存管理模式,首先供需双方要坚持互惠互利的原则,建立共同的合作目标。为此,要在理解双方共同之处和冲突点的基础上,建立联合库存的协调控制方法,通过协商形成共同的目标,如提高服务质量、利润共同增长和降低风险等。

(2) 建立一种信息沟通的渠道或系统。信息共享是供应链管理的特色之一。为了提高供应链需求信息的一致性和稳定性,减少由于多重预测导致的需求信息扭曲,供应链各方应增加对需求信息获得的及时性和透明性。为此应建立一种信息沟通的渠道或系统,以保证需求信息在供应链中的畅通和准确性。要将条码技术、扫描技术、POS系统和EDI集成起来,同时充分利用互联网的优势,在供需双方之间建立一个畅通的信息沟通桥梁和联系纽带。

(3) 建立利益的分配和激励机制。建立公平的利益分配制度,并对参与协调库存管理中心的各个企业和各级供应部门进行有效的激励,防止机会主义行为,增加协作性和协调性。

(4) 建立联合库存的协调控制方法。JMI管理中心担负着执行协调供需双方利益的角色,起协调控制器的作用。需要对库存优化的方法进行明确确定,这包括库存如何在多个需求商之间调节与分配、库存的最大量和最低库存水平、安全库存的确定、需求的预测等。

2. 发挥两种资源计划系统的作用

为了发挥联合库存管理的作用,在供应链库存管理中心应充分利用目前比较成熟的两种资源管理系统:MRP Ⅱ和DRP。原材料库存协调管理中心应采用制造资源计划系统MRP Ⅱ,而在产品联合库存协调管理中心则应采用物资资源配送计划DRP,在供应链系统中把两种资源计划很好地结合起来。

3. 发挥第三方物流系统的作用

第三方物流是供应链集成的一种技术手段。通过把库存管理的部分功能代理给第三方,可以使企业更加集中精力于自己的核心业务,第三方物流起到了连接供应商和用户的作用,这样可以降低企业成本,使企业集中于核心业务,获得更多的市场信息和一流的物流咨询,改进服务的质量,快速进入国际市场。

案例分析

案例1:华为的采购供应商关系管理[①]

华为作为管理网络倡导者、实践者和领先者,为了更好地发展,华为采用了科学的供应商关系管理。科学的供应商管理机制体现在供应商关系的建立、供应商绩效评估、双赢的电子化交易、规范的业务行为准则、多样化的沟通渠道等方面。

1. 供应商的选择

供应商选择的目标:负责供应商选择的主体部门是采购部各物料专家团(CEG)。华为采购部在向外部供应商采购物品、服务和知识资产时,有责任为华为获取最佳的整体价值。因此在选择供应商时,CEG有两个主要目标:一是选择最好的供应商,二是评定公平价值。

供应商选择流程:华为制定了完善的供应商选择、公平价值判断流程以确保选择最符合华为利益的供应商,采购获得最公平的价值,同时保证向所有供应商给予平等赢得华为生意的机会。该流程的基本原则是公平、公开、公正和诚信,并由以下机制保证:

(1) 采购集中控制——采购是公司内部唯一授权向供应商做出资金承诺,获得物品或服务的部门。除此以外的任何承诺都视为绕过行为,视为对公司政策的违背。

(2) 供应商选择团队——供应商选择将由相关专家团组建团队来进行,成员包括采购和内部客户的代表。小组的使命是制定RFQ/RFP,确定能够按照华为要求提供所需产品或服务的现有合格供应商名单。这个团队管理供应商选择流程,参与评估供应商的回复以及选择供应商。

(3) 供应商反馈办公室——如果供应商在与华为的交往中有任何不满意的地方,有专门的帮助中心负责收集供应商的反馈和投诉。

2. 供应商绩效评估

华为采购部制定了供应商评估流程,定期向供应商提供反馈。该流程包括相关专家团正式的绩效评估。供应商的绩效将从技术、质量、响应、交货、成本和合同条款履行这几个关键方面进行评估。评估流程的目的在于给双方提供开放沟通的渠道,以提升彼此的关系。同时,华为鼓励供应商向华为反馈,站在客户的角度评价华为,这些评估信息将用于改善彼此的业务关系,改善华为内部的业务运作。

3. 双赢的电子化交易

电子化交易就是"在网上进行买卖交易",其内涵是:企业以电子技术为手段,改善经营模式,提高企业运营效率,进而增加企业收入。"电子化交易可以让企业得到更多的供应商资源,充分了解供应市场状况,更好地收集市场信息,使采购策略立足于事实基础上。"华为正在着手实现从"采购请求"与"付款"全流程的自动化。华为希望供应商支持这一行动,并参与电子采购的使用,将其作为主要的沟通和交易平台。此外,华为还计划在预测/订单状

① 资料来源:www.sohu.com,2018年7月。

态、RFI/RFQ/RFP、供应商评估等方面与供应商进行电子化的合作。这将会带来双赢收益,提高效率,降低交易运作成本。

4. 规范的业务行为准则

诚信和道德标准:华为的政策是与供应商和其他任何有业务关系的客户进行公平往来,遵守商业道德。任何时候如果供应商感到该政策的执行打了折扣或背道而驰,供应商可以向华为供应商反馈办公室反映。华为以尊重事实、谨慎周密的原则进行调查处理,并保守秘密。

保密:采购部会保护华为自身的机密信息或与供应商/客户签署的保密协议所涉及的保密信息。华为与每个供应商和潜在供应商的关系,在华为看来都是仅限于双方之间的事务。从供应商处获得的信息,华为会负责地对待,华为的员工必须避免因为疏忽大意获取或透露另一方的保密信息。

5. 多样化的沟通渠道

华为提供了多样化的沟通渠道,以便和供应商进行开放的对话和讨论。

每个物料专家团内部都有供应商接口人,负责与供应商的接口和沟通,处理供应商与华为来往过程中可能碰到的任何问题和疑问。相应地,也要求供应商通过这一单一的接口与华为接触。通过这一渠道,专家团会将所有可能影响到供应商业务的采购策略和计划传达给供应商。

此外,华为还设立了供应商反馈办公室,主要是为了处理所有与采购相关的问题,包括供应商针对华为员工或某部门的不公平行为和不道德行为的投诉等,供应商可以坦诚地让华为知悉自己的顾虑。此举目的在于促进与供应商之间更为开放、有效的关系。

案例2:华为的库存管理①

库存是把双刃剑,一方面能提高供应柔性,另一方面会占用大量资金。不合理的库存水平将有可能造成企业的资金链断裂。相比产品本身开发的失败,库存造成的损失往往更大。

在华为,库存管理的特点主要在于库存规划和日常管理方法。

库存规划方面,华为有一套成熟的订单履行流程,并且通过与业内标杆比对不断进行改进,往往在年初时就定好全年的指标。而在库存的日常管理方法方面,主要有以下几点:

1. 建立合理的库存结构

华为在建立自己的库存结构时,采用了"枣形"结构。这对于大多数按订单生产的企业来说,这是一个比较合理的库存模型,即成品及原材料相对比重较小,在制品比重较大。

ABC分类法进行物料管理:在华为,主要采用ABC分类法对物料进行管理,ABC管理法是根据事物的经济、技术等方面的主要特征,运用数理统计的方法,进行统计、排列和分析,抓住主要矛盾,分清重点与一般,从而有区别地采取管理方式的一种定量管理方法。对库存采用ABC分类管理(二八原则)找到库存控制的重点:A类,品种、实物量少而价值高的物料,其成本金额约占70%,而实物量不超过20%;C类,品种、实物量多而价值量低的物料

① 资料来源:www.eepw.com.cn。

其成本金额约占 10%，而实物量不低于 50%；B 类：介于 A、C 类之间的物料，其成本金额约占 20%，而实物量不超过 30%。

2. 不同物料采用不同策略

根据通用性强弱、价值高低等差异，华为对不同的物料采取了不同的采购、计划与库存控制策略。对战略性物料需要做适当的长单或储备，根据一定的方法，如根据其历史用量和未来 6 个月需求量，对各种物料设定安全库存。

针对价值高，需求较平稳的物料，采用 VMI(供应商管理库存)的采购模式；针对通用性较强，价值较高的物料，采用 consignment(寄售)采购模式；针对通用性高，价值很低的物料，采用 Candy(糖果人)采购策略(指双方均不设立库存，供应商与自己的上游企业再建立联系，下游企业需求什么上游企业就提供什么)；针对专用性强或体积大的物料，采用准时(JIT)采购模式。

3. 加强齐套性管理

计划的准确性对库存的影响非常大，一方面要通过先进的计划方法及时把握市场准确需求信息，提升计划制定的准确性，另一方面要提高计划执行力度，如果朝令夕改或阳奉阴违，再好的计划也白搭。因此要设定一定时间跨度的冻结期，冻结期内计划不允许变动，并定期审视计划的执行情况，及时调整后续计划，做到固而不僵。

齐套性是指完成某个半成品或成品的生产时，其构成的所有物料全部到位，能够进行全部工序的生产。物料的齐套性很重要，物料不齐套将造成生产停线待工，浪费机台和人力及管理成本，影响生产进度。因此，华为通过提高计划的准确性及计划的执行力度，加强齐套性管理。在华为，齐套性管理主要从两个方法入手：预缺料管理和风险预警及升级机制。

4. 到货控制

此外，华为还十分注意控制物料到货的进度与节奏，维持进出平衡。控制物料的到货主要是加大对例外信息的处理力度，控制不合理到料。具体方法可以采取如：把例外信息处理的比例列入采购的考核指标(按金额)，每星期进行统计排名的公布；或者考虑把这个标准列入供应商的考核指标；列入计划的考核指标中，要求定期分析一次不合理到货的原因。例如，所有库龄超过 7 天的物料，或者库存量超过未来 1 个月的毛需求，这些都已经成为呆滞物料，都需要分析并给出完善报告(战略物料除外)等。

华为对于低周转物料(呆滞物料)的处理办法是：第一，定期处理，分责任人，提交处理报告；第二，低周转物料产生时，要把责任、原因分析清楚；第三，该报废的报废，该变卖的变卖，决不手软。

除了上述几点，还有一些其他措施，比如：计划提前介入研发 IPD 进度，严格把关物料的可计划性、物料归一化管理、物料的多家供应等评审；推行分级备料的方式，让整个供应链条一起承担库存风险，也能提高供应柔性；建立计划、采购、核心供应商的定期沟通机制，提高信息透明化等等。

本章小结

本章着重阐述了供应链环境下的采购与库存管理问题。采购是指单位或者个人基于生产、销售、消费等目的,购买商品或劳务的交易行为。根据人们获得商品的方式、途径不同,可将采购从狭义和广义两方面来定义。采购管理是指为了保障企业物资供应和增强企业竞争力,综合现代管理理论和技术方法对企业采购进货活动进行计划、组织、指挥和协调、控制等一系列管理活动的总和。准时采购又称为 JIT 采购,是一种先进的采购模式,基本思想是:在恰当的时间、恰当的地点以恰当的数量、恰当的质量提供恰当的物品。

供应链环境下的库存控制策略是本章的另一个重要内容,主要介绍了 VMI 和 JMI 两种库存控制的策略。供应商管理库存(VMI)是指按照双方达成的协议,由供应链的上游企业根据下游企业的物料需求计划、销售信息和库存量,主动对下游企业的库存进行管理和控制的库存管理方式。联合库存管理(JMI)是在供应商管理库存的基础上发展起来的,将 VMI 中供应商的权责转化为供应链各节点企业之间的责任分摊,实现风险共担、利润共享,保证相邻的两个节点之间的库存管理者对需求的预测保持一致,从而提高供应链的同步化程度和运作效率的一种库存管理模式。

第7章　供应链环境下的生产管理

供应链管理思想对企业最直接、最深刻影响是企业家决策思维方式的转变:即从传统的纵向思维方式向开放的横向思维方式转变。生产是企业决策管理的主要内容之一,供应链管理思想对此带来了很大的影响。与传统的企业生产管理相比,在信息来源、信息的集成方法、计划的决策模式、计划的运行环境等方面,供应链管理模式下的生产管理方法都有显著的不同,本章着重分析了适应供应链管理模式的生产模式与控制原理。

第一节　传统生产管理思想及大批量生产模式

一、传统生产管理思想概述

传统的企业生产计划的基本特征是以某个企业的物料需求为中心展开的,缺乏和供应商及分销商、零售商的协调,企业的计划制定没有考虑供应商以及下游企业的实际情况,不确定性对库存和服务水平影响较大,库存控制策略也难以发挥作用。实践证明,供应链上任何企业的生产和库存决策都会影响供应链上其他企业的运作管理行为,因此,一个企业的生产计划与库存优化控制不但要考虑某个企业内部的业务流程,更要从供应链的整体出发,进行全面的优化控制,跳出以某个企业物流需求为中心的生产管理界限,充分了解用户需求并与供应商在经营上协调一致,实现信息的共享与集成,以定制化的需求驱动定制化的生产计划,获得柔性、敏捷的市场响应能力。

传统生产管理思想与供应链管理思想的差距主要表现在如下几个方面。

(一) 决策信息来源的差距

生产计划的制定要依据一定的决策信息,即基础数据。在传统的生产计划决策模式中,计划决策的信息来自两个方面:一是需求信息,二是资源信息。需求信息又来自两个方面,一个是用户订单,另一个是需求预测。通过对这两方面信息的综合,得到制定生产计划所需的需求信息。资源信息则是指生产计划决策约束条件。信息多元化是供应链管理环境下的主要特征,多元信息是供应链环境下生产计划的特点。另外,在供应链环境下,资源信息不仅仅来自企业内部,还来自供应商、分销商和客户。

（二）决策模式的差距

传统的生产计划决策模式是一种集中式决策，而供应链管理环境下生产计划的决策模式是分布式的群体决策过程。基于多代理的供应链系统是立体的网络，各个节点企业具有相同的地位，有本地数据库和领域知识库。在形成供应链时，各节点企业拥有暂时性的决策权，每个节点企业的生产计划决策都受到其他企业生产计划决策的影响，需要一种协调机制和冲突解决机制。当一个企业的生产计划发生改变时，其他企业的计划也需要做出相应的改变，这样供应链才能获得同步化的响应。

（三）信息反馈机智的差距

企业的计划能否得到很好的贯彻执行，需要有效的监督控制机制作为保证。要进行有效的监督控制必须建立一种信息反馈机制。传统的企业生产计划的信息反馈机制是一种链式反馈机制，也就是说，信息反馈是企业内部从一个部门到另一个部门的直线传递，因为递阶组织结构的特点，信息的传递一般是从底层向高层信息处理中心反馈，形成和组织结构平行的信息递阶的传递模式。

供应链管理环境下企业信息的传递模式和传统企业的信息传递模式不同。以团队工作为特征的多代理组织模式使供应链具有网络化结构特征，因此供应链管理模式不是递阶管理，也不是矩阵管理，而是网络化管理。生产计划信息的传递不是沿着企业内部的递阶结构而是沿着供应链不同的节点方向传递。为了做到供应链的同步化运作，供应链企业之间信息的交互频率也比传统的企业信息传递频率大得多，因此应采用并行化信息传递模式。

（四）计划运行环境的差异

供应链管理的目的是使企业能够适应激烈多变的市场环境需要。企业置身于这样一个复杂多变的环境中，增加了影响企业生产计划运行的外界环境的不确定性和动态性。供应链管理环境下的生产计划是在不稳定的运行环境下进行的，因此要求生产计划与控制系统具有更高的柔性和敏捷性，比如提前期的柔性、生产批量的柔性等。传统的制造资源计划（MRPⅡ）就比较缺乏柔性，因为它以固定的环境约束变量应对不确定的市场环境，这显然是不行的。供应链管理环境下的生产计划涉及的多是订单化生产，这种生产模式动态性更强。因此，供应链管理环境下的生产计划与控制要更多地考虑不确定性和动态性因素，使生产计划具有更高的柔性和敏捷性，以使企业能对市场变化做出快速反应。

二、大批量生产模式概述

（一）大批量生产模式的特征

十九世纪，从工业革命中产生了基于机械学说的“工厂模式”，并被西方工业国家所普遍采用。十九世纪中叶，美国工厂模式独树一帜，并发展成为众所周知的“美国模式”。这种生产模式曾是推动美国经济飞速发展的强大动力。

进入二十世纪以后，美国模式已不足以支持许多大企业的成长，以及在地理上日益分散的发展要求，从而在“美国模式”的基础上发展形成了大批量生产模式，又称“福特模式”。大批量生产模式(Mass Production)不仅被大型制造商所采用，而且其原则也都被电信业、银行业和保险业等大型服务业所模仿套用。制造业的美国模式发展主要归功于机床工业，而大批量生产模式的传播则更多地归功于汽车工业，特别是亨利·福特和他的生产工程师们。

大批量生产模式虽然起源于“美国模式”，但由于不断追求规模与效率目标，原“美国模式”中强调的“生产组织与工艺的灵活性”以及对“产品与工艺的持续技术改进”原则却在“大批量生产”模式中被不断弱化，直至后来在面对市场变化方面成为比较僵化的模式。大批量生产模式从二十世纪二三十年代在美国工业中广泛传播，到“二战”后成为世界工业的主导生产模式，它对美国二十世纪经济力量的迅猛发展起到了巨大的推动作用。

大批量生产模式的特征如表 7－1 所示。

表 7－1　大批量生产模式的特征

内　容	目　标	特　征
生产组织	流水线式生产	可互换的零件
		专用的机床等加工设备
		熟练工人的专业化分工
生产目的	低成本	产品标准化
		规模经济
		生产过程的操作效率
		满负荷生产
		基于生产确定供应
		基于生产推动销售
生产控制	对业务活动的控制	专业化管理人员
		按管理职能分工
		建立多层次组织机构

（二）大批量生产模式的运行条件

大批量生产模式的成功主要在于通过规模化流水线式生产以实现低成本目标，通过产品标准化和分工专业化以实现高效率目标。然而，大批量生产模式的成功是有前提条件的，主要包括三个方面：

(1) 市场需求相对统一和稳定；

(2) 产品生命周期较长；

(3) 市场需求及产品更新变化缓慢。

由于工业经济时代全社会生产能力有限，生产力发展难以满足社会需求的发展，社会商品相对短缺，从而形成卖方市场。在卖方市场中，商品供应方主导市场，需求方是被动的一方，从而制约了市场需求的差异化和变化速度。另一方面，短缺经济中的市场竞争，在市场尚未饱和、竞争空间相对较大的情况下，竞争的激烈程度也是有限的，刺激创新的动力不足，从而导致产品生命周期较长，产品创新速度较慢。因此，工业经济时代的宏观经济和市场竞争环境保证了大批量生产模式的成功运行，并成为工业经济时代的主导模式。

（三）大批量生产模式面临挑战

随着企业竞争环境的改变，沿用工业经济时代大批量生产模式的企业问题不断涌现，经营状况不断恶化，可能出现的诸多问题主要表现在以下方面：

(1) 企业不能满足顾客对高速、可靠与方便的要求。成功仅靠好的产品还不够，好产品是进入市场竞争的入场券。今天，顾客在与商家做交易时，想要商家迅速地履行，准时便捷地交货，他们希望自己的愿望立即得到满足。

(2) 顾客正在流失，销售额正在不断下降。不存在所谓的标准客户，但仍有许多企业用一种单一的生产和分销流程，向一个广大范围内的客户群提供服务。然而，许多客户想要个性化产品，客户将他们的消费转向那些能满足他们要求的公司。企业产品种类被动增加，销售预测越来越不准确，计划越来越难以奏效，产量不断下降。

(3) 利润正流向别处。利润从过时的业务模式流向那些能更好满足客户偏好的业务模式。IT 技术，特别是 Internet 技术，正在创造崭新的业务模式以及更高效的流程，竞争对手也许已经创新出了新的业务模式和流程。

(4) 管理人员不重视与供应商协同合作。传统的供应商关系经常是对抗性的，压制供应商，或用其中的一家对付另一家，或设置种种最后期限，拖延付款等，在短期内这样做能降低采购成本，但长期来看，会造成供应商的不信任，从而限制其开发强有力的新产品的能力。同供应商主动合作，也许能创造新的机会。

(5) 高层管理人员将供应链视作一种经营问题，将信息化视为技术问题。过时的观点限制了供应链概念对业务模式与管理模式重组的潜力。管理团队可能将供应链视作采购与物流专业人员的活动，对供应链的期望值被限制为降低成本、应付紧急事件。同时，也有很多企业根本没有意识到信息化将会帮助企业构建供应链，重塑企业业务模式和业务流程，而将其视为计算机部门的技术工作。

大批量生产模式是通过稳定性和控制力达到高效率，但今天的世界不再是一成不变的，继续遵循大批量生产模式的企业已经不能保证效率。全球范围内，无论是汽车业、电子业、信息技术业、个人用品业、饮料业、食品业，还是电信业、银行业和保险业、运输业等其他行业，正在经历前所未有的考验与挑战。

第二节　供应链环境下的生产模式

一、供应链环境下的生产模式特点

供应链是一个跨越多企业、多厂家、多部门、多地域的网络化组织，一个有效的供应链企业计划系统必须保证企业能快速响应市场需求。有效的供应链计划系统集成企业所有的计划和决策业务，包括需求预测、库存计划、资源配置、设备管理、渠道优化、生产作业计划、物料需求与采购计划等。供应链是由不同企业组成的企业网络，有紧密型的联合体成员，有协作型的伙伴企业，有动态联盟型的战略伙伴。供应链以核心企业为龙头，把各个参与供应链的企业有效地组织起来，优化整个供应链的资源，以最低的成本和最快的速度生产最好的产品，最快地满足用户需求，以达到快速响应市场的用户需求的目的。

二、精益生产

精益生产(Lean Production)是供应链环境下的新的生产模式，其中“精”表示精良、精确、精美，“益”表示利益、效益等等。精益生产就是及时制造，消灭故障，消除一切浪费，以“零缺陷”“零库存”为目标。它是美国麻省理工学院在一项名为“国际汽车计划”的研究项目中提出来的，他们在做了大量的调查和对比后，认为日本丰田汽车公司的生产方式是最适用于现代制造企业的一种生产组织管理方式，称之为精益生产，以应对美国大批量生产方式过于臃肿的弊病。精益生产综合了大批量生产与单件生产方式的优点，力求在大批量生产中实现多品种和高质量产品的低成本生产。

（一）精益生产的优势及意义

与大批量生产方式相比，日本所采用的精益生产方式的优越性主要表现在以下几个方面：

(1) 所需人力资源——无论是在产品开发、生产系统，还是工厂的其他部门，与大量生产方式下的工厂相比，最低能减至 1/2；

(2) 新产品开发周期——最低可减至 1/2 或 2/3；

(3) 生产过程的在制品库存——最低可减至大量生产方式下一般水平的 1/10；

(4) 工厂占用空间——最低可减至采用大量生产方式下的 1/2；

(5) 成品库存——最低可减至大量生产方式下平均库存水平的 1/4。

精益生产方式是彻底地追求生产的合理性、高效性，能够灵活地生产适应各种需求的高质量产品的生产技术和管理技术，其基本原理和诸多方法，对制造业具有积极的意义。精益生产的核心，即关于生产计划和控制以及库存管理的基本思想，对丰富和发展现代生产管理理论也具有重要的作用。

（二）精益生产的特点

1. 拉动式准时化生产

以最终用户的需求为生产起点。强调物流平衡，追求“零库存”，要求上一道工序加工完的零件立即可以进入下一道工序。组织生产线依靠一种称为看板的形式，即由看板传递需求的信息(看板的形式不限，关键在于能够传递信息)。生产中的节拍可由人工干预、控制，但重在保证生产中的物流平衡(对于每一道工序来说，即为保证对后退工序供应的准时化)。由于采用拉动式生产，生产中的计划与调度实质上是由各个生产单元自己完成，在形式上不采用集中计划，但操作过程中生产单元之间的协调则极为必要。

2. 全面质量管理

全面质量管理(Total Quality Management)强调质量是生产出来而非检验出来的,由生产中的质量管理来保证最终质量,生产过程中对质量的检验与控制在每一道工序都进行。重在培养每位员工的质量意识,在每一道工序进行时注意质量的检测与控制,保证及时发现质量问题。如果在生产过程中发现质量问题,根据情况,可以立即停止生产,直至解决问题,从而保证不出现对不合格品的无效加工。对于出现的质量问题,一般是组织相关的技术与生产人员作为一个小组,一起协作,尽快解决。

3. 团队工作法

团队工作法(Team Work)要求每位员工在工作中不仅是执行上级的命令,更重要的是积极地参与,起到决策与辅助决策的作用。组织团队的原则并不完全按行政组织来划分,而主要根据业务的关系来划分。团队成员强调一专多能,要求能够比较熟悉团队内其他工作人员的工作,保证工作协调顺利进行。团队工作的基本氛围是信任,以一种长期的监督控制为主,而避免对每一步工作的稽核,提高工作效率。团队的组织是变动的,针对不同的事项,建立不同的团队,同一个人可能属于不同的团队。

4. 并行工程

并行工程(Concurrent Engineering)是指在产品的设计开发期间,将概念设计、结构设计、工艺设计、最终需求等结合起来,保证以最快的速度按要求的质量完成。各项工作由与此相关的项目小组完成,进程中小组成员各自安排自身的工作,但可以定期或随时反馈信息并对出现的问题协调解决。依据适当的信息系统工具,反馈与协调整个项目的进行,利用CIM(计算机集成制造)技术,在产品的研制与开发期间,辅助项目进程的并行化。

(三) 精益生产推进实施工具

1. 精益工具之一

5S现场管理法,现代企业管理模式,5S即整理(SEIRI)、整顿(SEITON)、清扫(SEISO)、清洁(SEIKETSU)、素养(SHITSUKE),又被称为“五常法则”。

2. 精益工具之二

目视管理。工具包括:看板、电子牌、信号灯、标识线、流程图、作业指导书、点检表等等。

3. 精益工具之三

IE工业工程(Industrial Engineering),是一门关于改善的科学,特别是关于分析和改善人的行动方式的技术科学。

(1) IE的核心是降低成本、提高效率、提升质量。

(2) IE的基础工具是:“方法研究”和“作业测定”(“方法研究”的重点是流程和作业动作分析的改善方法,适用于局部改善;“作业测定”是进行作业标准和工时的测定)。

(3) 常见的四大IE方法:

① 工厂布局与运输分析;

② 方法研究(包括程序分析、动作分析);

③ 作业测定(包括工时定额、工时测定、工时运用效率);

④ 生产匹配(包括“瓶颈”管理、工序平衡)。

(4) IE 程序分析的分类:以物为对象的,如产品工艺分析和业务流程分析;以人为对象的作业流程分析;以人、机为对象的联合作业分析(人机作业)。

(四) 实施精益生产的系统结构图

实施精益生产的系统结构图如图 7－1 所示。

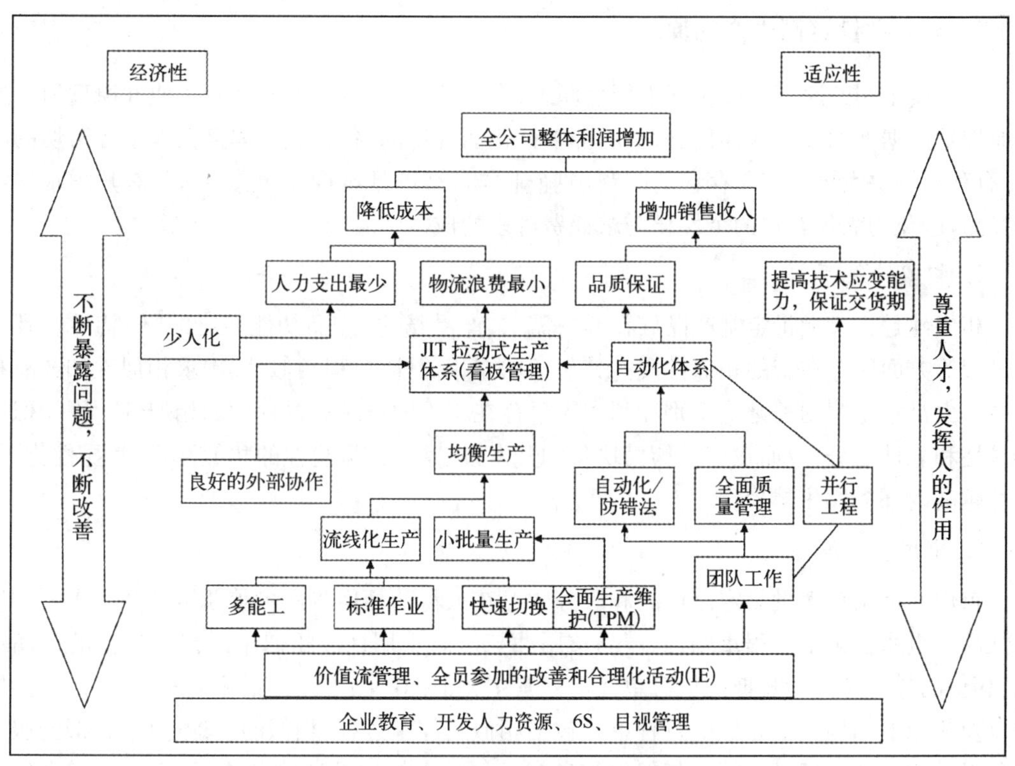

图 7－1　实施精益生产的系统结构图

三、大批量定制

1970 年美国未来学家阿尔文・托夫(Alvin Toffler)在《*Future Shock*》一书中提出了一种全新的生产方式的设想:以类似于标准化和大规模生产的成本和时间,提供客户特定需求的产品和服务。1987 年,斯坦・戴维斯(Start Davis)在《*Future Perfect*》一书中首次将这种生产方式称为“Mass Customization”,即大规模定制(MC)。1993 年 B. 约瑟夫・派恩(B. Joseph Pine II)在《大规模定制:企业竞争的新前沿》一书中写道:“大规模定制的核心是产品品种的多样化和定制化急剧增加,而不相应增加成本。个性化定制产品的大规模生产最大优点是提供战略优势和经济价值。”

我国学者祈国宁教授认为,大规模定制是一种集企业、客户、供应商、员工和环境于一体,在系统思想指导下,用整体优化的观点,充分利用企业已有的各种资源,在标准技术、现代设计方法、信息技术和先进制造技术的支持下,根据客户的个性化需求,为大批量生产的低成本、高质量提供定制产品和服务的生产方式。MC 的基本思路是基于产品零部件和产品结构的相似性、通用性,利用标准化模块化等方法降低产品的内部多样性。增加顾客可感知的外部多样性,通过产品和过程重组将产品定制生产转化或部分转化为零部件的批量生产,从而迅速向顾客提供低成本、高质量的定制产品。

大规模定制生产方式包括了诸如时间竞争、精益生产和微观销售等管理思想的精华。其方法模式得到了现代生产、管理、组织、信息、营销等技术平台的支持,因而有超过以往生产模式的优势,更能适应网络经济和经济技术国际一体化的竞争局面。

(一) 大批量定制生产的原理

大批量定制的原理一般包括重用性原理、全局性原理、定制点原理和相似性原理等。这些原理是依据增加外部多样化、减少内部多样化而提出的,各原理之间存在着十分密切的联系,有利于解决大批量定制存在的问题,使企业能高效率地设计和制造出满足客户需求的定制产品,避免为满足客户的个性化需求耗费过多的成本和时间。

1. 相似性原理

相似性是指大批量定制产品族在客户需求、产品结构、产品功能、零件几何特性以及生产过程等方面所存在着的相似性质。其包括功能相似性、过程相似性、需求相似性和产品相似性。大批量定制的关键是识别和利用大量存在于不同产品和过程中的相似性。因相似性有显性和隐性之分,故而在产品族模块化的开发设计中,挖掘隐性的相似性,使其显性化,相似性越高内部多样化越少。

2. 重用性原理

重用性是指在大批量定制产品和服务中存在大量的相似单元可重新组合和可重复利用的性质。重用性包括过程重用性、产品重用性与信息重用性。相似单元包括相似的产品单元、相似的过程单元和相似的信息单元等。其中相似的产品单元包括相似的零部件、功能模块以及相似的结构段。相似的过程单元包括相似的加工过程、相似的设计过程、相似的服务过程以及相似的管理过程等。相似的信息单元包括相似的设计信息单元、相似的需求信息单元、相似的加工信息单元及相似的管理信息单元等。

3. 全局性原理

大批量定制不仅涉及定制产品族,也涉及开发、设计、制造和管理过程;不仅涉及时间,还涉及成本。大批量定制的这种与产品族整个生命周期相关的性质就是全局性。大批量定制生产是由批量生产与定制生产这一对相互矛盾的概念构成的。在其实施过程中存在着各种各样的矛盾,有外部多样化与内部多样化之间的矛盾、产品全生命周期中各个环节之间的矛盾、产品族中不同定制产品之间的矛盾、时间与成本之间的矛盾等。要解决好这些矛盾,就要从全局出发,而不是局限于某个环节或某个定制产品来考虑问题。

4. 定制点原理

客户订单分离点(CODP)简称定制点,是企业生产活动中由基于预测的库存生产转向响应客户需求的定制(订单生产)的转换点。对企业而言,CODP向左边为推动式生产,向右边为市场拉式生产。市场拉动导致外部多样化的增加,企业推动的目的是内部多样性的减少。企业推动与市场拉动共同作用形成了定制点。定制点的原理与定制价值及定制成本有密切的关系。

在研究中,定制价值(V_{mc})是指因定制关系而产生的产品附加值。定制价值因客户的不同而不同,在对整个产品族进行讨论时,定制价值研究对象是客户群体。对定制成本(C_{mc})而言,它是指因定制而增加的额外附加成本。随着定制点的推移,V_{mc}与C_{mc}总体上呈下降趋势。对于不同的定制产品,C_{mc}比V_{mc}随定制点推移的变化规律也不尽相同。当$\frac{dV_{mc}}{dt} > \frac{dC_{mc}}{dt}$时,$C_{mc}$比$V_{mc}$的下降速度慢,如某些服装的大批量定制;当$\frac{dV_{mc}}{dt} < \frac{dC_{mc}}{dt}$时,$C_{mc}$比$V_{mc}$下降速度快,如工业汽轮机的大批量定制。$C_{mc} = V_{mc}$是临界定制点,是大批量定制是否可行的分界点,在其某一侧$V_{mc} > C_{mc}$,大批量定制有意义;另一侧$V_{mc} < C_{mc}$,大批量定制无意义。

(二) 大批量定制生产的局限性

相对于大批量生产,大批量定制拥有明显的优势和很好的发展前景,但同时我们也要清醒地认识到,大批量定制本身还存在一些难以克服的局限性:

(1) 从技术上讲是一种改良而不是创新。大批量定制主要是靠增加产品外部的多样性和产品的逐步革新及改进,缺乏对新产品的创新研究,因此优势难以长久保持。目前出现的各种产品定制,基本上是按订单装配。当新技术不断发展而产生更先进的替代品时,或当顾客要求全新的产品时,这种生产方式可能就不适用,也许会被更新的生产方式所替代。

(2) 在具体实施上受到特定条件的制约。大批量定制的应用受到一些因素的影响,表7-2从不同的角度列举了在具体运用时的一些困难。

表7-2　大批量定制运用时的局限性

因　素	内　容
产品	产品结构和工艺流程影响定制的实现及深度
客户	客户需求影响定制成本和定制难易程度(如食品的定制相对容易,而口味的定制是很困难的),甚至影响定制产品的市场实现
	停留在视觉的基础之上的网上购物形式导致对定制产品与期望产品的偏差
企业	组织结构、生产及工艺流程的改变带来的额外费用与实施大批量定制所产生的利润的平衡
	确定客户真实想法,太多的选择对外行的客户来说意味着复杂和混乱
	不恰当的交流方法会带来负面的效果
	打上个性化烙印的商品再销售会导致销售困难

(三) 大规模定制实例——戴尔

戴尔电脑通过采用一个基于大规模定制的独特战略,变成全球最大的电脑销售商,在个人电脑行业中占有举足轻重的地位。戴尔历来都是受到顾客订单后,才为顾客组装个人电脑。这使顾客可以提出自身要求,戴尔再按这些要求生产电脑。越来越多的订单通过互联网传送,订单系统与戴尔自身的供应链控制系统相结合,可以确保恰好满足快速生产电脑的要求。而且,戴尔储存的库存很少,与之相对应,戴尔的供应商在戴尔工厂附近建立了仓库,戴尔可以采用即时制方式订购零件。由于实施了这些战略,戴尔能够完全按照顾客的要求快速提供产品。此外,库存成本很低,戴尔最大限度地降低了在快速变化的电脑行业中零件过时的危险。戴尔公司由先进的信息系统驱动,此系统负责从接受订单到管理供应链中的库存的所有事务。最后,戴尔还利用延迟制造,把电脑的总装延迟到收到订单后,从而实现了大规模定制。

第三节　相关生产控制原理

一、物料需求计划

(一) MRP 简介

20 世纪 60 年代中期,美国 IBM 公司的奥列基博士首先提出物料需求计划(Material Requirements Planning,MRP)方案。把企业生产中涉及的所有产品、零部件、原材料、中间件等,在逻辑上统一视为物料,再把企业生产中需要的各种物料分为独立需求和相关需求。其中独立需求是指其需求量和需求时间由企业外部的需求(如客户订单、市场预测,促销展示等)决定的那部分物料需求;而相关需求是指根据物料之间的结构组成关系,由独立需求的物料产生的需求,如半成品、零部件、原材料等。

MRP 管理模式为实现准时生产、减少库存的基本做法是:将企业产品中的各种物料分为独立物料和相关物料,并按时间段确定不同时期的物料需求;基于产品结构的物料需求组织生产,根据产品完工日期和产品结构制定生产计划,从而解决库存物料订货与组织生产问题。

早期的 MRP 就是这样一个基于物料库存计划管理的生产管理系统,其运行原理是在已知主生产计划(根据客户订单结合市场预测制定出来的各产品的排产计划)的条件下,根据产品结构或所谓产品物料清单(BOM)、制造工艺流程、产品交货期以及库存状态等信息,由计算机编制出各个时间段各种物料的生产及采购计划,如图 7-2 所示。

MRP 系统的目的是:围绕所要生产的产品,应当在正确的时间、正确的地点、按照规定的数量得到真正需要的物料;通过按照各种物料真正需要的时间来确定订货与生产日期,以避免造成库存积压。

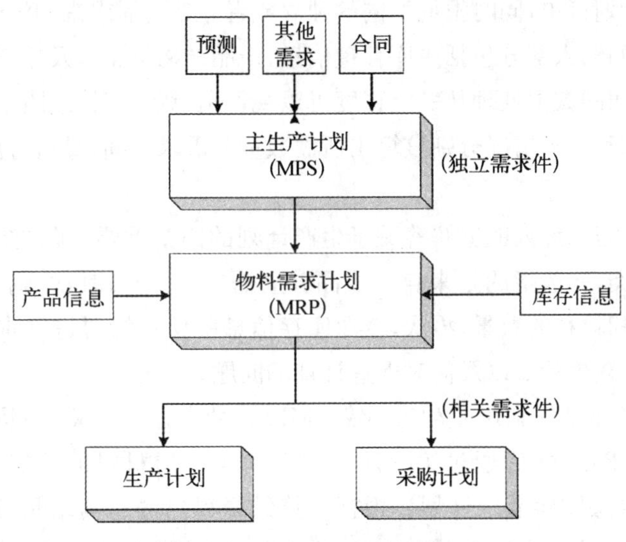

图 7-2　基本 MRP 原理示意图

(二) MRP 系统运作的前提条件

MRP 管理模式的运作是建立在如下一些假设前提下的。

首先,MRP 系统的建立是在假定已有了主生产计划,并且主生产计划是可行的前提下,来对主生产计划所引发的物料需求进行有效管理的。这也就意味着在已经考虑了生产能力是可能实现的情况下,有足够的生产设备和人力来保证生产计划的实现。对于已定的主生产计划应该生产些什么,属于 MRP 系统功能的管辖范围;而工厂生产能力有多大,能生产些什么,则属于制定主生产计划时考虑的范围,对此,MRP 系统就显得无能为力了。

其次,MRP 系统的建立是假设物料采购计划是可行的,即认为有足够的供货能力和运输能力来保证完成物料的采购计划。而实际上有些物料由于市场紧俏、供货不足或者运输工作紧张而无法按时、按量满足物料采购计划。那样的话,MRP 系统的输出将只是设想而无法付诸实现。因此,用 MRP 方法所计算出来的物料需求有可能因设备工时的不足而没有能力生产,或者因原材料供应的不足而无法生产。

再次,MRP 系统的建立是认定生产执行机构是可胜任的,有足够的能力来满足主生产计划制定的目标,所以 MRP 系统没有涉及车间作业计划及作业分配问题。如果临时出现生产问题则由工人进行调整,因此也就不能保证作业的最佳顺序和设备的有效利用。

尽管 MRP 系统有些不足之处,但 MRP 根据物料结构特点和时间分割原理进行生产计划,提供了足够准确有效的物料需求管理数据,其机理反映了生产管理的本质,产生了巨大的效益,实际上 MRP Ⅱ/ERP 管理模式的发展一直都是以 MRP 为基础的补充。

(三) MRP 基本计算过程

MRP 的数据处理往往划分为三个部分:数据的输入、处理和输出,能够详细预测何时进行采购,何时下达计划订单,同时根据不同的独立或者非独立需求来制定不同的生产计划。

生产计划系统的输入部分包括主库存量信息、产品结构信息以及生产计划(即来自独立和非独立需求),中间的数据处理从一定程度可以视作是对需求计划中的产品 BOM 的逐层分解,按照需求信息和物料情况分别核算出所需数量和需求时间,最后得出采购计划和生产计划。

由此可见,物料需求计划能够解答关于生产计划的四个重要问题:首先,主生产计划决定了生产的产品种类,一般指的是来自产成品独立需求(订单);其次,物料清单 BOM 则决定了需要材料种类和材料的数量;再次,企业库存信息所反映的则是目前所拥有的资源;最后,解决计划执行中缺少什么以及何时下达计划的问题。

实际操作中,往往是先利用主生产计划(MPS)、物料清单(BOM)将需求计划分解到最初级物料的总需求量,然后通过第二层材料分解下一层材料的总需求,从上到下逐层分解,直到分解最底层物料需求计划。根据计算结果得出的总需求量减去目前所拥有的库存量来计算出生产计划中所需物料的净需求量,经过数据处理系统处理之后,结合计划提前期编制出具体的生产计划执行方案。物料需求计划所生成的生产计划要平衡车间产能和企业所拥有资源之后,然后再正式下达到车间生产计划。

综上所述,物料需求计划(MRP)是按照主生产计划的需求,根据预先设定好的产品结构信息和实时的库存情况进行数据输入,由系统进行数据处理后计算输出底层零部件的生产计划,再对原材料以及外购件作采购计划,从而能对生产计划的安排辅助决策、提供决策建议。

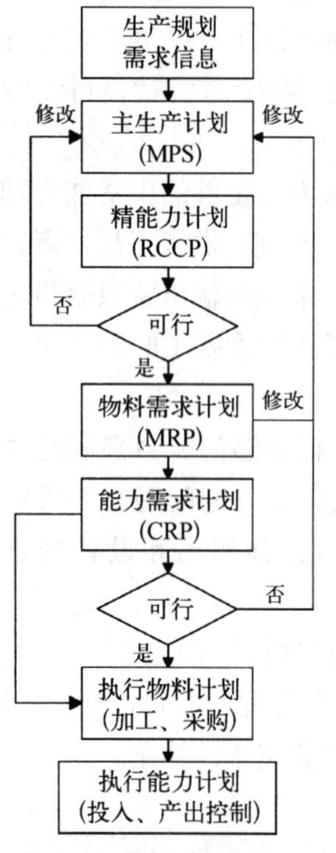

图 7-3　闭环式 MRP 逻辑流程

(四) 闭环 MRP

随着基本 MRP 的不断实践和发展,为了克服其缺陷,20 世纪 70 年代出现了闭环 MRP 系统的思想。闭环 MRP 系统除了物料需求计划外,还引入了生产能力需求计划、车间作业计划、采购作业计划、信息反馈等,形成了一个环形的回路,如图 7-3 所示,所以闭环 MRP 是一个完整的生产计划与控制系统。

闭环 MRP 有如下特点:

(1) 以年度生产计划为系统流程的基础,主生产计划及作业执行计划的产生过程中均接受能力需求计划的平衡检验,这样使物料需求计划(MRP)成为可行的计划。

(2) 具有车间现场管理、采购作业管理等功能,各部分相关的执行结果均可立即获得。

闭环 MRP 理论认为主生产计划(MPS)与物料需求计划(MRP)应该是可行的,即考虑能力的约束,或者对能力提出需求计划,在满足能力需求的前提下,才能保证物料需求计划的执行,在这种思想要求下,企业必须对其投入与产出进行控制。整个闭环 MRP 的过程(见图 7－3)大致是:企业根据发展的需要与市场需求来制定企业生产规划,根据生产规划制定主生产计划,同时进行生产能力与负荷的分析,主要是针对关键资源的能力与负荷的分析。通过对该过程的分析,达到主生产计划基本可行的要求,再根据主生产计划、企业的物料库存信息、产品结构清单等信息来制定物料需求计划;由物料需求计划、产品生产工艺路线和车间各加工工序能力数据生成对能力的需求计划,通过对各加工工序的能力平衡,调整物料需求计划,如果这个阶段无法平衡能力,还有可能修改主生产计划。采购与车间作业按照平衡能力后的物料需求计划执行,并进行能力的控制,即输入输出控制,通过物料计划和能力计划的执行情况进行落实,如果不能落实,则把信息反馈给相应的计划部门加以调整或修订后再下达。这样既有自上而下的计划信息,又有自下而上的执行信息,形成闭环的 MRP 系统。闭环 MRP 的管理思想在生产计划的领域中比较实用,生产计划的控制也比较完善。

二、制造资源计划

(一) MRP Ⅱ的产生背景

闭环 MRP 的运行过程主要是物流运行的过程,而生产的运作过程、产品从原材料的投入到成品的产出过程都伴随着企业资金的流通,闭环 MRP 却无法反映出来。而且资金的运作会影响到生产的运作。例如,采购计划制订后,由于企业的资金短缺而无法按时完成,这样就影响到了整个生产计划的执行。

为了解决上述问题,1977 年美国著名生产管理专家奥列弗・怀特提出了一个新概念——制造资源计划(Manufacturing Resource Planning),它的简称也是 MRP,但其内容更丰富。为了与传统的 MRP 有所区别,它被称为 MRP Ⅱ。

MRP Ⅱ是闭环 MRP 系统的直接发展和补充,它与闭环 MRP 的区别在于其将财务系统纳入了管理之中,实现了信息流、物流和价值流的有机集成。虽然 MRP Ⅱ系统包含多个子系统,但是各子系统的数据均来源于共享数据库,保证了信息的一致性和准确性。MRP Ⅱ具有辅助决策功能,它能够根据不同的决策方针模拟出未来可能发生的情况,从而帮助企业管理者制订规划和实施方案。

(二) MRP Ⅱ的基本概念

MRP Ⅱ是把经营、生产、财务、销售、工程技术、采购等各个子系统集成一个一体化的系统,是对企业资源和产、供、销、财各个环节进行有效计划、组织和控制的一整套方法。它围绕企业的基本经营目标,以生产计划为主线,对企业制造产品所需的各种资源进行统一的计划和控制,保障企业的物流、信息流、资金流畅通并动态反馈各种信息。

这里讲的制造资源,是指以“信息”的形式来表现的人工、物料、设备、能源、资金等。通过信息集成,MRP Ⅱ有效地对企业有限的各种制造资源进行周密的计划、合理的利用以提高竞争力。

(三) MRP Ⅱ的业务逻辑流程

MRP Ⅱ的逻辑流程如图 7-4 所示。

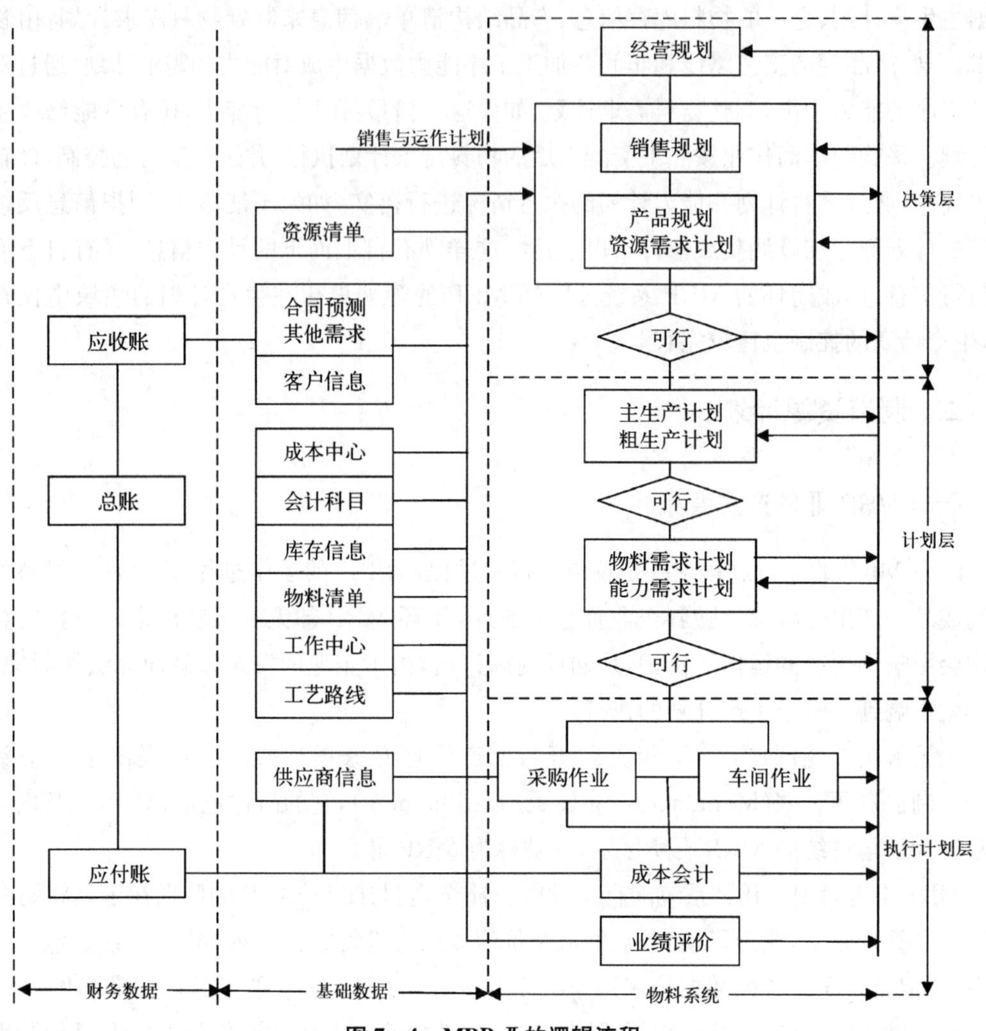

图 7-4 MRP Ⅱ的逻辑流程

从图 7-4 中可知,MRP Ⅱ包括决策层、计划层以及执行控制层的有关计划,集成了应收、应付、成本及总账的财务管理。其采购作业根据采购单、供应商信息、收货单及入库单形成应付款信息(资金计划);在销售商品后,再根据客户信息、销售订单信息及产品出库单形成应收款信息(资金计划);根据采购作业成本、生产作业信息、产品结构信息、库存领料信息等产生生产成本信息。MRP Ⅱ能把应付款信息、应收款信息、生产成本信息和其他信息等记入总账,产品的整个制造过程都伴随着资金流动。MRP Ⅱ通过对企业生产成本和资金运作过程的掌握,调整企业的生产经营规划和生产计划,因而得到更为可行、可靠的生产计划。

MRP Ⅱ的基本原理是基于企业经营目标制定生产计划,以物料需求计划 MRP 为核心,将 MRP 的信息共享程度扩大,使生产、销售、财务、采购、工程紧密结合在一起,共享有关数据,组成一个全面生产管理的集成优化模式。

（四）MRP Ⅱ的特点

MRP Ⅱ的主要特征是信息集成，从图 7－4 中可以看出其特征主要表现在以下几个方面：

(1) 计划的一贯性与可行性。MRP Ⅱ是一种计划主导型的管理模式，计划层次从宏观到微观、从战略到战术、由粗到细，逐层细化，但始终保持与经营战略目标的一致。

(2) 管理的系统性。MRP Ⅱ是一种系统工程，它把企业所有与经营生产活动直接相关的部门的工作联成一个整体，每个部门的工作都是整个系统的有机组成部分。

(3) 数据共享性。MRP Ⅱ是一种管理信息系统，企业各部门都依据同一数据库提供的信息，按照规范化的处理程序进行管理和决策，数据信息都是共享的。

(4) 动态应变性。MRP Ⅱ是一种闭环系统，它要求不断跟踪、控制和反馈瞬息万变的实际情况，使管理人员可以随时根据企业内外环境条件的变化，提高应变能力，迅速做出响应以满足市场不断变化的需求，并保证生产计划的正常进行。

(5) 模拟预见性。MRP Ⅱ是经营规律、生产规律、管理规律的反映，按照规律建立的信息逻辑很容易实现模拟功能，也可以预见较长远的时期内可能发生的问题，以便企业事先采取措施消除隐患。

(6) 物流和资金流的统一。MRP Ⅱ的系统中包括了产品成本和财务会计，因此可以由生产活动直接生成财务数据，把实物形态的物料流动直接转换为价值形态的资金流动，保障生产和财务数据的一致性。

三、配送需求计划

（一）DRP 概念

配送需求计划(Distribution Requirement Planning)简称 DRP，是一种既保证有效地满足市场需要，又使得物流资源配置费用最少的计划方法，是 MRP 原理与方法在物品配送中的运用。它是流通领域中的一种物流技术，是 MRP 在流通领域应用的直接结果。它主要解决分销物资的供应计划和调度问题，达到保证有效地满足市场需要又使得配置费用最省的目的。

DRP 主要应用于两类企业。一类是流通企业，如储运公司、配送中心、物流中心、流通中心等；另一类是为流通部门承担分销业务的企业。DRP 这种新的模式借助互联网的延伸性及便利性，使商务过程不再受时间、地点和人员的限制，企业的工作效率和业务范围都得到了有效的提高。企业也可以在现有业务模式和基础设施的情况下，构建 B2B 电子商务平台，扩展现有业务和销售能力，实现“零风险”库存，降低分销成本，提高周转效率，确保获得竞争优势。

DRP 是一种更加复杂的计划方法，它要考虑多个配送阶段以及各阶段的特点。DRP 在逻辑上是物料需求计划的扩展。DRP 是在一种独立的环境下运作，由不确定的顾客需求来确定存货需求，是由顾客需求引导，企业无法加以控制。

（二）DRP 的优缺点

1. 优点

DRP 在营销上的优点：

(1) 改善了服务水准，保证了准时递送，增加了顾客满意度；

(2) 更有效地改善了促销计划和新产品引入计划；

(3) 提高了预计短缺的能力；

(4) 改善了与其他企业功能的协调；

(5) 提高了向顾客提供协调存货管理服务的能力。

DRP 在物流上的优点：

(1) 由于协调装运，降低了配送中心的运输费用；

(2) 因为 DRP 能够准确地确定何时需要何种产品，降低了存货水平；

(3) 因存货减少，使仓库的空间需求也减少了；

(4) 由于延交订货现象的减少，降低了顾客的运输成本；

(5) 改善了物流与制造之间的存货可视性和协调性；

(6) 提高了预算能力，因为 DRP 能够在有效地模拟存货和运输需求。

2. 缺点

(1) 存货计划系统需要每一个配送中心精确的、经过协调的预测数。该预测数对于指导货物在整个配送渠道的流动是必需的。在任何情况下，使用预测数去指导存货计划系统时，预测误差就有可能成为一个重大问题。

(2) 存货计划要求配送设施之间的运输具有固定而又可靠的完成周期，而完成周期的不确定因素则会降低系统的效力。

(3) 由于生产故障或递送延迟，综合计划常易遭受系统紧张的影响或频繁改动时间表的影响。

（三）物流中心 DRP 原理

我们以物流中心为代表研究 DRP 原理。DRP 原理如图 7－5 所示。

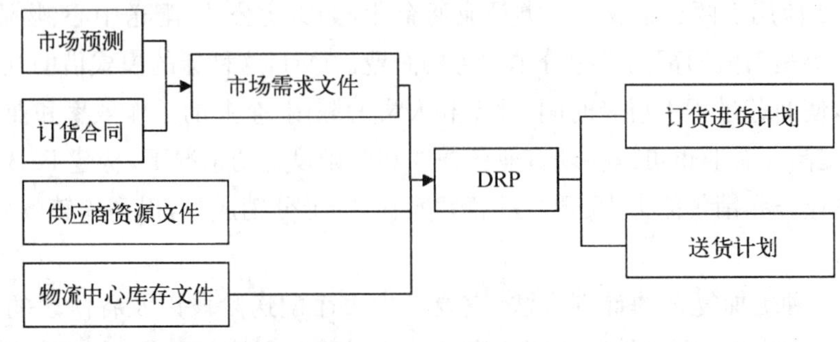

图 7－5　DRP 原理图

1. DRP 输入的 3 个文件

(1) 市场需求文件。市场需求文件是指所有的用户订货单、提货单或供货合同，也包括下属各子公司、下属各地区物流中心的订货单。将这些订货单按品种、需求日期进行统计构成一个文件，即市场需求文件。如果市场需求没有这些预先的订货单、供货合同等，那么市场需求量就需要靠预测来确定。市场需求文件是进行 DRP 处理的依据，是 DRP 处理的最重要的文件，没有这个文件就无法进行 DRP 处理。

(2) 库存文件。库存文件是物流中心的仓库里所有库存物品量的列表。物流中心需要确定什么物品可以从仓库里提货送货、送多少，什么物品需要订货进货。仓库里有的物品可以提货送货，但是送货的量不能超过现有的库存量；仓库里没有的，可以订货，但是订货量不要超过仓库里对该物品的容量。

(3) 供应商资源文件。这是物资供应商的可供资源文件，该文件包括可供物品品种，也包括供应商的地理位置等情况，此文件主要是为 DRP 制定订货计划需要的。

2. DRP 输出的 2 个计划

(1) 送货计划。对于客户需求的物品，如果仓库里有，就由仓库里提货送货。由于仓库与客户、下属子公司、子物流中心有一定距离，所以提货送货需要一个提前时间，才可以保证货物能按需求时间及时送达。送货分直送和配送，对于大批量需求实行直送，对于小批量需求实行配送。所谓配送，是对成片小批量用户的依次循环送货，配送方式在保证客户需求的同时，又可减少车次，节省费用。

(2) 订货进货计划。对于客户需求的物品，如仓库没有库存量，则需要从供应商订货进货。订货进货需要设定订货提前期，要根据具体的供应商来设定提前期，这由供应商资源文件提供。

四、企业资源计划

(一) ERP 产生的背景

20 世纪 90 年代，随着新兴的管理思想和方法的出现，企业间跨地区、跨国界的合作和生产模式的出现以及信息技术的发展，MRPⅡ逐渐显示出它的局限性和不足，主要表现在以下几个方面：

(1) 企业间的竞争范围扩大要求企业在各个方面加强管理；要求企业的信息化建设应有更高的集成度。同时，要求企业信息管理的范畴扩大到对企业的整个资源集成管理而不仅是对企业的制造资源的集成管理。而 MRPⅡ主要以计划、生产和作业控制为主线，并未覆盖企业的所有职能层面。

(2) 信息全球化趋势的发展要求企业之间加强信息交流与信息共享，企业之间既是竞争对手，又是合作伙伴。生产企业与分销网点之间的集成、主机厂同配套厂之间的集成、供需双方业务联系的电子数据交换(EDI)，这些都迫切要求信息管理扩大到整个供应链，而这些是 MRPⅡ所不能解决的。

(3) MRPⅡ需要通过融合现代管理思想和方法来完善自身,如准时制生产(JIT)、全面质量管理(TQM)、优化生产技术(OPT)、同步工程(SE)、敏捷制造(AM)、精益生产(LP)等。20世纪90年代MRPⅡ发展到了一个新的阶段——企业资源计划(Enterprise Resource Planning,ERP)。

ERP汇合了离散型生产和流程型生产的特点,面向全球市场,包含了供应链上所有的主导功能和支持功能,协调企业各个管理部门围绕市场导向,更加灵活或"柔性"地开展业务活动,实时地响应市场需求,进一步提高企业的竞争力。为此,需要重新定义供应商、分销商和制造商之间的业务关系,重新构建企业的业务和信息流程及组织结构。

ERP的提出同计算机技术的高度发展是分不开的,用户对系统有了更强的自主性。作为计算机辅助管理,其所涉及的功能已远远超过MRPⅡ的范围。

(二) ERP的功能模块结构

ERP包括的功能除了MRPⅡ(制造、供销、财务)拥有的功能外,还包括多工厂管理、质量管理、实验室管理、设备维修管理、库存管理、运输管理、过程控制管理、数据采集接口、电子通信(EDI、电子邮件)、项目管理、市场信息管理等等。它将重新定义各项义务及其相互关系,在管理和组织上采取灵活的方式,对供应链上供销关系的变动,同步、敏捷、实时地做出响应,在掌握准确、及时、完整信息的基础上,做出正确的决策。ERP的主要功能模块及其联系如图7-6所示。

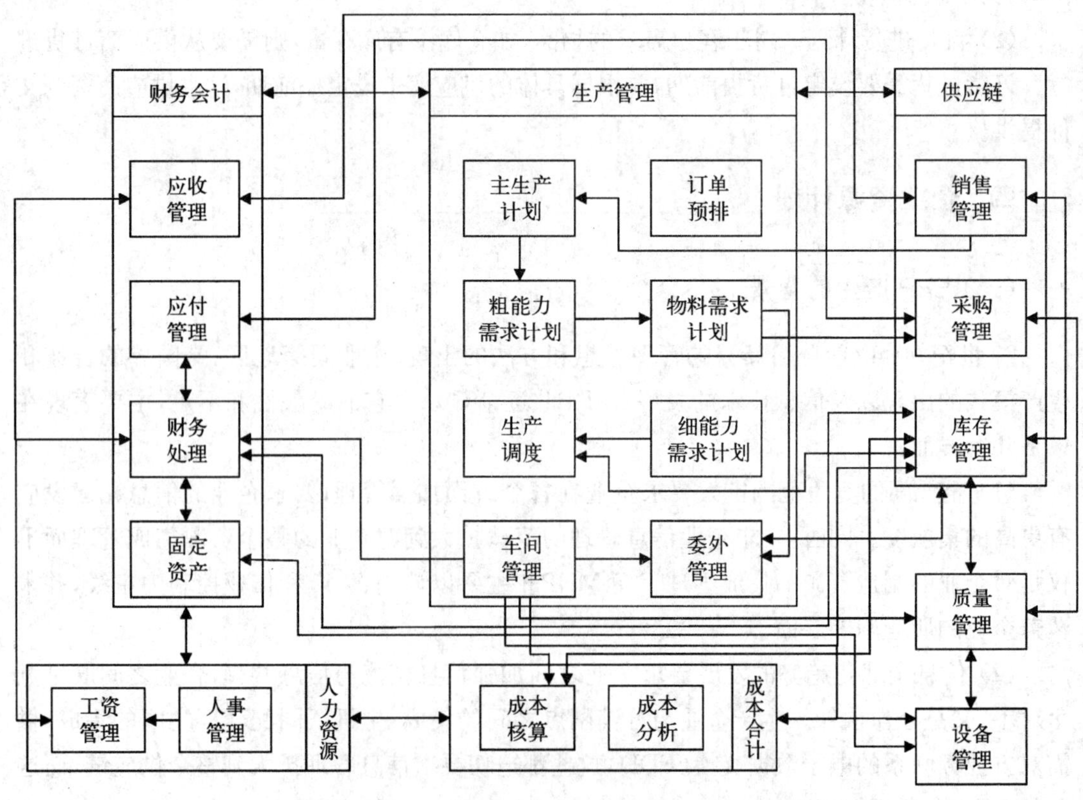

图7-6 ERP的主要功能模块及其联系

（三）ERP 与 MRPⅡ的区别

ERP 与 MRPⅡ主要存在以下区别：

(1) ERP 扩充了企业经营管理功能。ERP 相对于 MRPⅡ，在原有功能的基础上进行了拓宽，增加了质量控制、运输、分销、售后服务与维护、市场开发、人事管理、实验室管理、项目管理、投融资管理、经营风险管理等功能子系统。它可以实现全球范围内的多工厂、多地点的跨国经营运作。

(2) ERP 面向供应链，扩充了企业经营管理的范围。ERP 系统把客户需求和企业内部制造活动以及供应商的制造资源整合在一起，强调对供应链上所有环节进行有效管理。ERP 能对供应链上的所有资源进行计划、协调、控制和优化，这就降低了库存、运输等费用，并通过整条供应链实时传递信息，使整条供应链面对同一需求做出快速的反应，使企业以最快的速度、最低的成本将产品提供给用户。

(3) ERP 扩展了应用环境——管理面向混合制造方式。ERP 不仅支持各种离散型制造环境，而且支持流程式制造环境。

(4) ERP 以成本为核心，而 MRPⅡ以物流为核心。

案例分析

红领集团：服装大批量生产转型大规模定制①

1. 发展历程

红领集团成立于 1995 年，是一家以生产西装为主的服装生产企业。红领的发展起点和很多国内同行一样，接外贸订单，批量生产，是一个典型的传统 OEM 工厂。不一样的是从 21 世纪初起，红领试水大规模定制，打造单件生产的柔性生产线。通过多年的努力，红领转型为国内首家服装大规模定制企业。现在红领每天能生产 3 000 多套件定制服装，订单做到七个工作日交货。创立初期，红领主要以 OEM 的代工模式为国外品牌贴牌进行服装的批量生产。早在 2000 年，红领开始试水定制，在青岛和济南开设了两家定制服装店。旺季的时候，两个店铺最多一天可以收到订单 80 套。2002 年 8 月，红领集团正式成为北美地区有较大影响力的量体定制服装公司 MTM 的定点供应商。

2003 年，红领集团开始探索在生产线上实现个性化定制，目标是把红领建设成为通过信息化与工业化深度融合的手段来实现定制的服装企业。红领集团引进国际先进的服装制作设备，结合定制经验和用户数据，对流水线进行二次开发以便于实行定制化生产。通过十年的努力，耗资 2.6 亿元人民币，到 2013 年，红领研发的个性化西服定制柔性生产线基本成型，被命名为 RCMTM，即 Red Collar Made To Measure。RCMTM 是红领在大数据的基础上，建立的人机结合的定制生产流水线，用以实现计算机辅助下个性化定制服装的高效快速生产。

---

① 资料来源：www.360doc.com，2016 年 8 月。

2. 红领模式

红领集团的核心模型是由四部分组成的,并构成金字塔结构模型。

第一层是模型的最底层,也就是整个红领模式的实践基础,是数据驱动的流水作业制造个性化产品,即红领的大规模定制工厂。

第二层是SDE传统产业升级改造彻底解决方案,即红领的转型大规模定制咨询服务。SDE,即Source Date Engineering,也叫作源点论数据工程。红领以服装为切入口,探索了一条从大批量制造到大规模定制的解决方案。红领基于这个解决方案整合了原有的科研资源,探索适合于不同行业的转型升级的咨询工程。

第三层是工商一体化的C2M商业生态,即大规模定制商业生态系统。C2M,即Customer to Manufacturer,直译为从消费者到制造商模式。红领希望在协助各个行业转型大规模定制的基础上,能够将各品类行业联合起来,打造一个大规模定制商业生态系统。

第四层是源点论组织体系,"源点论",即红领核心商业模型的理论基础。"源点论"从两个层面体现企业的战术需求和战略愿景。第一,所有管理由"源点"驱动;第二,通过整合价值链资源和创新管理模式,最终达成"源点"需求,实现企业愿景。对于红领来说,"源点"即客户的需求,是构成互联网工业管理的核心要素和根本动力。

3. 大规模定制工厂

2013年,红领已经完成了大规模定制的转型,建成了数据驱动的智能工厂。所谓大规模定制,是指把传统定制的个性化和工业化生产的高效率结合起来的工业生产模式。

传统的大规模工业化制造的前提是生产品种少批量大的标准化产品,用流水线大大提高生产效率。但是与此同时,消费者要牺牲掉自己的个性化需求或偏好。

定制服装是指根据具体穿着者个人情况量体裁衣。通常要根据穿着者个人的体形、肤色、职业、气质、爱好等来选择面料花色,确定服装款式造型。

定制西装的核心是打版师亲自量体并手工打版,先用廉价衣料做成样衣,给客户试穿后,进行调整和修改,用选定的优质衣料做出最终服装。

红领研发成功了一套通过信息技术把工业生产和定制相结合的大规模定制服装生产系统,实现全程数据驱动:自动排单、自动裁剪、自动计算并整合版型等,完全解放了人工,并将交货周期、专用设备产能、线号、线色、个性化工艺等编程组合,以流水线生产模式制造个性化产品。

(1) 下单。消费者可以采取网络下单,也可以使用传统的电话下单方式。如果所在城市有红领门店,消费者还可以到店铺下单。在下单时,消费者要录入基本信息和量体数据,基本信息包括客户姓名、身高、体重、联系电话等。

(2) 量体。实现大规模定制的第一步要量体标准化。为此,红领开发出造出三点一线"坐标量体法"。量体师只需找到肩端点、肩颈点跟第七颈椎点,并在中腰部位画一条水平线,用皮尺跟肩斜测量仪采集到身体22个数据就可完成量体。零基础人员培训一周可上岗,标准化量体方式形成的精准数据,为版型建模跟智能剪裁奠定了基础。远程客户也可以根据红领的量体视频教程或说明自行进行量体。消费者也可以要求红领的量体师傅上门量体。

(3) 打版。提交订单、在线付款后,为顾客设计的西装就会通过互联网进入RCMTM。

RCMTM的计算机辅助设计系统(Computer Aided Design,简称CAD)自动生成适合的版型。利用这套系统,一秒钟可以自动生成20余套西装的制版。在传统的手工定制行业中,一名版型师一天最多只能打两个版。红领在13年里积累了全球300多万顾客的数据和版型,用这些数据建立了一个标准数据库。在2015年年底,红领的日订单量为3 000多套件左右。一人一版,需要生成3 000多个新版型,如果全用版型师手工打版,大约需要1 500多个师傅。用CAD制版,红领只需要少量版型师,他们的主要工作是配合打版软件的系统开发,相当于技术类的设计师。目前,红领做到了依靠CAD系统进行打版,工作人员只在出现异常数据时进行审核和确认。

(4) 剪裁。版型确认后,智能系统将与订单匹配的面料与版型数据一起发送到剪裁部门。剪裁是根据数据在机器上自动剪裁,配以少量工人进行简单的辅助操作。剪裁后的布料会挂到轨道上,传送到制作车间。红领大规模定制车间的天花板上布满了交错有序的轨道,轨道上挂满了进行到不同程度的衣料或半成品。每一件衣服都配有一张IC卡作为"身份证",以便轨道上的结点和操作工人对订单进行识别。

(5) 制衣。系统根据订单"身份证"把半成品传送到下一步工序的工位,工人只需刷一下半成品的"身份证",系统会把该工位需要完成的工序告诉工人。例如,订单上标注扣眼用红线锁边,工人不用自己去寻找红色线轴,线轴板上的红色线轴会自动弹出。工人只需取下弹出线轴,安装到扣眼锁边机上,进行锁边操作。衣料或半成品就这样在轨道上依次被传送到不同的操作工位,每套西装大约要经历300多道加工工序,其中包括刺绣姓名等多个消费者可自由选择的个性化工序。

(6) 出货。制成后,成品服装会被统一传送到轨道的"终点",由工人统一运送到库房,挂到库房的传送带上。库房系统会自动把成套的西装或者是同一个订单中的多件服装汇集到一起。工人只需把整理后的服装直接打包邮寄。

红领从接单到出货,规定最长用时为7个工作日。定制的西装用快递送达全球各地的消费者手中。传统的手工定制西装的交货期一般要3～6个月。2014年,红领实现销售利润指标100%以上的同比增长。成为信息技术助力,传统制造业转型升级的成功典范。

红领的定制可以通过B2M(Business to Manufacturer)和C2M(Consumer to Manufacturer)两个商业模式实现。到2015年为止,红领定制业务90%来自海外,10%来自国内。在海外市场,任何一个和红领合作的定制商户都可以把它的订单交给RCMTM系统完成,这是B2M模式,即从商户到制造商的模式;在国内市场,红领主推C2M模式,即从消费者到制造商的模式。C2M是一个没有任何中间环节的、工厂直销的概念,消费者的个性化需求通过信息技术实时传递给工厂,工厂迅速精准地满足消费者的需求,中间不经历任何延误。

4. 开展大规模定制咨询服务

红领转型大规模定制的成功产生了巨大的社会反响,各行各业的企业纷纷前来参观学习。借这股强劲的东风,红领在2014年成立了一个子公司——凯瑞创智,为传统企业转型大规模定制提供解决方案的咨询服务。凯瑞创智把互联网工业模式作为核心产品,用其自身形成的价值观和方法论结合服务企业所处的行业特点、工艺流程、核心能力,去协助其他工业企业的大规模定制化转型。为了便于推广,公司将自身成功转型的经验总结成一套

SDE工程，即源点论数据工程。SDE包含了帮助传统工厂进行柔性化和个性化的定制改造。目前，红领已经开始与几十个传统企业展开合作，通过红领生产模式的"复制"，让这些企业实现工厂的快速改造与发展。

5. 红领的发展愿景：全品类大规模定制商业生态系统

红领的大规模定制咨询服务是为了帮助更多的传统制造企业实现大规模定制，然后把它们联合起来，打造成一个全品类C2M商业生态系统。红领希望这个系统能够面向全球消费者。这要求有高效的供应链系统、研发设计系统、生产物流系统、客服系统等，特别要有快速的反应能力，所以整合内外部的资源十分关键。通过整合面辅料供应商、设计师、物流配送企业、干洗店等资源，红领将打造一个服装领域的模范工厂。以招募加盟工厂的模式在其他行业进行复制。这些加盟工厂，将免去市场开拓这一环节，享受红领的供应链资源，没有资金和货品积压，运营简单，从而实现"利润共享"。红领创始人张代理表示，把工厂需求和科技打通，形成一个生态圈。在这个生态圈中，需要每个企业都有生生不息的能力。

在构建全品类商业生态的过程中，如果是同行企业跟红领合作，则相对简单。红领不但可以为其提供转型方案，还可以与它们分享数据资源。同行企业不需要再做数据积累。其他行业的企业想要加入到红领的C2M生态，要自己准备或积累数据。红领期望，进入C2M商业生态圈的企业能够成为其原行业的领头，为该行业带来整体的提升，并有效整合该行业的各类资源。

本章小结

本章主要介绍了供应链管理环境下的生产控制问题。首先论述了传统的生产管理思想，并描述了在传统生产管理中的大批量生产模式，在此基础上介绍了供应链环境下的新生产模式。根据供应链中的生产特点，详细剖析了生产控制原理，如MRP、MRP II、DRP、ERP等。

第 8 章　供应链业务外包

供应链管理战略需要不断地培养企业的核心竞争能力，强调根据企业的自身特点，专门从事某一领域、某一专门业务，在某一点形成自己的核心竞争力，这必然要求企业将其他非核心竞争力业务外包给其他企业，而把主要精力放在企业的关键业务上，充分发挥其优势。随着经济全球化和区域一体化进一步加剧，业务外包已成为全球企业所关注的焦点。本章主要介绍了业务外包的基本概念、迅速发展的原因，并依次阐述了业务外包的方式和风险，最后分析了全球化业务外包发展相关问题。

第一节　业务外包概述

一、业务外包的发展

（一）早期的外包

外包产生于 19 世纪初期。外包作为一种运营模式，其产生和发展至今已有两百多年，只是当时并没有使用该专业术语。

英国政府 19 世纪就将街道照明、监狱管理、道路维护等公共服务项目外包给私营部门；同期，美国和澳大利亚纷纷将国家邮件快递服务外包给私营部门；法国也曾有私营企业通过竞标承包国家铁路网络等交通设施的建设和维修工程。

（二）外包的广泛兴起

制造外包出现于 20 世纪初叶工业生产进入大规模机械化时期。制造商出于降低成本的目的将零部件外包给接包商生产，结果导致了社会化、专业化水平的提高，从整体上提高了劳动生产率。20 世纪 80 年代，随着运输成本的下降和生产后勤组织的改进，外包向低工资邻国延伸。20 世纪 90 年代以来，西方制造商纷纷舍近求远，中国成为主要接包国家，被称为“世界工厂”。作为经济全球化的重要表现，制造外包的产生和发展有其历史的必然性。

20 世纪 90 年代初，主要发达国家开始普及应用 IT。随着网络技术的发展和通信成本的迅速下降，在世纪之交远程 IT 产业应运而生，其效益大大超过制造外包。许多著名的 IT 公司开始提供专业的 IT 服务，并且逐渐成为公司的主业。众所周知，IBM 公司以前是计算机硬件制造厂商，为了适应市场的需求变化，它在 20 世纪 90 年代初进行经营战略调整,改组为以提供 IT 服务为主的企业,从而使它从衰退转变为振兴。与此同时,IT 产业结构本身也产生了深刻变化,表现为企业客户对 IT 需求的格局出现以硬件为主向以软件为主的转变。这种变化的原因之一便是硬件制造已逐渐外包给低工资国家,从而降低了成本。

(三)基于供应链环境下的业务外包

在供应链管理环境下,任何企业都不可能什么都做,而且都做得好。企业在内部资源有限的情况下,为取得更大的竞争优势,仅保留其最具竞争优势的功能,而把其他功能借助于整合,利用外部最优秀资源的结合,能产生巨大的协同效应,使企业最大限度地发挥自身有效资源的效率,获得竞争优势,提高对环境变化的适应能力。与传统的"纵向一体化"控制和完成所有业务的做法相比,实现业务外包的企业强调根据自身特点,即集中那些使他们真正区别于竞争对手的技能和知识,专门从事某一领域、某一专门业务,在某一点形成自己的核心竞争力。而把其他一些虽然重要但不是核心的业务外包给世界范围内的专家企业,并与这些企业保持密切合作关系,从而使自己企业的整个运作提高到具有明显优势的水平。

因此,在供应链管理环境下,企业成功与否不再由"纵向一体化"的程度来衡量,而是由企业积累和使用的知识或服务增值的程度来衡量。企业在集中资源于自身核心业务的同时,通过利用其他企业的资源来弥补自身的不足,从而变得更具竞争优势。

正是因为业务外包的巨大效用,使众多的企业纷纷开始采用这一运作模式。据有关调查显示,目前全球企业业务外包规模已超过 2 500 亿美元,实行业务外包的企业出现财务麻烦的概率仅为没有实行业务外包企业的 1/3。欧美企业"外包"规模年增长率达到 30%。高技术企业,特别是 IT 企业的外包比例是最大的,几乎占全部外包的 30%,属于制造业务的外包占 25%,预计几年后高科技企业的外包将会达到 50%。

二、业务外包的概念

业务外包是供应链管理理念的最基本策略之一,"外包"(Outsourcing),英文一词的直译是"外部寻源",即企业整合利用其外部最优秀的资源,以达到精简业务流程,降低成本、提高效率,充分发挥自身核心竞争力和增强企业对环境迅速应变能力的一种管理模式。

面对激烈的竞争环境,一个企业很难具有全面的资源优势。供应链环境下的资源配置决策是一个增值的决策过程,如果企业能以更低的成本获得比自营更高价值的资源,那么企业就选择业务外包。企业如果把资源分散到各个环节上,必然会造成资源的浪费,不利于迅速建立自己的竞争优势。而采用外包模式,一方面,可集中选择自己的核心优势,并在该领域形成技术优势和规模优势,既充分利用了资源,又有利于建立自己的核心优势;另一方面,可以突破企业内部资源的约束,减少建立核心竞争力的时间、成本及风险。

与传统外购相比,外包不仅仅是零部件、产品的外购,更强调企业次要业务、服务、原材料、零部件等资源的外向配置,而传统外购仅偏重于零部件、产品的外购。业务外包的项目和比例主要包括:

(1) 信息技术,信息系统(40%);
(2) 固定资产/工厂(15%);
(3) 物流(15%);
(4) 管理;
(5) 人力资源;
(6) 用户服务;
(7) 财务金融;
(8) 市场营销;
(9) 销售。

第二节　供应链业务外包的原因

供应链环境下的资源配置决策是一个增值的决策过程。如果企业能以更低的成本获得比自制更高价值的资源,那么企业就选择业务外包。它可以使企业减少固定资产的投资,降低成本。外部专门的供应商把资源集中在某个领域(零部件或服务),企业可以从供应商的规模效益中获益,并且供应商在这个领域拥有更多的专家和先进的技术,因而质量可以比企业更好。业务外包还可以使企业保持柔性。传统"纵向一体化"的企业发展缓慢,技术革新慢,通过外向资源配置,企业可以在世界范围内选择最优秀的合作伙伴以实现技术上的革新,并与市场变化保持同步。因为不再依靠单一的技术资源,所以企业能在需要的时候以最快的速度对用户的特殊需求做出反应,从而实现运作柔性和保持竞争优势。通过采用柔性制造系统,产品和服务的交付也可以得到改善,企业可以以更快的速度按用户的要求进行生产。与其他企业的良好合作关系,也可以保证企业在用户需要的时候及时提供产品和服务。

一、业务外包原因的理论分析

目前,学术界有多种理论可作为外包的理论基础,主要包括劳动分工理论、比较优势理论、企业核心竞争力理论、价值链理论、木桶原理等。这些理论都从不同角度阐述了服务外包的运作原理,其中,企业核心竞争力理论的普及促进了外包行业的迅速崛起。

(一) 企业核心竞争力理论

"核心竞争力"这一概念来自1990年美国学者Gary Hamel和C. K. Praharad发表的文章《企业的核心竞争力》。该观点认为企业想在竞争中获胜,必须围绕巩固和发展企业的核心能力,实现资源的优化配置运作。根据核心竞争力理论,企业资源被划分为三个层次:核心资源、外包资源、市场资源。核心资源是支持和发展企业核心能力、培育企业核心业务和核心产品的资源平台或技术平台;市场资源是通过市场购买的质优价廉的标准产品或资源,对企业产品或服务的独特品质没有大的影响作用;外包资源与企业核心业务过程关联程度比市场资源要强,它为企业提供特定属性的产品或服务,影响核心产品的质量和绩效。核心能力实际上是企业的一种平衡能力,是在环境快速变化的反应能力和维持稳定的能力之间保持平衡的能力,是在不同的业务单位之间一体化与分散化之间的平衡能力。核心竞争能力不是一种产品,也不是可以用来生产的资源,不能把它作为商品进行交易。另外,核心竞争能力也不是一成不变的。

(二)核心竞争力理论与外包

外包行业的迅速崛起应该归功于"核心竞争力"这个概念的普及。外包作为企业优化配置内部资源、整合利用外部资源的重要手段,成为二十世纪九十年代以来企业培育核心竞争能力、实施"归核化"战略的重要措施之一。由于任何企业所拥有的资源都是有限的,它不可能在所有的业务领域都获得竞争优势。在快速多变的市场竞争中,单个企业依靠自己的资源进行自我调整的速度很难赶上市场变化的速度,因而企业必须将有限的资源集中在核心业务上,强化自身的核心能力,而将自身不具备核心能力的业务以合同的形式(外包)或非合同的形式(战略联盟或合作)交由外部组织承担。通过与外部组织共享信息、共担风险、共享收益,整合供应链各参与方的核心能力,从而以供应链的核心竞争力赢得、扩大竞争优势。这样外包就成了企业利用外部资源获得互补的核心能力,强化自身竞争地位的一种战略选择。

二、业务外包原因的实际分析

供应链环境下的资源配置决策是一个增值的决策过程,如果企业能以更低的成本获得比自制更高价值的资源,那么企业可以选择业务外包。一般来说,业务外包能给企业带来以下优势。

(一)有利于致力企业核心业务

现代企业应更注重于高价值生产模式,更强调速度、专门知识、灵活性和革新。与传统的"垂直一体化"控制和完成所有业务的做法相比,实行业务外包的企业更强调集中企业资源于经过仔细挑选的少数具有竞争力的核心业务,同时将非核心业务外包给世界范围内的"专家"企业,并与这些企业保持紧密合作的关系。从而使自己企业的整个运作提高到世界级水平,而所需要的费用则与目前的开支相等或有所减少,甚至还可以省去一些巨额投资。"把多家公司的优秀人才集中起来为我所用"的要领是业务外包的核心,其结果使现代商业机构发生了根本的变化。企业内向配置的核心业务与外向配置的非核心业务紧密相连,形成供应链。企业运作与管理也由"控制导向"转为"关系导向"。

企业实施供应链管理战略的成功与否不再由"垂直一体化"的程度高低来衡量,而是由企业积聚和使用的知识为产品或服务增值的程度来衡量。企业在集中资源于自身核心业务的同时,通过利用其他企业的资源来弥补自身的不足,从而变得更具竞争优势。

(二)有利于分担风险

企业可以通过外向资源配置分散由政府、经济、市场、财务等因素产生的风险。企业本身的资源、能力是有限的,通过资源外向配置,与外部的合作伙伴分担风险,企业可以变得更有柔性,更能适应变化的外部环境。美国最大的葡萄酒生产商和分销商加罗公司外购大部分葡萄，从而将气候、土地价格、劳动力问题方面的风险推给了他们的供应商，世界上最大的钻石生产商之一阿基尔钻石公司，除了钻石的分类和归类这些关键性步骤外，几乎外包了经营的各个方面：从开矿外包，以避免资本和劳工风险；到大部分分销工作外包，以防止价格波动和为存货增加成本，同时避免世界范围的分销纠纷。通过每一项业务外包及控制，阿基尔钻石公司有效地确保了他们的核心竞争力。

（三）有利于资源共享

如果企业没有有效完成业务所需的资源（包括所需现金、技术、设备和人才），而且不能盈利时，企业也会将业务外包，这是企业临时外包的原因之一。把多家公司的优秀人才集中起来为我所用的概念符合业务外包的核心，其结果是使现代商业机构发生了根本性的变化，使企业运作与管理也由“控制导向”转为“关系导向”。

（四）有利于成本管理

许多外部资源配置服务提供者都拥有能比本企业更有效、更便宜的完成业务的技术和知识，因而他们可以实现规模效益，并且愿意通过这种方式获利。企业可以通过外向资源配置避免在设备、技术、研究开发上的大额投资，以利于控制和降低运营成本，即将固定成本转换成为变动成本，减少存货成本等非增值成本，减少投资及其成本、缩减人员成本。

根据美国一家公司调查表明，业务外包将会为供应链各环节的成本节约情况如表8-1所示。

表8-1 外包物流功能所节约的成本

外包物流功能所节约的成本	预计节约的成本
物流路径重新设计和最优化	10%～15%
封闭路径的转移服务	15%
运输模式的转换	10%～15%
核心运输商管理和通路搭配	5%～10%
运输谈判和审计	4%～5%
运输货物整合以及运输模式选择	20%～25%
反向物流	10%～15%
专门运输商地点整合	10%～12%
库存及维持库存成本	7%～10%

另外，借助外包还可以获得新的技能；缩短产品开发、生产及进入市场的时间；提高企业灵活性与绩效；增强市场应变力；建立新的信息系统管理模式与作业方法；与适合的供应商建立良好的合作关系，共担风险。

第三节　业务外包的方式

一、从形式方面分类

从形式方面来看业务外包主要包括以下几种方式。

(一) 临时服务和临时工的外包

一些企业在完全控制它们主产品生产过程的同时,会外包一些诸如自助餐厅、邮件管理、门卫等辅助性和临时性服务的业务;同时,企业更偏向于使用临时工(指合同期短的临时职工),而不是雇佣工(指合同期长的稳定职工)。企业用最少的雇佣工,最有效地完成规定的日常工作量,而在有辅助性服务需求的时候雇用临时工去处理。因为临时工对失业的恐惧或报酬的重视,使他们对委托工作认真负责,从而提高了工作效率。临时性服务的优势在于企业需要有特殊技能的职工而又不需永久拥有,这在企业有超额工作时尤为显著。这样,企业可以缩减过量的经常性开支,降低固定成本,同时提高劳动力的柔性,提高生产率。

(二) 形成母公司的子网公司外包

为了夺回以往的竞争优势,大量的企业将控制导向、纵向一体化的企业组织分解为独立的业务部门或公司,形成母公司的子公司。就理论上而言,这些独立的部门性公司几乎完全脱离母公司,变得更加有柔性、效率和创新性;同时,因为减少了纵向一体化环境下官僚作风的影响,它们能更快地对快速变化的市场环境做出反应。

1980 年,IBM 公司为了在与苹果公司的竞争中取胜,将公司的 7 个部门分解出去,创立了 7 个独立的公司。这些子公司更小、更有柔性,能更有效地适应不稳定的高科技市场,这使得 IBM 迸发出前所未有的创造性,最终导致 IBM 公司的伟大成功。

(三) 与竞争者合作式的外包

与竞争者合作使得两个竞争者把自己的资源投入到共同的任务(诸如共同的开发研究)中,这样不仅可以使企业分散开发新产品的风险,同时也使企业可以获得比单个企业更高的创造性和柔性。

Altera 公司与竞争者英特尔公司的合作就是一个最好的例证。Altera 公司是一个高密 CMOS 逻辑设备的领头企业,当时它有一个新的产品设想,但是它没有其中硅片的生产能力,而作为竞争者的英特尔公司能够生产。因此,它们达成一个协议:英特尔公司为 Altera 公司生产这种硅片,而 Altera 公司授权英特尔公司生产和出售 Altera 的新产品。这样,两家都通过合作获得了单独所不可能获得的竞争优势,Altera 获得了英特尔的生产能力,而英特尔获得了 Altera 新产品的相关利益。

在高科技领域,要获得竞争优势,企业就必须尽可能小而有柔性,并尽可能与其他企业建立合作关系。

（四）转包合同

业务外包的另一种方式是转包合同（Subcontract）。在通信业，新产品寿命周期基本上不超过 1 年，MCI 公司就是依靠转包合同而不是靠自己开发新产品在竞争中立于不败之地。MCI 公司的转包合同每年都在变换，该公司有专门的小组负责寻找能为其服务增值的企业，从而使 MCI 公司能提供最先进的服务。MCI 公司的通信软件包都是由其他企业所完成的，而它所要做的（也就是其核心业务）是将所有通信软件包集成在一起为客户提供最优质的服务。

二、从业务方面分类

业务外包是将一些传统的由企业内部人员负责的非核心业务外包给专业的、高效的、固定的服务商，因此，从业务上分类主要分为以下几类。

（一）研发外包

企业若想保持其技术优势，必须具备持续创新的能力。尽管企业一般都设有自己的研发部门，具备先进的研发能力，研发外包也并非不需要。研发外包是利用外部资源弥补自己开发能力的不足，企业可以根据需要，有选择地和相关研究院所、高校建立合作关系，将技术项目外包给他们进行研发，或者购买先进的但尚未产业化的技术。

例如，当世界上大多数国家达成协议停止生产氟利昂后，化工巨头杜邦公司为了能够尽快找到氟利昂替代品的最佳方式，将这项开发任务外包给二十多个组织。这些专门的研究机构在相关领域都具有相当的研究能力，在很短的时间内就完成了项目的开发，为杜邦公司产品的提前上市赢得了宝贵的时间。1993 年，杜邦公司比国际规定的最后日期提前三年停止氟利昂的生产，同时在五个产品领域开始销售氟利昂的替代品，并迅速占领市场。

（二）生产外包

在各种降低成本的方法中，生产外包是比较重要的一种。生产外包又称为制造外包，是以外加工方式将生产委托给外部优秀的专业化资源，达到降低成本、分散风险、提高效率、增强竞争力的目的。这种外包一般是企业将生产环节外包给劳动成本较低的国家或地区，从而达到降低生产成本的目的。

目前，很多拥有名牌产品或商标的企业不再拥有自己的生产厂房和设备，不再在生产过程中扮演过多的角色。它们将自己的资源专注在新产品的开发、设计和销售上，而将生产及生产过程的相关研究外包给其他的合同生产企业。著名的计算机网络设备公司 Cisco 本身就没有任何生产能力，其产品均由东南亚的制造商完成。著名的运动鞋制造商 Nike 公司也不设工厂，它的 7 800 名员工专门负责设计、监制和销售，所有产品的生产由分散在世界各地的 40 多家合同制造商来完成，然后贴上名牌商标“Nike”就行了。

（三）物流外包

物流外包是企业为集中资源、节省管理费用，增强核心竞争能力，将其物流业务以合同的方式委托给专业的物流公司（第三方物流，3PL）运作。物流外包不仅仅降低了企业的整体运作成本，更重要的是不被物流过程中的一些琐碎事情所牵绊，使供应链能够为客户提供更优质的服务。

现在许多公司开始将自己的货物或产品的存储和配送外包给专业性的货物配送公司来完成。例如，HP公司在美国的11家工厂，原来各自处理自己的进货和产品的存储和分配工作，供应路线混乱，协调复杂，经常造成运输车辆空驶，效率低下。1993年，HP将上述业务外包给专业从事货物配送的赖德综合物流服务公司（Ryder Integrated Logistics），精简了自己的仓库和卡车运输业务。后者把工厂的物流工作统一起来，使原材料运送到工厂所需的费用比过去减少了10%以上。由于降低成本的效果显著，外包仓储配送在各类企业中也成为一种潮流，整个物流服务行业也因需求的不断增长而得以迅速发展。

（四）脑力资源外包

外包的一个新领域是"Consulting"，即雇用外界的人力（主要是脑力资源）来解决本企业解决不了或解决不好的问题。接受外包的个人或组织一般要为用户提供咨询、诊断、分析、决策，进行管理、组织重组、技术改造，实现改进工作以达到提高经济效益的目的。脑力资源外包内容主要有互联网咨询、信息管理、ERP系统实施应用以及管理咨询等。

（五）应用服务外包

以前，各公司都是自己设计网络、购置硬件和软件，然后再由各供应商分别提供服务，将这些东西拼凑起来。由于这项业务专业性强，技术要求高，所以实施起来难度大，且很难达到先进、合理的要求，况且成本也是比较高的。随着互联网的普及，大量的基于Web的解决方案不断涌现，这些都使得远程的基于主机的应用方案成为可能。因此，许多企业已经普遍将信息系统业务，在规定的服务水平基础上外包给应用服务提供商，由其管理并提供用户所需要的信息服务。

第四节　业务外包的风险

企业在追求外包带来利益的同时也承担着风险。企业在决策阶段和执行阶段存在着不同的外包风险或不同程度的风险。这里主要将企业所面临的风险分为三部分：成本风险、资源风险、环境风险。

一、成本风险

节约成本是企业选择外包方式最直接也是最有力的驱动因素。企业决策者决定将其业务进行外包很大程度上是出于成本节约的考虑。但是决策者们在计算直接成本节约的过程中往往忽略了另外一类潜在的成本，即交易成本。正由于交易成本的存在，使得外包这种方式给企业带来的不仅有看得见的成本节约，还存在着常常让企业忽视的成本风险，而此类风险的存在可能造成企业外包活动的失败。

在业务外包过程中，交易成本包括协商成本和监管成本，这些成本与两类风险相关，即逃避风险和机会主义交易风险。逃避风险主要指服务供应商的服务质量低于合同的期望，为了将此类风险降至最低，发包方通常要投入大量的监管和协调成本，以保证合同质量。机会主义交易风险主要是指服务供应商的价格高于市场价格。当发包方将自己完全依赖于一个供应商时容易产生该类风险，从而导致巨大的供应商转换费用。

二、资源风险

资源风险主要包括控制力和技能的丧失、数据泄露、顾客资源缺失等方面。

将整个流程都委托给外部供应商会引起控制力和技能的丧失，并最终导致过分的依赖性。在这种情况下，如果中断持续积极的外包策略，企业可能会失去重大的信息资源，有效的业务管理和未来成长所必需的信息就不可能得到交流。

业务外包需要企业与外部合作企业共享需求信息，有时还需要共享知识产权。如果合作企业也服务其他竞争者，那么总会有泄露敏感数据和信息的危险。企业通常执意要求合作企业建造防火墙，但是防火墙增加了资产的专用性，限制了合作企业的盈余的增加。当泄露成为一个问题时，尤其是对知识产权而言，企业通常选择自己执行此项功能。

另外，企业引进第三方后可能会失去顾客/供应商接触，当那些向顾客直销的公司决定使用第三方来收集订单或发送产品时，顾客接触的丢失尤为明显。Boise Cascade 公司将所有的对外派送都外包给第三方，导致了明显的顾客接触缺失，后其决定自己配送那些离配送中心较近的顾客的产品。

三、环境风险

环境风险可分为外部环境风险和内部环境风险。外部环境风险主要来自文化因素、竞争者因素和供应商因素，内部环境风险主要来自决策者自身情感偏好。

（一）外部环境风险

文化因素主要发生于发包方将业务外包给异地或异国，即离岸外包。由于不同地区或不同国家的文化有差异，发包方对承接方的政治、经济、环境、法律的不熟悉往往给外包业务的结果带来影响，使发包方承担风险。

竞争者因素主要是指同行业间如果竞争对手将一项业务外包，该企业也很可能将相似的业务进行外包。企业间存在着这样一种默契或共识，即竞争对手采用的经济活动方式一定是好的。企业这种盲从行为有可能给自己带来风险。

发包方和供应商的利益不一致也是导致外包风险的一个因素。比如公司 IT 业务外包，如果供应商正好也从事该项业务的制造和研发，他们可能会推荐发包方购买自己的产品或进行不必要的升级，增加发包方的成本负担。

（二）内部环境风险

内部环境风险主要来自决策者。决策者往往根据自己的偏好来影响外包决策。如果企业主要决策者来自非核心业务部门,则其往往倾向于将业务保留在企业内部,尽管外包该业务对企业更有利。如果决策者不慎将应外包的业务留于内部会占用企业内部的资源;反之,则可能使企业丧失核心竞争力,承受风险。

现代市场竞争更加激烈,企业发展必然将有各种挑战和压力集中在"核心竞争力"上。谁具有核心竞争力,谁就能够在市场上立于不败之地。因此,如何培养和强化核心竞争力,是企业的当务之急。虽然外包是企业获得竞争优势的一种有效手段,有助于强化企业的核心竞争力,但如果企业未认清自己的核心竞争力,就盲目实行外包,从而想提高自己的竞争优势是不可能的。所以,企业在实施业务外包前,应进行企业诊断以及竞争优势分析,挖掘竞争对手难以获得并难以模仿和复制的资源和优势,形成自己的核心竞争力。在充分了解了自己的核心竞争力和企业所需外包业务的情况下,再进行业务外包,才能取得预期的收益。

第五节　全球化业务外包

在世界经济范围内竞争,企业必须在全球范围内寻求业务外包。在全球范围内对原材料、零部件的配置正成为企业国际化进程中获得竞争优势的一种重要技术手段。全球资源配置已经使许多行业的产品制造国的概念变得模糊了。原来由一个国家制造的产品,可能通过远程通信技术和迅捷的交通运输成为国际组装而成的产品,开发、产品设计、制造、市场营销、广告等可能是由分布在世界各地的能为产品增值最多的企业完成的。例如,通用汽车公司的 Pontiac Le Mans 已经不能简单定义为美国制造的产品,它的组装生产是在韩国完成的,发动机、车轴、电路是由日本提供,设计工作在德国,其他一些零部件来自中国台湾、新加坡和日本,西班牙提供广告和市场营销服务,数据处理在爱尔兰和巴贝多完成,其他一些服务和战略研究、律师、银行、保险等分别由底特律、纽约、华盛顿等地提供,只有大约总成本的 40%发生在美国本土。

在全球范围内,业务外包行业飞速发展。推动其快速发展的影响因素主要包括以下几方面。

一、科学技术进步为全球化业务外包提供了技术支持

科学技术的快速发展大幅度降低了市场的交易成本,这使企业业务规模和市场占有率的扩大更倾向于通过离岸外包这种方式来实现。同时,互联网的发展扩大了企业的选择范围,使其可以打破地域限制选择理想的业务提供商。因此,我们可以看到科学技术的进步,特别是信息网络技术的快速发展为全球化业务外包提供了必要的技术支持。

二、经济全球化和区域一体化为全球化业务外包的发展提供了良好的外部环境

经济全球化极大地刺激了资源在全球范围内的合理流动和配置,为业务外包发展提供了广阔的空间和丰富的渠道。经济全球化发展使发达国家通行的商业准则被发展中国家普遍接受,这一点降低了企业之间跨国合作的不确定性。在经济全球化进行的同时,区域一体

化趋势也是有增无减。许多区域集团采取内外有别的政策，促进区域内部的贸易快速发展。这些都给全球化业务外包的发展提供了良好的外部环境。

三、跨国公司是推动全球化业务外包发展的内在动力

降低全球业务运营成本，是跨国公司拓展全球化业务外包活动的最大驱动力。成本的降低，对于追求利润的企业是个巨大诱惑。为了应对日益激烈的国际竞争，跨国公司纷纷通过服务离岸外包在全球范围内寻求成本最小化与利润最大化。根据 Gartner 的预测，公司将业务离岸外包可以平均最少节省 12%的成本。

另一方面，随着市场垄断化趋势的进一步加强，国际竞争也主要是在跨国公司之间进行，因此，一个国家参与国际竞争能力的高低，主要体现在跨国公司的强弱上。跨国公司在业务外包过程中，为了充分利用全球资源，提高核心业务的竞争力，都会经过下列步骤：培育或找出一些精心挑选的核心竞争力，并确定自己从事的这些核心活动是世界最好的；把人财物等资源和管理注意力集中到这些核心竞争力上；外包其他非核心业务。这样，企业一方面集中资源和能力从事自己最擅长的活动来实现内部资源回报最大化，另一方面充分利用外部供应方的投资、革新和专门的职业技能。如此一来，跨国公司就可以通过增强核心竞争力，阻止现有或潜在的竞争者进入企业的利益领域，从而保护市场份额，增强战略优势。

通过上面的叙述，我们可以看出跨国公司进行全球战略布局，是推动国际外包服务市场发展的主要力量。世界经济全球化发展趋势下，跨国公司不断进行产业调整和产业转移，以提高跨国公司的国际竞争力。跨国公司产业调整和转移的第一次浪潮是把产品生产制造环节转移到发展中国家和地区，而第二次转移的浪潮就是将产品价值链上非核心服务业务转移到发展中国家和地区，以增强核心竞争力。

四、发展中国家的快速发展为业务离岸外包创造了良好的条件

以中国、印度为代表的发展中国家的经济和科技近年来迅速发展，基础设施建设日趋完善，教育水平和条件也有了很大改善，人力素质有了很大提高，具备了承接国际服务外包的条件。同时人力成本比发达国家要低得多，满足了发包方降低成本的目的。另外，发展中国家政府实行了很多鼓励承接离岸外包的政策。这一切构成了对发达国家企业强大的吸引力，这也是促使近年来承接服务外包的国家逐渐从发达国家转移到发展中国家的一大原因。

案例分析

宜家的供应链外包战略[①]

瑞典宜家的产品面向世界 100 多个国家销售，在 40 个国家建立了 243 家宜家超市，每

① 资料来源：中国物流与采购网。

年营业额数百亿美元之巨。“生产外包战略是宜家迅速发展壮大的一大法宝。”中国外商投资企业协会管理专家程豪说。

20 世纪 80 年代流行在西方发达国家的外包管理是一个战略管理模型,指将非核心业务下放给专门从事该项运作的外部第三方,目的在于节省成本、集中精力于核心业务、优化资源配置、获得独立及专业人士服务等。

据中国驻瑞典大使馆经商参处提供的一份调研报告显示,除了服装、家具等传统产业外,瑞典的汽车、IT、生命科学等资本密集型和高新技术型产业都越来越倾向于外包。瑞典业内普遍认为,快速变化的市场和迅猛发展的全球经济给企业带来日渐沉重的竞争压力,消费者对企业产品和服务的需求也更加专业化,这迫使企业必须把资源和精力专注于核心业务上,通过外包达成战略目标。

举例来说,一个生产企业,如果为了原材料及产品运输而组织一个车队,那么将增加两方面管理风险:一是由于它在运输领域不具备管理经验,将导致物流运输不畅,难以和专业物流公司竞争;二是欠佳的运输环节将会影响生产和销售环节的工作,从而导致整体管理成本和时间增加。解决方案就是把运输业务外包给专业的运输企业,自己只做核心业务。

生产成本高也是目前国际化企业进行外包的因素之一。在国际分工不断深化的当代,标准化的生产制造环节的附加值愈来愈低,处于产品价值链的“鸡肋”部分,许多发达国家的跨国公司就把这块“鸡肋”剥离,外包到生产成本低廉的国家和地区。

另外,受法律限制,许多企业为了避免在劳工问题上“翻船”,就选择了尽可能减少固定员工数量的管理模式,把生产、行政、后勤、物流等部门外包给其他专业企业,这不仅可以优化各部门的生产效率,而且在市场行情出现衰退时可以轻而易举地收缩战线,避免陷入棘手的裁员困境。另一方面,当经济繁荣时,可以及时和外包企业签约,不必自己重新招募、培训员工,从而节约资金和时间,达到人力资源的优化配置和风险转移。

“最主要的是,外包可以实现资源共享,增加企业整体优势。”程豪介绍,如今,瑞典许多公司不仅仅把生产进行外包,而且还把研发项目进行外包。一种是外包给专门承担特定研发项目的专业公司,另一种外包形式是与大专院校和科研机构合作,将商业化前期的基础研发项目外包给科研院所,即产学研相结合的方式。这两类外包有助于消除企业的科技研发瓶颈和风险,加快产品更新换代,增加企业整体优势。

时至今日,外包已不仅仅是一种业务选择,它已成为战略成功的关键因素,是经济全球化发展的必然趋势。世界级的管理大师迈克·波特认为,在这诡谲多变的数字经济时代,企业已无法对各项事务面面俱到地照顾周全,而加强供应链上下游的整合关系与适度地将服务性事务外包,将会是企业面对变化、保持领先地位的关键所在。

把生产或研发任务外包给他人,如何保证产品的质量?以宜家为例,从建店伊始,宜家就开始境外采购,后来发展为国际生产外包。如今,宜家在全球 5 个最大的外包来源地分别是中国、波兰、瑞典、意大利和德国。为保证生产质量,宜家把核心的产品设计部门放在瑞典,每年设计 1 000 种不同类别的家居用品。家具制造都采用外包,供应商必须按照图纸来生产,无论是在中国、波兰还是瑞典,制造商都必须保证是遵循宜家的设计和宜家的质量标准。为了协调外包地和销售市场在空间上的矛盾,保证宜家全球业务的正常运作和发展,宜家通过分布在 32 个国家的 44 家贸易公司,以及分布在全球 55 个不同国家的 1 300 个供应商，实现了高效、敏捷、低成本的供应链管理。而供应链管理与降低成本的外包业务正是宜家迈向成功的两个车轮。

本章小结

本章围绕供应链业务外包进行阐述，分别介绍了基本理论、产生的原因，列举了业务外包的几种方式，对业务外包的风险进行了分析，并介绍了全球化业务外包的相关理论问题。

业务外包是供应链管理理念的最基本策略之一，即企业整合利用其外部最优资源，以达到精简业务流程，降低成本、提高效率，充分发挥自身核心竞争力和增强企业对环境迅速应变能力的一种管理模式。

供应链环境下的资源配置决策是一个增值的决策过程，如果企业能以更低的成本获得比自制更高价值的资源，那么企业可以选择业务外包。

从形式方面来看业务外包主要包括临时服务和临时工的外包、形成母公司的子网公司外包、与竞争者合作式的外包、转包合同；从业务上分类主要分为：研发外包、生产外包、物流外包、脑力资源外包、应用服务外包。

企业在追求外包带来利益的同时也承担着风险。企业在决策阶段和执行阶段存在着不同程度的外包风险。这里主要将企业所面临的风险分为三部分：成本风险、资源风险、环境风险。

在全球范围内，业务外包行业飞速发展。推动其快速发展的影响因素主要包括科学技术进步为全球化业务外包提供了技术支持、经济全球化和区域一体化为全球化业务外包的发展提供了良好的外部环境、跨国公司是推动全球化业务外包发展的内在动力、发展中国家的快速发展为业务离岸外包创造了良好的条件。

本章小结

第三篇

供应链管理中的海关标准

本篇在分析了国际供应链风险管理的基础上，从海关监管的视角，根据AEO框架标准，阐述了供应链运营与管理中所应该遵循的海关监管标准，着重从供应链企业的内部控制及应急管理的角度详细分析了满足海关高级企业要求的供应链运营标准。海关AEO企业标准涉及企业生产、销售、采购、财务、物流等多方面，本篇拟在复杂的海关标准框架中剥离出与供应链运营相关的规范体系，从而为企业打造满足高标准通关要求的国际供应链创造理论及制度基础。

第9章　国际供应链风险管理

供应链管理作为一种新的管理模式与方法，在新的竞争环境下，在给企业带来价值与竞争力的同时，因为各种不确定因素的存在也增加了供应链上企业的风险。而经济全球化使得全球市场竞争也出现了新的态势——由过去的企业间的竞争、产品间的竞争，转向国际范围内的供应链与供应链之间的竞争。国际供应链相比其他供应链结构更为复杂和脆弱，供应链风险事件也十分普遍，而其也会影响供应链的持续安全运作及响应客户和满足客户的能力，因此对于国际供应链风险管理的研究非常有必要。本章主要介绍了国际供应链以及供应链风险管理的基本概念，并从供应链风险管理的内容依次介绍了国际供应链风险辨析、应对的基础理论和方法，最后阐述了国际弹性供应链的理念，以协助企业有效地构建弹性供应链，从而更好地应对供应链风险，并获得持续发展。

第一节　国际供应链概述

随着经济全球化和信息技术的快速发展，企业的经营环境发生了巨大的变化，激烈的市场竞争和快速多变的市场需求使企业面临不断缩短交货期、提高产品质量、降低产品成本和改进服务的压力，一些有能力的企业迅速向国际化经营转变。在这种新的经济结构体系下，全球市场竞争也出现了新的态势——由过去的企业间的竞争、产品间的竞争，转向国际范围内的供应链与供应链之间的竞争。

一、国际供应链的含义

国际供应链又称为全球供应链，它根据供应链管理的基本理念、模式，按照国际分工协作的原则，优势互补，实现资源在全球范围内的优化配置。在许多方面，国际供应链的管理与本土化供应链的管理原理基本上一样，只是涉及了海外的国际业务，地域覆盖更为广泛。

在国际供应链体系中，供应链的成员遍及全球，生产资料的获得、产品生产的组织、货物的流动和销售、信息的获取等，都是在全球范围内进行和实现的。因此，在全球范围内对原材料、零部件和产品的配置已经成为企业国际化进程中获得竞争优势的一种重要经营手段，全球资源配置已经使许多产品由哪国制造的概念，变得越来越无法界定。

目前，这种发展趋势有增无减，而且愈演愈烈，跨国公司已控制着全球生产总值的50%以上、国际贸易的60%以上和国际投资的90%。跨国公司正在由各国子公司独立经营的阶段，向围绕公司总部战略、协同经营一体化发展，这些都对国际化供应链的管理和应用提出了更高的要求。这些都表明国际供应链对跨国企业的经营运作具有越来越重要的地位和作用。中国对外开放的步伐将进一步加快，国外的商品和服务将更容易挤入国内市场，大型国际企业将增加对我国的投资，进一步挤占国内市场份额。这将使国内商品和服务市场出现更加激烈的竞争，使国内企业面临更加严峻的挑战，企业必须积极实施国际化发展战略，在更广阔的空间参与国际经济竞争，去寻求新的生存发展空间，获取稀缺资源和市场份额。

二、国际供应链的特点

国际供应链与国内供应链相比，虽然两者在运营理念和方法上没有本质的区别，但国际供应链仍有以下特殊性。

（一）国际性

国际性是指国际供应链的网络涉及多个国家，网络覆盖的地理范围大。国际供应链的物流是在不同国家或地区间进行的。国际物流跨越不同国家和地区，跨越海洋和大陆，运输的距离与时间长，运输方式多种多样，这就需要合理选择运输路线和运输方式，尽量缩短运输距离和货物在途时间，提升货物周转速度并降低物流成本。

（二）复杂性

国际供应链链条上涉及国际间的经济活动。在经济活动中，生产、流通、分配和消费四个环节存在着密切的联系，由于各国的社会制度、自然环境、经营管理方法、生产技术和习惯不同，在国际间组织好产品从生产到消费的流动，是一项相当复杂的工作。仅针对物流的复杂性而言，就包括了国际物流通信系统设置的复杂性、法规环境的差异性以及商业现状的差异性等。

（三）风险性

国际供应链涉及的风险主要包括政治风险、经济风险和自然风险。政治风险主要指由于链中节点企业所在国或产品运输所经过的国家政局动荡，如政局更迭、罢工、战争等造成经营损失或货物可能受到损害或灭失；经济风险可分为汇率风险和利率风险，主要指国际供应链运营中有关的资金由于汇率和利率的变动而产生的风险；自然风险则主要指在物流过程中可能因自然因素，如地震、海啸、暴雨等引发的风险。

（四）技术含量高，标准化要求高

由于国际供应链范围广、运行环境差异大，需要在不同的法律、文化、语言、技术、设施环境下运行，大大增加了供应链的复杂程度以及网络系统的信息量和交换频度。要保证流通畅通，提高整个链条的效率，必须要有先进的国际化信息系统以及标准化的物流工具和设施。同时，对供应链的设计和管理的要求也更高。

三、国际供应链的类型

国际供应链从较为初始的三种基本类型发展到现在更广义的综合型国际供应链网络，

其类型及特点归纳如下。

（一）国际配送型供应链

国际配送型供应链是企业的采购和生产以国内为主，但有一部分配送系统与市场是在海外，面向海外业务。

（二）国际采购型供应链

国际采购型供应链的特点是企业的原材料与零部件是由海外供应商提供，最终产品的装配是在国内完成，部分产品装配完成后再运回海外市场。例如，我国很多大型钢铁冶炼企业，其用于生产的原材料（铁矿石）大部分都是由南美洲及澳大利亚进口，而部分产成品（钢材）则出口至韩国、巴西等国家。

（三）离岸加工型供应链

离岸加工型供应链是产品生产的整个过程一般都在海外的某一地区完成，成品最终运回到国内仓库进行销售与配送。

（四）综合型全球供应链

由于全球经济一体化的快速推进、国际贸易组织的扩张，以及互联网技术的发展等，使采购和销售在全球范围内进行，从而初始的三种基本模式逐步得以发展，出现了设计、采购、生产、配送和销售、服务等业务遍及全球的、更为高级的全球化的供应链运作及管理模式。例如，戴尔、摩托罗拉、IBM、丰田、海尔等跨国企业，已形成了各具特色的全球化供应链网络的运作管理模式。

四、国际供应链的发展趋势

国际供应链作为一种新的管理理念和方法，还在不断的实践和发展中。从国际供应链运作和管理的现状看，未来的发展趋势更注重以下三个方面。

（一）供应链反应快速化和灵敏化

成功的国际供应链应该能够协调并结合供应链中所有的活动，最终成为无缝对接的一体化的整体。一体化、协调的国际供应链应具有对全球需求市场的高度的反应能力，能迅速支持全球化供应链伙伴公司的快速发展。所有全球供应链伙伴分享业务流程计划、预测信息和库存信息等，采取跨越公司职能部门的全球化的平行管理，将全球供应链流程中冗余的环节、垂直管理的弊端、不确定性和延误等降至最低限度。对供应链效率的不断追求越来越强调全球化的分散与集中相结合的管理模式，即集中与分散执行相协调的模式。因为这种管理模式才能使全球化供应链具有较高的敏感性，从而快速反应市场的需求变化。这对供应链的可视化管理提出了更高的要求。供应链必须具备基于事件监控管理和快速反应的机制，对出现的问题进行迅速调整和补救，才可以对环境中的变化灵敏地反应。

（二）供应链技术电子化和智能化

国际供应链管理的核心内容是通过对客户和供应商系统的有效集成实现供应链业务流程的最佳协同运作。电子化、智能化的供应链将把企业、客户和供应商在全球范围内紧密地结合起来，这样，快速、集成的信息流可以使供应链中的每一个实体及时响应客户需求和相应调整实际的物流运作，并可大量地节约因手工单据处理而导致的成本费用和管理失误。随着信息技术在供应链管理中的应用与发展，国际供应链管理可能会引起更多富有智能化的增值功能的出现，从而引致一个真正"无摩擦"的经济时代的到来。新技术会积累大量的交易数据，当然也会有能力利用这些数据来预测未来的事件，而不仅局限于对现有运作中的低效率做出的应急反应。这种智能程度意味着作业流程效率的改善、手工事务处理的减少、运作的优化和成本的降低。

（三）突出"全球需求链"理念

供应链从物料的采购、制造商生产、销售商销售，直到销售给最终客户的全过程，是一种需求拉动型的供应链运作管理过程，即以客户需求为导向，将消费者的需求从供应链的终点向上游传递，从而拉动整个供应链的运作。当供应链的地域范围由国内延伸到世界多个国家后，消费者需求的主导地位更为明显，因为通过供应链移动的产品必须是其所在国家和地区消费者确实需要并且会实际购买的产品，否则"产品市场失灵"势必造成整个供应链的巨大损失。在全球化经营中，消费者需求左右着供应链的发展，企业关注的焦点首先是在消费者需求上，包括全球化供应链网络的设计、流程管理、战略决策等都是先基于这个焦点而后进行工作。消费者需求既是全球化供应链的终点又是起点，"消费者世纪"的到来，凸显了"全球需求链"的新理念。

第二节　供应链风险管理概述

一、供应链风险

供应链风险是一种潜在的威胁，它利用供应链的脆弱性，对供应链造成破坏，给供应链成员和整个供应链带来损失。供应链风险来源于供应链不确定性，供应链不确定性的存在和传播会影响整个供应链，风险的大小本质上取决于不确定性事件发生的概率和后果的严重程度。

（一）供应链的不确定性

在管理决策领域中，所谓风险是指由于决策条件的不确定性，决策方案付诸行动后可能无法达成决策者所期望效果的危险。决策条件的不确定性导致决策方案实施效果的不确定，从而无法保证达到所期望的效果。在生产和生活中充满了来自自然和人为的风险，它又是通过事故现象和损失事件表现出来的。供应链作为一个多成员的组织联盟，受到许多不确定性因素的影响，造成了供应链风险的存在。因此，深入细致地分析供应链风险的成因，科学有效地管理供应链风险的要素，已经成为供应链高速、稳定运行的重要保障。

在供应链中存在许多不确定性的来源，如客户需求(品种和数量)、加工(产能、机器故障和运输能力)、制造流程时间(包括机器停工时间、生产时间和返工时间)、运输过程、供应的时间和配送性能、外购材料的质量等，而且这些因素之间的相互作用和影响，增加了供应链管理的难度。因此，为了降低这些不确定性的影响，供应链管理者必须首先认识它们的来源和影响的程度，分析这些不确定性产生的机理，寻找相应的控制机制。

通常，供应链具有以下一些引起不确定性的基本特征：

(1) 供应链成员构成了一个复杂的价值增值网络，具有时间和空间复杂的动态特性。

(2) 供应链成员地域分布广泛，甚至跨越了不同的国家，它们在文化、技术、管理风险等诸多方面存在较大差异。

(3) 供应链成员之间的物流、信息流和资金流的流动是多样的、互动的，且在时间和空间上存在较大差异。

因此，由于各种不确定性的存在，面向复杂环境的供应链管理变得更加复杂，不确定性管理成为这一复杂系统平稳运营的一个关键问题。例如，供应商选择的不确定性、产品装配和加工的不确定性，以及飞机、轮船、火车和汽车等运输工具具有的各种不确定性因素，产生了物流配送的不确定性。

(二) 供应链风险的概念

供应链是由多个企业构成，从原材料的供应开始，经过链中各种企业的加工制造、组装、分销等过程直到最终用户，不仅是一条连接供应商到用户的物料链、信息链、资金链，而且是一条增值链。而供应链的这种多参与主体、跨地域、多环节的特征，使其容易受到来自外部环境和链上各实体内部不利因素的影响，形成供应链风险。随着供应链管理理念的广泛应用，供应链风险问题也越来越引起学术界关注，国内外学者从不同的角度对其进行了很多定义。

综合国内外学者的观点，我们总结出供应链风险的定义：供应链风险包括所有影响和破坏供应链安全运行，使之达不到供应链管理预期目标，造成供应链效率下降、成本增加，导致供应链合作失败或解体的各项不确定因素和意外事件。

为了提高供应链的竞争力，获取竞争优势，企业需要高度重视供应链的风险管理，它不仅是供应链管理理论体系的核心内容之一，而且是供应链管理的内在要求。企业必须采取措施使供应链避免可能对其产生破坏的风险，尽量降低风险给供应链带来的损失，使供应链能够在受到风险事件冲击后迅速恢复到正常运行状态。这些目标只有通过合理的风险管理与控制措施才能达成。

(三) 供应链风险的特点

1. 动态性

供应链管理目标的实现是供应链整合优化的过程。实现供应链目标的过程受到内部和外部各种因素的影响，不同的成员企业和业务面临的风险因素不同，其中有些因素，随着环境和资源的变化及供应链管理目标的调整,可能会转化为供应链风险因素。供应链因外部客观环境或内部结构而产生风险,这些风险绝不会客观静止、僵化不变,而是与供应链的运作相伴存在,具有动态性特征。正因为供应链风险的动态性,星星之火的小风险,有可能变成燎原之势的巨型风险。供应链风险变化的每一阶段,几乎都具有因果连锁,所以不能忽视供应链风险的动态性。

2. 传递性

传递性是供应链风险最显著的特征,也是由其自身组织结构所决定的。供应链企业间是紧密合作的,从产品开发、原料供应、生产制造到流通过程是由多个节点企业共同参与的,根据流程的时间顺序,各节点的工作形成了串行或并行的混合网络结构,其中某一项工作既可能由一个企业完成也可能由多个企业共同完成。

因此各环节环环相扣,彼此依赖和相互影响,任何一个环节出现问题,都可能波及其他环节,影响整个供应链的正常运作。这种传递性指的是供应链风险在供应链节点企业之间的传递,利用供应链系统的联动性,对其造成破坏,给上下游企业以及整个供应链带来危害和损失。例如,最具代表性的"牛鞭效应"就是由于需求信息风险在供应链上传递引发的;又如当上游原材料供应商供货不及时或缺货,则直接影响下游制造商的生产,也间接影响了末端的销售,风险从上游一直传递到下游各节点企业。

3. 多样性和复杂性

供应链由多个成员企业组成,从构建起就面对许多风险,它不仅要面对单个成员企业所要面对的风险,如财务风险、人力资源风险、赊销风险等;还要面对由于供应链的特有组织结构而决定的企业之间的合作风险、道德信用风险、企业文化风险、信息传递风险及利润分配风险等。因此供应链风险相比一般企业的风险,类型更多、范围更广,也更为复杂。

4. 此消彼长性

供应链中的很多风险是此消彼长的,一种风险的减少会引起另一种风险的增加,这可以从两方面来解释。

一方面,供应链可以看成一个大企业群,企业内一种风险的减少会导致另一种风险的增加,如营运风险和中断风险,库存营运风险减少,但中断风险随之而增加。例如,在"非典"的影响下,中国台湾许多 PC 厂商均在当月下旬 SARS 疫情开始升温后,启动紧急应变措施,要求上游供应厂商提高库存,以确保供应链不会中断,减少了中断风险,但应变措施的启动,也相对提升了跌价损失的风险。由于全球 PC 市场需求仍相当疲软,国际大厂(如戴尔电脑、惠普)为刺激需求,不断以降价、快速推出新机种的方式提升其竞争力,在此情形下,台湾工厂的库存却相反升高,无疑增加了营运风险。又如,为了加强与供应商的长期战略合作减少交易成本,可能会选择比较少的供应商,而这无疑增加了供应中断风险。

另一方面,供应链系统内各节点企业之间风险的此消彼长性,即企业风险的减少可能会导致相关企业的风险增加。例如,制造厂商为了减少自身的库存风险,要求上游供应商采用 JIT 方式送货,而这必然导致上游供应商送货成本的增加,即制造商库存风险减少在某种程度上是以供应商库存风险的增加为代价的。

因此,在研究供应链风险,加强对供应链风险的控制时,要充分考虑风险的相互影响性,对此消彼长的风险进行权衡，以确保供应链整体风险最小。

二、供应链风险管理

（一）供应链风险管理的概念

供应链风险管理是通过识别供应链风险，衡量供应链风险，分析供应链风险，并在其基础上有效地控制供应链风险，用最经济合理的方法来综合处理供应链风险，并对供应链风险处置建立反馈机制的一整套系统而科学的管理方法。它的目标是为了保证供应链的安全持续运行，实现供应链整体利润最大化，识别潜在的供应链风险，控制、监督和评估风险，并采取适当的措施以规避或消除风险。

（二）供应链风险管理的内容

风险管理理论和方法有很多，其内容也多种多样。借鉴目前在世界范围内影响较大，且被国际标准化组织（ISO）认可的国家性标准——澳大利亚风险管理标准（AS/NZS 4360：1999），结合供应链管理实际情况，归纳出供应链风险管理体系应包括的内容，如图 9－1 所示。

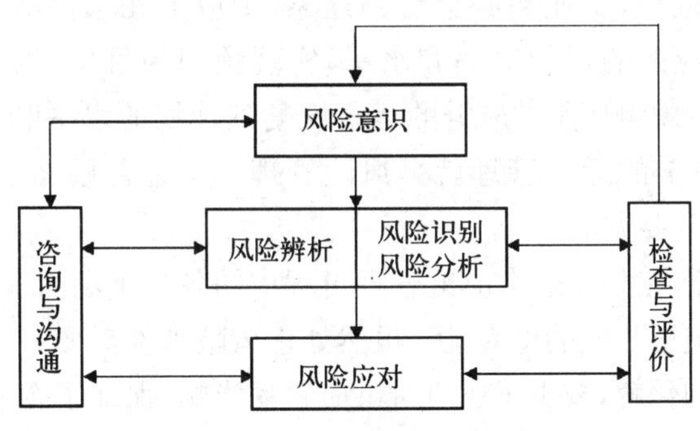

图 9－1　供应链风险管理过程

1. 风险意识

在供应链的各种活动中，风险并未受到人们的充分的认识，难以置信的结果可能令人手忙脚乱。其实，其中有些后果是可以避免的，这就要求将各种可能出现的风险能被系统地管理起来，识别风险并能确定其影响范围。也就是说，供应链中的员工，特别是管理者，必须提高对风险的主动意识，对待风险及其影响要做到有目的、有计划、有预案、有措施。

2. 风险辨析

风险辨析分为风险识别和风险分析两个过程。风险识别是指通过调查与分析来识别供应链面临风险的存在；风险分析就是通过归类，掌握风险产生的原因和条件，以及风险具有的性质。

3. 风险应对

风险应对的目标是通过适当的措施把风险造成的后果控制在可预料或可承受的范围内，通过系统方法，根据风险的起因与后果对其进行连贯一致的处理。

4. 检查及评价

在风险管理决策贯彻和执行过程中,必须对其贯彻和执行情况不断进行检查、评价、指挥和协调。理由是:其一,风险管理的过程是动态的,风险是在不断变化的,新的风险会产生,原有的风险会变大、变小或完全消失;其二,通过检查和评估来发现风险管理决策中可能存在的错误。

5. 咨询和沟通

咨询和沟通是风险信息和分析结果双向多边的交换和传达,以便相互理解和采取有效管理措施,所有的风险管理步骤必须包括与内部及外部利益相关方咨询和沟通。

(三) 供应链风险管理的意义

供应链风险管理从反面入手,重点针对可能对供应链正常运行造成影响的不利因素,研究供应链风险的形成、传递、识别、评价、预测、控制等,目的是提高供应链的可靠性,保证供应链管理目标的实现。从正面看问题和从反面看问题有时会得出不同的结论,提出不同的行动方案。例如,对大宗原材料采购,从降低成本的角度出发,应减少供应商数量以获得价格折扣,极限情况仅从一家供应商采购;但从风险管理的角度来看,如果这一家供应商出现危机,企业势必会受到连累,则应由几家供应商供货。供应链管理关心的是如何提高供应链的运行效率和水平,实现预期的目标;供应链风险管理关心的是如何排除不利因素的影响,让供应链的运行恢复到计划的水平和目标。从某种意义上说,已经设计好的供应链的运行管理就是风险管理。从运营层面上看,供应链风险管理是供应链管理的一个重要方面。

(1) 通过风险管理,充分考虑供应链管理过程中的各种不利因素,早做准备,防患于未然,争取主动,提高供应链系统的可靠性。虽然处理风险事件需要一定的成本,但是同时由于风险得到妥善控制和化解,减少了风险对供应链的影响,保证了企业的正常运行,避免造成更大的损失。

(2) 风险管理为供应链规划和计划提供了依据。供应链的规划、计划考虑的是未来,风险管理的职能也是针对未来的,目的是减少不确定性的影响。基于对风险的认识,规划计划工作中势必选择可靠性比较高的方案,提高规划计划的可行性。

(3) 通过风险管理积累的资料,为将来改进供应链管理创造了条件,为选择供应链合作伙伴、制定应急计划等提供了依据,可以更加明确与企业供应链管理有关的各种前提和假设。

(4) 加强风险管理,有利于改善企业内部与外部供应链各环节之间的沟通协调。

第三节　国际供应链风险辨析

一、国际供应链风险的类型

风险因素是多方面的,按照影响因素是否存在于供应链内外部,可以分为两大方面的原因:外生原因、内生原因。

(一) 外生风险

由外生原因导致的风险成为外生风险,主要包括以下几个方面。

1. 自然灾害风险

自然灾害或者偶发性意外事件,如地震、火山爆发、火灾、水灾、龙卷风、山体滑坡等。这些可能会导致供应源中断,整条供应链因缺乏原料而无法正常运行;也可能使交通系统瘫痪,致使原材料、成品物资难以调运,不能及时送达;也可能破坏生产,使企业生产线无法正常运转,制造不出及时的物资。这类风险属于偶发性风险,但是一旦发生损失难以估计,企业目前只能制定应急预案,来应对突发的自然灾害风险。

2. 政治经济风险

对于政治经济方面的风险,最为重要的是产业政策的规定和经济的波动。例如,某一国家或地区在其政策转型时会对某些供应链或环节造成影响,可能会出现某些原材料短缺或产品成本上升,甚至令某些环节受损致使供应链发生中断。而汇率的变化将影响任何国外买家、供货商或竞争对手公司的经济状况,进而影响输入成本、销售价格、销售量与利润;通货膨胀则影响一个国家的企业从生产到销售的全过程。这类风险对企业而言难以控制,只能依靠自身的调整适应改变。

3. 市场风险

指的是市场、产业以及新产品三者之间的不确定性所造成的供应链障碍,包括客户需求的不确定性以及新产品的风险。一方面由于国际供应链自身的种种缺陷,最终产品与最终客户需求之间总会出现偏差,产品不为市场接受的局面经常出现;另一方面由于产品生命周期逐渐缩短,产品不断推陈出新,影响产品线,造成供应链的风险。

4. 技术风险

国际供应链节点企业在不同国家经营它们的供应链流程,可能会在基础设施、设备和人员等方面遇到障碍,如运输网络、电信能力、工人技术、原材料/供货商品质等,这些都会影响国际供应链运作的效果。

(二) 内生风险

由内生原因导致的风险称为内生风险。在国际供应链中,一般存在以下几种内生风险。

1. 库存风险

国际供应链要跨越不同的国家和地区,从而使供应链实际的空间距离拉大。增加距离意味着更长的运输前置时间,这必然导致公司储备更多的存货。更长的运输时间并不只是意味着会增加供应前置时间的平均长度,它也会由于各种不确定性因素的增加而使前置时间的变异性增加。例如,越过不同国家边界的商品运输,会由于各国烦琐的海关手续程序而拖延时间。为应对各种可能存在的不确定性,就需要通过增加缓冲库存来处理,这必然加剧“牛鞭效应”的程度。所以,供应链空间距离的增加将造成大量的库存,从而增加管理费用和供应链成本。

2. 供应/需求预测风险

经济全球化的发展使得供应链一般不会局限于某一区域经营,供应链中各环节在地理位置跨度上是很大的。由于共同组成供应链的不同国家的企业处在不同文化、经济和法律环境下,并使用不同的语言,这就意味着供应链上各节点企业一方面使用基于各自环境下的不同假设来评估未来的市场演变;另一方面又因相互间不同的文化环境、语言和习惯,使得交流和沟通变得困难,从而对同一信息的理解可能产生偏差,这就可能导致全球供应链上各节点企业建立在同一信息基础上的预测的结果出现差异。同时,客观的空间距离的拉长引致不确定性因素增加,结果公司会发现自己正在使用高度失真的不准确信息,这必然使预测的准确度大大下降。因此,在全球化供应链中,公司往往依靠增加安全库存来调整预测的误差,以应对需求的不确定性。

3. 供应链结构风险

供应链结构风险主要是指独家供应商风险。选择独家供应商会对供应链的运作带来极大的风险隐患,可能一个环节出现问题,整个链条就会崩溃。企业常常为了实现降低成本的短期利益而忽视规避风险的长期利益,使供应链上出现独家供应商,在这种经营环境下,一旦该独家供应商出现问题,或是发生关系破裂而恶意中断供应,都会给整个供应链带来重大的损失。所以,供应链管理中,尤其是国际供应链管理,应注意不能仅为了实现降低成本的短期利益而忽视规避风险的长期利益,使供应链出现独家供应商。这样一来,一旦一个环节出现问题,整个链条就会崩溃。

4. 信息传递风险

供应链上的成员之间信息传递的不对称、不流畅和扭曲也会导致风险发生。当国际供应链规模日益扩大,结构日益复杂时,供应链上发生信息错误的机会也随之增多。网络传输速度、服务器的稳定性、软件设计中的缺陷、越来越猖狂的病毒作祟,都会严重地干扰供应链的正常运行。例如,我国一家著名的通信制造企业因内部网络中断,造成 2 个小时的瘫痪状态,使企业损失巨大。为了确保供应链上信息传递的正确性和可靠性,企业必须采取一定的措施使它的信息系统规避这类风险。

二、国际供应链风险识别

(一) 国际供应链风险识别需要的信息

风险的识别过程从收集相关信息资料开始,再借助风险识别工具与技术的帮助分析识别可能的供应链风险,并根据风险识别的结果形成风险来源、风险形式以及风险分类等文档资料,未进行风险应对做好准备。

(1) 一般环境信息,主要包括政治法律信息、经济信息、社会信息、技术信息、自然灾害、环境保护等其他信息。

(2) 供销行情和合作伙伴及竞争对手信息,包括采购市场的形势变化、可替代性、顾客以及潜在顾客的需求变化、竞争对手行为(包括潜在竞争者、新进入者和替代品信息)、合作伙伴的表现(包括企业实力、合作态度、服务水平、供应成本等)。

(3) 物流环境信息,包括供应网络覆盖地区的交通信息、仓储设施状况、物流各环节服务水平和价格、运作处理时间等。

(4) 供应链管理历史统计资料信息,包括供应链管理的统计资料数据,关于风险事件及其后续影响、处理结果等资料信息。

(5) 供应链管理计划与企业战略等文件资料信息,企业的供应链管理必须符合企业的战略规划。根据供应链计划,进一步明确实现计划的前提、资源、约束条件;计划做出的假设、前提,预测中蕴含着目标实现的风险。任何供应链都是在一定的环境下运行的,受到内部和外部许多因素的制约,应充分考虑制约因素的限制。

(二) 国际供应链风险识别的方法

1. 德尔菲法

德尔菲法又称专家意见法,是一种比较简单、容易操作又很实用的方法。它是美国著名咨询机构兰德公司于 20 世纪 20 年代初发明的,此后德尔菲法被广泛应用到各种预测和决策过程中。在进行风险识别时,特别是涉及原因比较复杂,影响比较重大而又无法用分析的方法加以识别的风险时,德尔菲法是一种十分有效的风险识别方法。运用德尔菲法进行供应链风险识别一般可采取以下程序:

(1) 供应链风险管理主体(机构)首先制定出风险调查方案,确定风险调查内容。

(2) 聘请若干名专家,由供应链风险管理人员以发调查表的方式向他们提出问题,并提供供应链运营的有关资料。这里专家人员的组成应是不同领域的行家,提供的资料应该全面,特别是有关供应链运营流程方面的资料。

(3) 专家们根据调查表所列问题并参考有关资料相应地提出自己的意见。

(4) 风险管理人员汇集整理专家们的意见,再将不同意见及其理由反馈给每位专家,让他们第二次提出意见。

(5) 多次反复使意见逐步收敛,由风险管理人员根据实际需要决定在某点停止反复,得到基本上趋于一致的结果,最后汇总分析。

2. 财务报表法

财务报表法就是根据企业的财务资料来识别和分析企业每项财产和经营活动可能遭遇到的风险。财务报表法是企业使用最普遍,也是最为有效的风险识别与分析方法。企业的各种业务流程、经营的好坏最终体现在企业资金流上,风险发生的损失以及企业实行风险管理的各种费用都会作为负面结果在财务报表上表现出来,因此企业的资产负债表、损益表、财务状况变动表和各种详细附表就可以成为识别和分析各种风险的工具。供应链是由各企业组成的价值增值链,供应链风险的影响最终还是会落实到各成员企业中,并通过相应的财务报表反映出来,因此可借助财务报表法来识别和分析各企业中存在的风险,并通过归纳总结得到供应链的整体风险。

3. 事故树法

事故树法又叫故障树法,是分析问题时广泛使用的一种方法。它是利用图解的形式将大的故障分解成若干小的故障,或对各种引起故障的原因进行分解。由于分解后的图形呈树枝状,因而称故障树法。在对供应链风险识别时,故障树法可以将整个供应链所面临的主要风险分解成若于细小的风险,也可以将产生风险的原因层层分解,排除无关因素,从而准确找到真正产生影响的风险及原因。

4. 环境扫描法

环境扫描是一个复杂的信息系统,搜集和整理供应链系统内部和外部各种事件、趋势的信息,了解和掌握供应链所处的内外环境的变化,辨别所面临的风险和机遇。通过环境扫描,一旦风险信号被捕捉到,必须马上进行分析并做出反应,并传递到后续风险管理阶段。环境扫描当前主要有三种模式:① 非定期模式;② 周期性模式;③ 连续性模式。

5. 风险问卷法

风险问卷又称为风险因素分析调查表。风险问卷法是以系统论的观点和方法来设计问卷,并发放给供应链各节点企业内部各类员工去填写,由他们回答本企业所面临的风险和风险因素。一般说来,供应链各企业基层员工亲自参与到供应链运作的各环节,他们熟悉业务运作的细节情况,对供应链的影响因素和薄弱环节最为了解,可以为风险管理者提供许多有价值的、细节的有关局部的信息,帮助风险管理者来系统地识别风险,准确地分析各类风险。

6. SWOT 分析法

SWOT 分析法是一种环境分析法,所谓的 SWOT 是英文 Strength(优势)、Weakness(劣势)、Opportunity(机遇)、Threat(挑战)的简写。SWOT 分析的基准点是对供应链上合作伙伴的节点企业内部环境之优劣势的分析,在了解企业自身特点的基础之上,企业风险管理者通过分析企业内外环境条件对企业经营活动的作用和影响,以发现风险及可能发生的损失。

7. 情景分析法

情景分析法常常以头脑风暴会议的形式,来发现一系列主要的与经济、政治、技术、文化等相关的影响供应链表现的风险因素。这种方式可以识别世界将来发展的一个趋势。一旦某种趋势被识别出后,跟着就要分析这种趋势对企业、对供应链将会产生怎样的影响,然后发现一系列存在的或潜在的风险因素。从战略层次看,情景分析法对于识别由于新技术的出现、产业结构和动态,以及经济状况的变化等这些宏观环境所导致的风险特别有效。情景分析法也能被用在偏策略的层次来发现一些现存的风险因素,以及这些风险因素产生的影响。

8. 历史事件分析法

历史事件分析法通过分析历史风险事件来总结经验,进而识别将来可能发生的潜在风险。一般情况下,先收集一些产生不良后果的历史事件案例,然后分析总结导致这些事件发生的风险因素。而且这个分析过程也包括对那些在实际中没导致损失但却暗示着潜在危机的事件的分析。例如,零部件出现短缺、客户需求突然发生变化、生产和产品质量发现问题等等。它的缺点是重大风险事件是很少发生的,本供应链中并不存在足够的风险事例用来分析。而且只能识别那些已经发生过的事件风险因素,容易忽视一些新的还没有出现过的重要风险因素，特别是那些与技术更新、行业实践与产业动态相关却从没出现过的风险因素。

9. 流程分析法

供应链风险因素也可以通过分析供应链流程而识别出。这种方法首先绘制出展现不同事业功能的供应链流程图，而且这个流程图必须足够详尽，包括从起点到终点的整个可供分析的供应链流程。这个流程图里的每一步都代表一个独立的事业流程，要弄清楚关于这个流程的细节，包括它的目的、如何进行、由谁来进行以及所有可能导致的失误。供应链流程图完成后，它就可以被用来分析并发现控制缺陷、潜在失效环节以及其他的薄弱环节，要特别留意那些不同的部门或组织的交接处可能产生的潜在风险。这个分析可以识别出那些并没有展示在现有流程中的被遗漏的控制程序，另外还可以识别出那些被错置的任务和职责，而它们可能导致流程错误或失控。流程分析法对于识别那些与不良执行相关的风险因素特别有效，与历史事件分析法不同，流程分析法可以在损失实际发生之前就识别出那些潜在的风险，它也可以帮助弄清这些潜在风险对整个供应链运行将会产生的影响大小。

（三）国际供应链识别应注意的问题

1. 风险意识

风险识别作为一项科学的管理活动，本身要有组织性和制度性，特别对供应链这种特殊的企业群而言，风险识别的制度性更为重要。但是在很多企业，对风险的认识还处于非常初级的阶段。比如，在企业的管理人员已经意识到某类风险，但是他们认为向高级管理人员汇报风险情况等于他们承认自身能力不足，如果他们并不是特别熟悉企业的各项运作活动，自身也没有掌握足够的相关知识和技能，也就意味着他们无法解决问题，帮助消除风险，或者面对这样的风险。那么，这些管理人员会隐藏即将发生的风险，假装它们并不存在。另外一个忽视风险的动机在于，最先发现风险问题的人，通常会被赋予解决这一问题的责任——即使并不是他们的职责所在，他们也没有足够的知识和技能来处理，远远超出其控制范围。因此，在风险识别时一定要强制规范，要求每一个节点企业按要求运作，配合风险管理主体定期进行风险识别的工作。

2. 系统性

上面类似的情况，同样会出现在组织层面。在供应链上的每一个节点企业都希望其他成员尽可能地降低它们的风险，这使得每个企业都不愿意承认自身存在风险。因为它们如果承认自身的风险，很有可能会因此而失去很多商机，获利的则是那些显得不那么开诚布公的竞争对手。

因此，供应链风险识别不能局限于某一个企业、某一个环节或某一个方面，而要研究识别整个供应链系统的全部风险。包括识别供应商、供应商的供应商、制造商、用户及用户的用户它们所有的风险，还包括识别原材料和零部件的采购供应环节、制造环节、分销环节以及整个运作过程中的物流运输环节的所有风险。总之，要从系统全局全方位地识别和分析整个供应链的风险。

三、国际供应链风险分析

供应链风险分析就是通过归类，掌握风险产生的原因和条件，以及风险具有的性质，分析风险方法主要有两种。

（一）纯定性分析方法

纯定性分析方法是对风险列表里的每一项风险，都给出详细的描述。

（1）风险的性质——定性地描述风险。

（2）后果——定性地描述潜在的损失和获利。

（3）可能性——主观确定风险是否会现实发生。

（4）范围——风险发生影响的对象，比如供应商、交付、成本、服务等。

（5）责任——风险发生所在的职能部门以及承担控制风险的责任方。

（6）利益相关者——受风险影响的人员以及他们的预期。

（7）目标——通过风险管理希望达到的目标。

（8）相关——与其他风险的相关性。

（9）运作活动的改变——缓和风险带来的影响。

（10）企业现有风险管理的方法以及有效程度。

这些细节可以更细致地描述风险的性质，帮助更好地理解风险的影响和所造成的后果。

（二）定量分析

风险分析中有很多不同种类的定量分析方法，这些方法都基于两个因素：风险事件发生的可能性；风险事件确实发生所造成的后果。通过这两个因素，可以计算期望值来评估风险：

$$事件期望值=概率\times结果$$

当交货有10%的可能性延迟，延迟损失是20 000美元时，那么延迟的期望值=10%×20 000=2 000(美元)。

我们所谈到的期望值，强调的是风险多次发生的平均结果，而不是风险每次发生的结果。

除了上述的发生概率和发生结果这两个核心因子之外，国内外研究者还提出其他因子，最具代表性的是风险管理的不完美性，所表现的数值可能是企业管理人员发现风险并在风险事件发生之前就采取补救措施的概率，或者是正确识别风险的概率、风险发生的概率、有能力应对风险的概率、改变风险后果的概率、增加其他风险的概率等。

第四节　国际供应链风险应对

国际供应链风险管理的最终目的是以最经济合理的方式减小乃至消除各种风险导致的

灾害性后果。因此，在完成供应链风险识别后，选择最适当的方法或综合方案应对风险是供应链风险管理的必然选择。由于国际供应链所涉及的地区差异较大，其管理水平、技术水平与设备水平不同，风险控制的目标水平也不相同，且风险管理过程中还会不断出现新的情况和问题，因而，供应链所面对的风险管理形势是各不相同的，供应链风险产生的后果不尽相同，相应的处理措施也不一样。

一、建立供应链风险管理机制

国内外学者对供应链风险进行了大量的研究，将供应链企业面对的风险因素主要分为两类：未知的不确定因素和可观测到的某些不确定因素。针对这两种不同特性的风险事件，需要建立对应的风险管理机制。

对于未知的不确定性因素，人们不可能观测到，无法预知什么时候将发生风险，针对这类风险事件，应建立起有效的风险应急机制。也就是说，在出现风险后，企业可以针对风险快速做出响应，以免错失风险处理良机。

对于可观测到的某些不确定性因素，可以建立起风险防范机制，将可能发生的风险消除在萌芽状态。其实最有效的风险管理就是防范风险的发生，因为一旦形成风险了，再有效的处理也无法避免损失，只是尽量减少损失而已。而如果可以防范风险的发生，那么会减少很多不必要的损失。

二、构建供应链风险管理体系

根据企业对风险的不同态度，可以总结出企业供应链风险管理的一些基本措施，不同的企业可能会采取不同的措施。但是，不管采取何种措施，都无一例外的应该建立起一套有效的风险管理体系和运行机制，从组织上保证对风险管理的需要。

（一）建立正式的风险管理组织机构

与供应链企业内其他管理职能一样，真正了解和重视供应链风险管理的组织，首先要做的就是在组织内建立一个专门负责风险管理的部门。有的企业建有风险管理小组这类临时性机构，虽然对风险管理有一定作用，但缺乏长效机制。因此，最有效的风险管理机制是在企业内建立一个专司供应链风险分析和管理的部门。

（二）供应链风险管理部的职能

1. 制定危机应急计划，系统进行风险分析

供应链风险管理部要对企业及供应链系统所处内外部环境进行风险因素分析，详细掌握各种风险因素的动态，然后定期或不定期地进行企业运营风险分析，并将分析报告及时提交给最高决策者。

2. 做好应对风险爆发后的“被害预测”

有些风险是无法预测的，其爆发时无任何征兆，对这类风险引发的重大风险，供应链风险管理部要事先制定预案，然后进行风险分级管理。一旦真的发生重大风险，要迅速做出

"被害预测",根据每一项风险的解决方案,明确责任人与责任完成时间。

3. 处理风险模拟训练

根据"被害预测",做成对应的措施脚本,另外还要不定期举行不同范围的风险爆发模拟训练。不仅要对领导组织做如何应对风险的训练,还要对全体员工进行各种风险事件爆发后的应对训练。平时的训练非常重要,一是可以让企业员工都建立起风险防范意识,二是知道一旦发生风险如何应对。否则,风险爆发后将会给企业和个人造成巨大损失。

三、供应链风险应对策略

在实施供应链风险应对时应该体现预防在先、补救在后,控制为主、对抗为辅的原则。这就要求供应链风险管理主体尽可能地在供应链风险管理中占据主动地位,避免供应链风险连锁反应的出现,同时结合供应链风险预警体系及时发现处理风险,实施动态的风险管理。

由于风险的种类繁多,因此我们应该以一种逻辑和系统的方式应对供应链风险。供应链风险管理主体可以针对供应链中存在的各种风险及它们的特征,从战略层和战术层分别加以考虑,然后采取相应的措施处理各种供应链风险。

(一)战略层的供应链风险应对

从战略层面来说,以供应链全局的视角考虑降低供应链风险发生的概率,减少风险带来的损失,使得供应链稳定发展是供应链风险管理的核心任务。下面从战略层面上给出应对供应链风险的一些策略。

1. 打造具有风险意识的企业文化

由于供应链结构特征的复杂性,使得供应链比其他系统存在更多的潜在威胁。供应链风险管理要求企业文化要做相应的调整以适应其要求,也就是要使供应链风险管理融入供应链及其所属经济单位的战略、战术决策及各项活动之中,使风险管理成为供应链全体成员的一项自觉的行为。

打造具有风险意识的企业文化,首先要通过相关的政策、制度使人们明确对于风险管理的态度、企业风险管理的目标及企业的应对原则等等,使人们树立遇到风险敢于应对的态度。其次要在供应链中规范统一风险管理语言。最后,建立供应链风险管理文化需要高层决策者的风险意识,更需要经常性的教育,要不断向供应链各节点企业各层次人员灌输风险意识,使他们掌握供应链风险管理的一般知识,尤其是风险识别技术。供应链和各节点企业的最高领导者更是要以身作则,时刻不忘风险的存在,并在各种场合强调风险管理问题。

2. 建立战略合作伙伴关系

供应链企业要实现预期的战略目标,客观上要求供应链企业进行合作,形成共享利润、共担风险的双赢局面。因此,与供应链中的其他成员企业建立紧密的合作伙伴关系,成为供应链成功运作、风险应对的一个非常重要的先决条件。这不仅包括了制造商与制造商之间的横向合作,也包括了供应商与制造商之间的纵向合作,这两种合作都对降低供应链的脆弱性和减少风险起着举足轻重的作用。

建立长期的战略合作伙伴关系，首先，供应链的成员要加强信任。其次，应该加强成员间信息的交流与共享。最后，建立正式的合作机制，在供应链成员之间实现利益分享与风险分担。

3. 建立供应链风险预警系统

许多供应链风险的发生都是有征兆的，可以通过经济波动、产业政策变化等因素反映出来。如果能够找出供应链风险发生的一般规律，那么就可以建立一个风险预警系统。供应链风险预警系统的构建，使得供应链风险管理形成了一个从风险识别到风险应对的动态性体系。

4. 完善供应链风险应急处理机制

在供应链风险管理中，首先应在风险发生之前减少风险发生，但供应链是一个复杂的系统，风险事件难以避免，因而对风险的发生应有充分的准备。提早预测各种风险，制定应急措施和工作流程，在风险事件出现后，对损失的后果及时进行补偿，促使其尽快恢复，将损失有效地控制在供应链自身可接受的范围内，使供应链免遭更大损失。所以，在设计供应链战略时，充分考虑供应链上可能遇到的风险，由此制定应急管理机制。

（二）战术层的供应链风险应对

战术层的供应链风险应对是指对各种供应链风险进行有针对性的、合理的、具体的应对方法和技术，针对不同的评价结果，结合风险各自的特点，可以选取适当的风险应对方法。战术层面上常用的风险应对方法有回避、转移、自留、控制、集中和对抗。

1. 供应链风险回避

当供应链运行的某些方案和做法出现风险的可能性较大，后果也比较严重，又没有切实有效的手段控制风险时，应主动改变行动方案，甚至放弃一些业务，这种策略就是供应链风险回避。它断绝了风险的来源，是一种彻底规避供应链风险的应对方法。例如，供应链在考虑配送中心选址时不把配送中心建在物流环境差、社会治安混乱的地区，进而来回避人为因素造成的物流服务水平差的风险。供应链风险回避的方法分为完全避免和部分避免两种。

2. 供应链风险转移

供应链风险转移是根据合同或法律，将损失的一部分或全部向供应链合作伙伴或供应链以外的组织或个人转移风险的一种方法。实施供应链风险转移策略的原则是：① 让主动承担风险者得到利益；② 谁有能力管理风险就让谁承担；③ 让过错的一方承担风险。在这种风险应对方法下，供应链的风险程度不变，而只是以一个价格从转移者转给被转移者。它主要有出售、外包、责任合同、保险与担保、诉讼几种形式。

3. 供应链风险自留

有些情况下企业可采取供应链风险自留的策略，把造成的损失作为正常的费用。这是一种最为省事的风险应对策略，一般有主动自留和被动自留两种情况。主动的风险自留是指已知风险存在，但为了获得可能的高利回报而甘冒风险；或者是在权衡风险造成损失和处理风险需要花费的成本后,采取的风险自留。例如,鼓励零售商多进货、多销售,允许零售商把多余的或有质量缺陷的产品无条件退回,有效降低了零售店的缺货率,批发商虽然承担了一些退货,但降低了供应链的整体风险。被动的风险自留是指某些风险是供应链的系统风险,无法回避、无法控制,也不能转移,只能通过系统吸纳来被动地接受风险。

4. 供应链风险控制

供应链风险控制是在供应链风险进行识别和分析的基础上,有针对性地采取防范、保全和应急措施来减少风险发生的概率和风险对供应链的影响。供应链风险控制主要包括两层含义:一是控制风险因素,减少风险的发生;二是降低风险发生的频率和风险损害程度。

根据实行控制措施相对于风险事件的时间先后,把风险控制分为事先控制、事中控制和事后控制。事先控制也称主动控制、前馈控制,是根据风险分析的结果,事先采取措施防止发生风险事件,并准备风险应对手段。事中控制也称被动控制、保护性控制,是指密切监视供应链系统的运行,在风险事件发生以后,及时通知可能受到影响的各方面立即采取措施,努力减轻风险造成的影响。事后控制指的是风险过后的善后工作。

5. 供应链风险集中

供应链风险集中是指供应链管理者向其下的各经济单位收取少量的管理费,由供应链整体承担某些风险,而不利用保险的形式。虽然每个单位交的数目很小,但加在一起数目就很大,足以用来应对风险。

6. 供应链风险对抗

风险对抗时对供应链风险进行主动出击,破坏风险源或改变风险的作用,释放风险因素蕴含的破坏力,以减少风险对供应链运营活动的影响和损失。例如,为了应对消费者对产品需求减少的风险,采取主动开发新产品的方式来应对。

第五节　国际弹性供应链

一、国际供应链弹性

从弹性的基本含义来看,适应性、柔性和恢复能力是弹性的本质属性。现今的商业环境中,"弹性"被广泛用来描述组织对意外中断的反应并恢复其正常功能的能力,在面对供应链风险,有的企业做得更好,并不是有什么诀窍,而是因为它们的供应链更具有弹性。

国际供应链的"弹性"是指整个国际供应链作为一个整体对需求源需求变化的适应程度。供应链在面临天灾、战争等危机时,应具备灵活具体的应变手段,调整供应链的供应,使得供应链的运营具有良好的弹性;面对可能出现的风险时,对各种关系进行权衡,以应付各种危机。

供应链弹性包括柔性和敏捷性。柔性(Flexibility)是指供应链随着市场环境和条件的变化而及时调整以满足顾客需求的灵活性；敏捷性(Agility)是指对供应或需求的不可预知的变化做出快速反应的能力。

二、弹性供应链构建

(一) 供应链再设计

通常都是依据成本或客户服务最优化来设计供应链，但如果供应链面临某个风险，那就应该依据弹性原则来设计供应链。供应链再设计应包括以下几个内容。

1. 供应链分析

增进供应链弹性的一个首要前提就是要了解企业与他的供应商和供应商的供应商以及下游的客户之间的网络关系。供应链节点往往有能力限制，因而通常是供应链的"瓶颈"部分。例如，港口的集装箱吞吐能力不足，往往影响整个供应链系统的能力。供应链中的关键路线有下列一个或多个特征：

(1) 前置时间长，例如从下订单到交货补充库存的时间。

(2) 原材料供应采用的是单一供应源供应。

(3) "可见性"很低，节点之间几乎没有或很少有信息共享。

(4) 可确认的风险程度很高(如供应、需求、流程、管理和环境风险)。

将供应链分析的结果用来建立供应链风险记录，记录供应链中主要节点的脆弱性，还要确定对这些脆弱性的监控以及风险的管理措施。

2. 基本供应战略

许多企业都在不断地削减供应商数量甚至只保留一个供应商，也就是说，单一供应源，某种特定的产品或服务只有一个可靠的供应商。这种做法有利于节约成本和提高产品质量，但却对于供应链弹性不利。保险的供应战略应至少有一个后备供应商，这样在必要时能避免供应中断。

在选择供应商时，一个关键标准是供应商的风险意识。例如，他们是否评估了供应链的风险状况？是否有适当的监控和减轻风险的措施？对核心企业来说，应该采用主动的供应商发展战略来与主要供应商紧密合作，以帮助他们改进供应链风险管理措施。

3. 供应链再设计的原则

在对供应链进行(再)设计时应该考虑以下两条原则以增进供应链的弹性：① 选择保持几个选择权公开的供应链战略。在短期内这可能不是成本最低的运行方案，但是当风险发生时能够有助于降低中断影响。这与投资计划中的"实物期权理论"(Real Options Theory)相类似。② 再次检查"效率/冗余"的平衡。就是要平衡保持松弛的"准事制"(Just-in-Case)所造成的成本增加和不利事件可能造成的消极影响。剩余的能力和库存往往仅仅被看成是"浪费"而不受欢迎。然而，"瓶颈"处的额外能力和/或库存战略决策对提高供应链的弹性非常有益。剩余能力和库存都能使供应链"松弛"以避免涌浪效应(Surge Effect)，从而更好地管理需求不确定性。

(二) 供应链合作

供应链中企业之间的紧密合作有利于降低风险,现在有不少企业已经开始认识到合作的重要性。企业之间良好的合作要求供应链中企业之间有充分的信息交流。通过充分的信息共享能实现"供应链智能",使供应链上的各个企业能更加清楚地了解供应链的风险性以及风险的变化,供应链智能描述供应链中企业之间认识产生与共享的过程。

(三) 敏捷性

许多企业对需求变化或供应中断的反应时间太长,因此处于风险中。敏捷性涉及整个供应链上的企业,供应链敏捷反应的关键是核心企业有敏捷的上游和下游合作者。敏捷性的两个要素是"可见性"和"速度"。

1. 供应链可见性

可见性指核心企业对上游和下游的库存、需求和供应情况、生产和采购进度等有清楚的了解。如果核心企业的上游和下游企业存在中间库存,会降低可见性。"牛鞭效应"会进一步降低可见性,因为"牛鞭效应"会放大市场需求的变化,从而扭曲市场信息。要提高供应链可见性,要求企业与客户和供应商紧密合作,也要求企业进行内部整合。

2. 供应链速度

速度是一段时间内所经过的距离,因此要提高速度,必须缩短时间。这里的时间指"端到端"的渠道时间,如将产品和原材料从供应链一个端点流通到另一个端点所花费的总时间;对核心企业来说,指它从下订单给它的第一层供应商时起到产品到达消费者手中所花费的时间。速度还指加速度,即供应链如何快速地对需求的变化做出反应。

提高供应链速度和加速度有三个基本方法:① 改进流程;② 缩短交货的前置时间;③ 减少无价值的附加时间。改进流程指削减流程的阶段数量,改进后的流程是基于电子的而不是纸面的,用来完成相互平行的而非连续的活动;同时,改进后的流程是根据最小的批量(指订单数量、生产批量或运送数量)而设计的,因为关键是灵活性而不是规模经济。另一个提高供应链速度的方法是缩短交货的前置时间。因此,应该将供应商在交货方面的快速反应能力和处理订单短期变化的能力作为选择供应商的一个标准。第三个方法是减少供应链中无价值的附加时间。从客户的观点来看,花在供应链中的时间大多都没有增值价值,例如库存时间。

(四) 营造供应链风险管理文化

许多企业都认识到,要实现全面质量管理(Total Quality Management,TQM)要营造一种人人都重视质量的文化氛围。同样,做好风险管理最重要的亦是企业人人都重视风险,因此应该在企业内部营造一种风险管理的文化氛围。

案例分析

爱立信全球供应链风险管理[①]

1. 爱立信供应链风险事件。

爱立信公司曾经其在全球140多个国家拥有6万多名员工，世界十大移动通信运营商全都是爱立信的客户，每天40%的无线电话呼叫是通过爱立信的系统来完成的，直到促使爱立信重视供应链风险管理是"阿尔伯克基事件"的发生。2000年3月18日，位于美国新墨西哥州阿尔伯克基的菲利普电子公司晶片厂因闪电引起了10分钟的火灾，但恢复正常生产需要数周的时间。同时也改变了欧洲两大电子公司的力量对比。芬兰的诺基亚公司和瑞典的爱立信公司此前都向由荷兰飞利浦电子公司拥有和经营的这家公司购买计算机芯片。这些芯片是诺基亚和爱立信在全世界销售的移动电话的核心，火灾发生后，这种供应一下子中断了。飞利浦电子公司需要数周时间才能使该工厂恢复正常生产。由于全世界手机生意兴旺，诺基亚和爱立信都等不起。但是，这两家公司对这场危机的反应截然不同。在瑞典赫尔辛基郊外的诺基亚公司负责人在飞利浦公司通报前就注意到芯片供应问题，公司负责解决供货问题的佩尔蒂·科尔霍宁立即做出反应。不到两周，一个由30人组成的班子分赴欧洲、亚洲和美国寻求解决办法。他们重新设计了芯片，大大改变了购买零件的方式，包括努力确保关键零件不只是来自一个供应商，并且加快了一项提高产量的计划，以使其他供货商紧急增加芯片供应量。爱立信的动作就慢多了，从一开始它对处理这个问题的准备就稍逊一筹；与诺基亚不同的是，它没有其他供货商供应其所需的芯片(RFC)。结果，爱立信的一种重要新产品缺少数百万个芯片，而当时的手机市场销售火爆，爱立信在随后的几个月内几乎中断了主流型手机产品的生产销售。2001年春公布的年报显示，该事件造成的损失约4亿美元，并最终导致爱立信从无线通信终端业务中退出。

2. 爱立信供应链风险管理体系的改进。

"阿尔伯克基事件"发生之后，爱立信公司重新设计自己的全球供应链管理体系，尤为重视供应链风险管理，主要包含以下方面：

(1) 爱立信风险识别。爱立信识别供应链风险的方法与基于SCOR模型的供应链识别方法类似，基本方法是根据上游供应链相关成员关系的图形，可以清楚地明确所有的供应商、产品与服务的运营状态，目的是检查爱立信与供应商之间的供应风险源，更好地理解风险发生的概率以及风险影响的冲击。截至2009年，爱立信公司用这种方法对一二级供应商的一万多个风险因素进行了分析。在分析时，风险因素按产品的来源数量被分成4个不同的级别，分别是：产品有一个以上的供应源；产品只有一个采购源，其他采购源能获得但没被采用；产品只有一个采购源，其他采购源能获得但存在一定的困难；产品只有唯一采购源，没有其他的采购途径。产品的采购源越少，发生业务中断造成的损失将越大。因此，爱立信按业务恢复时间的长短，将风险影响因素也分成4个不同的等级：从其他可选供应源得到产品

① 资料来源：重庆科技学院学报(社会科学版)2010年第22期。

的时间在3个月以内;备选供应源得到认可并提供产品需要3～8个月的时间;经过9～12个月的时间,可能需要重新确定单一供应源;重新设计高度复杂的产品单源供应链,需要12个月以上。

(2) 爱立信风险估计。经过风险识别之后,爱立信公司继续对关键产品的供应商、子供应商进行深入分析。为此,爱立信开发了“爱立信风险管理评价工具”(Ericsson Risk Management Evaluation Tool,ERMET)对公司的每个业务领域进行全面评价,并通过计算风险发生概率与风险后果来定量估计风险。但由于风险概率的数值难以得到,风险值(风险后果与风险概率的乘积)也难以算出,因此爱立信在对风险进行排序、考虑优先对哪个供应商或哪个元器件的供应采取行动时,主要考虑其对财务指标的影响。为了得到风险后果对爱立信财务指标的影响。需要计算业务中断价值(Business Interruption Value,BIV)。这个数值被定义为单位时间总利润与业务恢复时间(BRT)的乘积加上额外成本(如闲置设备与劳动力成本、库存持有成本等),还包括商誉损失。根据BIV的数值对风险进行下列分类:严重风险,BIV大于1亿美元;重大风险,BIV在5 000万美元到1亿美元之间;次要风险,BIV在1 000万美元到5 000万美元之间;可忽略风险,BIV小于1 000万美元。以此为基础,把风险识别的结果与以上标准相比较,把风险后果分为很高、高、中等、低4个等级。对于不同的风险等级,采取不同的管控对策。当风险很高和高时,采用的风险标记分别是红色和橙色,采取的行动措施是密切监视,并制订应急计划;当风险程度为中等时,风险标记为黄色,采取的行动措施为密切监视,但可以不制订应急计划;当风险程度为低时,风险标记为绿色,不需要采取行动措施。

(3) 爱立信风险处理与管理。爱立信风险管理过程的第三步是风险处理,包括制订风险规避策略并决定其实施方法。风险管理的责任与产品线一致,谁来实施风险规避策略取决于风险所在的位置,公司建立了风险管理责任表来确定由采购部门、供应管理部门还是生产部门负责。然后通过制定风险图与相应风险管理措施的样表来描述风险源、风险发生概率和风险后果,接着是一系列的风险规避策略及其成本、规避策略对风险状态的影响,特别是要把采取风险预防措施的成本与业务中断价值进行比较、权衡,在风险防护方面过高的投资是不合算的。

(4) 爱立信风险监视。在第四步风险监视中,如果风险水平是“很高”或“高”,而且没有采取有效的风险规避措施,就需要对风险状态进行监视;如果采取了风险规避措施之后残余风险水平没有降低到可以接受的范围之内,也需要继续对风险状态进行监视。风险监视可以使用工具模板,监视公司内部相关部门履行风险管理职责的情况、不同供应链合作伙伴履行风险控制承诺的情况。同时对于供应商、子供应商的风险管理过程也给予特别注意。

(5) 爱立信意外事件处置与应急计划制订。爱立信把风险控制的重点放在建立意外事件处置与业务连续性规划上,以减少意外事件的后果影响。“阿尔伯克基事件”以后,公司建立了应付紧急事件的“特别工作队”,即一旦事件发生,情况及时向采购部门、供应链管理部门、生产部门的特别工作队报告,事件的报告要及时传递给可能受到影响的相关部门特别工作队、供应链风险管理经理、公司风险经理等,同时通知相关的系统业务领域、营销代表。如果公司不能通过消除或最小化风险后果来管理风险,公司则应制订应急计划来决定如果某事件发生相应地应采取什么措施。爱立信把应急计划分为响应计划、恢复计划和复原计划。

本章小结

本章对国际供应链风险管理的基本理论问题进行了阐述，分析了国际供应链的风险辨析方法，列举了常见的应对策略，同时讨论了国际弹性供应链。

国际供应链又称为全球供应链，它根据供应链管理的基本理念、模式，按照国际分工协作的原则，优势互补，实现资源在全球范围内的优化配置。国际供应链有以下特殊性：国际性、复杂性、风险性、标准化要求高。国际供应链的类型可分为国际配送型供应链、国际采购型供应链、离岸加工型供应链、综合型全球供应链。

供应链风险包括所有影响和破坏供应链安全运行，使之达不到供应链管理预期目标，造成供应链效率下降、成本增加，导致供应链合作失败或解体的各项不确定因素和意外事件。供应链风险的特点：动态性、传递性、多样性和复杂性、此消彼长性。

供应链风险管理是通过识别、衡量、分析供应链风险，并在此基础上有效地控制供应链风险，用最经济合理的方法来综合处理供应链风险，并对处置建立反馈机制的一整套系统而科学的管理方法。

国际供应链风险识别的方法包括德尔菲法、财务报表法、事故树法、环境扫描法、风险问卷法、SWOT 分析法、情景分析法、历史事件分析法、流程分析法。

在实施供应链风险应对时应该体现预防在先、补救在后，控制为主、对抗为辅的原则。战略层的供应链风险应对策略：打造具有风险意识的企业文化、建立战略合作伙伴关系、建立供应链风险预警系统、完善供应链风险应急处理机制。战术层的供应链风险应对策略：供应链风险回避、供应链风险转移、供应链风险自留、供应链风险控制、供应链风险集中、供应链风险对抗。

国际供应链的“弹性”是指整个国际供应链作为一个整体对需求源需求变化的适应程度。

第 10 章　AEO 框架体系背景及内容

AEO 制度是海关实现分类通关提升通关效率的重要保证，AEO 认证对企业供应链管理有着较为规范性的要求。本章介绍了 AEO 的基本概念及 AEO 认证制度的背景，较为详细地阐述了 AEO 制度框架的基本内容，介绍了海关对 AEO 认证企业的便利管理措施。

第一节　AEO 的概念及背景

一、AEO 和 AEO 认证的概念

国际贸易是经济繁荣的基本推动力。全球贸易体制极易被恐怖分子利用，造成对整个世界经济的严重损害。作为监管国际货物流动的政府部门，海关在加强全球供应链安全、通过征收税款和便利贸易为社会经济发展做贡献等方面有着独特的地位。

为加强和超越现有的规定和做法，世界海关组织成员们制定了一整套加强国际贸易安全与便利的措施，即《世界海关组织全球贸易安全与便利标准框架》(以下简称《全球贸易安全与便利标准框架》或《框架》)。《框架》设立了一系列原则和标准，是作为世界海关组织成员必须接受和实施的最低标准。

所谓 AEO，即经认证的经营者(Authorized Economic Operator)，在世界海关组织(WCO)制定的《全球贸易安全与便利标准框架》中被定义为“以任何一种方式参与货物国际流通，并被海关当局认定符合世界海关组织或相应供应链安全标准的一方，包括生产商、进口商、出口商、报关行、承运商、理货人、中间商、口岸和机场、货站经营者、综合经营者、仓储业经营者和分销商”。

AEO 认证(Validation)是指海关制定的，由海关或海关指定的协助海关进行认证的第三方，对 AEO 企业及其采用的以达到 AEO 资格为目的的各项措施进行公开和全面的审查的程序。

第三方认证者(Third Party Validator)是指协助海关完成安全风险评估审查以及相关的认证手续的行为的非海关单位。海关授予企业 AEO 称号或决定其受益程度的权力不应委托给第三方认证者。

二、我国 AEO 制度产生的背景

我国于 2005 年 6 月在世界海关组织第 105/106 届理事会年会上签署实施《标准框架》意向书，此后积极进行 AEO 认证制度的研究与实践，并逐步建立起我国海关的 AEO 认证

制度。2008 年 4 月 1 日起实施的《中华人民共和国海关企业分类管理办法》(海关总署第 170 号令)将 AEO 认证制度关于守法、安全、海关与商界的合作伙伴关系等实体要求及贸易便利措施、认证程序纳入其中,将 AEO 认证制度具体转化为国内制度。将进出口收发货人和报关企业分成 AA、A、B、C、D 五个类别,AA 类企业是 AEO 认证企业。170 号令的颁布和配套法规的实施,标志着我国海关 AEO 制度已经进入正式实施阶段。但是在 AEO 制度实施过程中遇到了一些问题,如 AA 类企业评定标准对大企业和中小企业没有公平对待,针对该问题,在海关总署 2011 年 1 月 1 日起实施的《中华人民共和国海关企业分类管理办法》(海关总署第 197 号令)中调整了 AA 类企业的认证标准,使之更倾向于中小企业。为建立企业的进出口信用管理制度,2014 年 10 月 8 日海关总署公布了《中华人民共和国海关企业信用管理暂行办法》(以下简称《信用暂行办法》),于 2014 年 12 月 1 日起正式实施。《信用暂行办法》以"守法便利,违法惩戒"为原则,将社会信用体系建设与企业进出口信用管理相结合。配套执行的还有《海关认证企业标准》(海关总署 2014 年第 82 号公告),从贸易安全和便利化的角度引导规范企业的进出口行为。2018 年 3 月,海关总署公布《中华人民共和国海关企业信用管理办法》(海关总署第 237 号令,以下简称《信用管理办法》),自 2018 年 5 月 1 日起施行,同时废止了《信用暂行办法》,扩大信用管理的对象范围,进一步明确认证企业优惠管理措施,加大对失信企业的惩戒力度。并于 2018 年 11 月 22 日公布了新的《海关认证企业标准》(海关总署 2018 年第 177 号公告),自 2019 年 1 月 1 日起正式施行。新《认证标准》根据企业经营类别划分为进出口货物收发货人、报关企业和外贸综合服务企业,分别适用不同的认证标准,在通关一体化和关检融合的大背景下,新《办法》和新《标准》的出台,在一定程度上将使海关对进出口企业的动态管理和调整更契合企业的经营实际,诚信企业在政府机关的信用管理体系中真正受益,失信企业受到各项管理措施的惩戒。

第二节　AEO 框架体系的内容

根据《信用管理办法》,目前我国进出口企业信用等级的设置分为高级认证企业、一般认证企业、一般信用企业和失信企业。其中高级认证企业和一般认证企业称为中国的 AEO 企业。当前只有通过高级认证的企业才能享受与中国实现 AEO 互认合作的其他国家或者地区海关给予的相关便利措施。

一、AEO 企业的便利管理措施

(一) 一般认证企业适用的管理措施

(1) 进出口货物平均查验率在一般信用企业平均查验率的 50%以下;

(2) 优先办理进出口货物通关手续;

(3) 海关收取的担保金额可以低于其可能承担的税款总额或者海关总署规定的金额;

(4) 海关总署规定的其他管理措施。

(二) 高级认证企业适用的管理措施

高级认证企业除适用一般认证企业管理措施外,还适用下列管理措施:

(1) 进出口货物平均查验率在一般信用企业平均查验率的20%以下;

(2) 可以向海关申请免除担保;

(3) 减少对企业稽查、核查频次;

(4) 可以在出口货物运抵海关监管区之前向海关申报;

(5) 海关为企业设立协调员;

(6) AEO互认国家或者地区海关通关便利措施;

(7) 国家有关部门实施的守信联合激励措施;

(8) 因不可抗力中断国际贸易恢复后优先通关;

(9) 海关总署规定的其他管理措施。

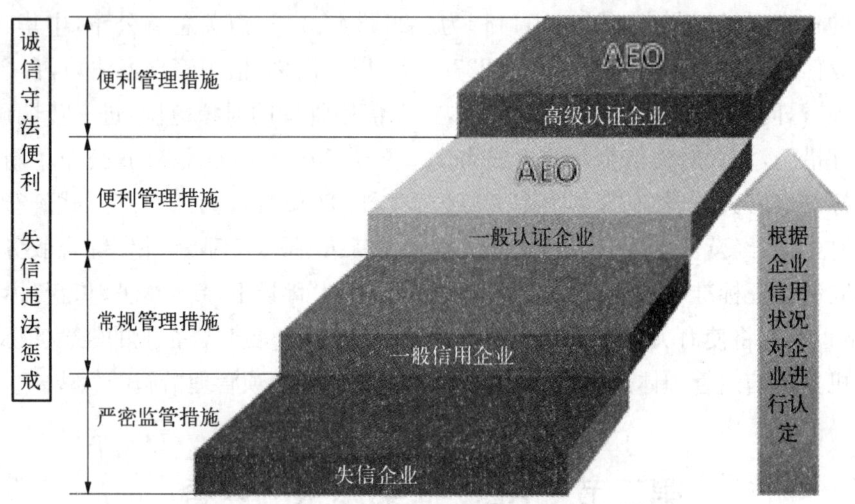

图10-1 AEO框架体系

二、目前已经和中国海关实行AEO互认的国家(地区)

AEO是世界海关组织在全球推行的全球企业供应链安全管理制度,通过各国海关对外贸供应链上的生产商、进口商等类型企业进行认证,授予"经认证的经营者"(即AEO)资格,再通过各国海关开展互认合作,实现货物在各地海关的快速通关,实现企业在全球海关的信用管理,享受世界海关提供的优惠待遇。

截至2018年年底,我国已与36个国家和地区达成AEO互认安排,包括与欧盟、新加坡、韩国、瑞士、新西兰、以色列、澳大利亚、日本等的互认以及内地和香港的互认。目前,中国海关正与俄罗斯、哈萨克斯坦、马来西亚、土耳其、蒙古等"一带一路"重要节点国家及美国、加拿大、墨西哥等重要贸易国家海关开展AEO互认磋商,力争到2020年前完成与"一带一路"沿线与我有AEO合作意愿国家的互认。

中国—新加坡,2012年6月签署;

中国—韩国，2013 年 6 月签署；
中国—中国香港，2013 年 10 月签署；
中国—欧盟，2014 年 5 月签署；
中国—新西兰，2017 年 3 月签署；
中国—瑞士，2017 年 9 月签署；
中国—澳大利亚，2017 年 9 月签署；
中国—以色列，2017 年 11 月签署；
中国—日本，2018 年 10 月签署。

案例分析

AEO 互认规则的新发展[①]

2017 年 10 月 26 日，由我国海关牵头起草的《世界海关组织"经认证的经营者"互认实施指南》(以下简称《实施指南》)在 WCO 会议上获得通过。2018 年 8 月 24 日，WCO 发布了《AEO 认证指引》(以下简称《认证指引》)与《MRA 战略指引》(以下简称《战略指引》)两个文件，我国起草的指南作为《MRA 战略指引》的附件向世界公开。作为实现互认的核心内容，《实施指南》完善和细化了互认实施阶段的工作，对 AEO 规则的落实有着不可忽视的促进作用。

WCO 发布的《认证指引》与《战略指引》两个文件及其附件，进一步细化了实现互认各环节的工作，包括协定的谈判、认证的标准、认证人的培训与能力要求、信息交换与数据保护、评估及完善等。

1.《认证指引》的新发展

《认证指引》主要包括 AEO 申请与授权阶段的工作，是把控认证质量的核心环节。《认证指引》明确了认证者需要具备的专业能力与职业素养。在知识储备层面，认证者需要熟悉海关相关法律法规，熟悉 AEO 项目，了解企业经营的法律环境，掌握风险管理的原则与技术，熟悉他国及政府间机构的安全标准与安全项目等。在技能方面，认证者需要具备分析、研究与解决问题的能力，具备团队协作能力，能够处理敏感信息，能够搜集与分析评定证据，同时也可以提出自己的观点，进行良好的沟通等。同时，认证者还必须具备公正、客观、负责、保密、专业等职业素养。要使认证者符合以上要求，海关部门的培训应当发挥重要作用，当然，除了培养储备人才，也鼓励引入行业专家以帮助认证工作的顺利进行。风险的分析与评估是 AEO 认证的核心工作，是海关决定是否授予 AEO 的关键因素，也是保护供应链安全的重要环节。评估的目的就是要确认企业是否有足够的风险控制措施，能否将风险控制在可接受的范围内，从而决定其是否足以维护供应链安全。海关要搜集尽可能多的信息来

① 资料来源：曾文革，曾庆玲. 论 AEO 互认规则的新发展、影响及其实施[J]. 海关与经贸研究，2018(6)。

了解相关企业,以识别评估风险。考虑一个风险要从两个方面进行,即类似风险发生的频率与潜在影响,这也是决定风险控制措施是否充分的因素。认证要考虑的内容需要涵盖供应链的所有方面,要根据企业在供应链中的具体角色进行评估,评估对象不仅包括目标企业本身,还应该包括其合作伙伴及相关政府机构等,考虑的具体内容应该包括商品的安全性、信息技术安全、风俗习惯、财务风险、商品物流、危机管理与应急处理,企业对海关部门信息的依赖性、企业对雇员的依赖性、企业是否存在违约违规或欺诈行为等。而《认证指引》也分别对上述内容的评估方式和技巧提供了相应的参考。除此之外,AEO 互认的性质决定了互认工作是长期和持续的,海关在接收企业申请之后,要审核与查实相关情况,分析与评估其是否符合 AEO 的条件,决定是否授予其 AEO 认证,不授予的需要说明理由并给出相应整改意见,授予了也不意味着工作就此结束,后续的监管和发展也是保证 AEO 互认落实的关键。

2.《战略指引》的新发展

《战略指引》涵盖了互认指引的原则、互认的准备、互认的培训项目、互认安排或协定的要素、互认的程序与经验教训等。互认的基本原则包括互利互惠原则、透明度原则、协同合作原则、前瞻性原则等,强调各国建立信任关系,为广大经营者提供优惠与便利。在订立互认协议或安排之前,应当考虑拟缔约国的进出口体量、其 AEO 制度的完善程度、是否有对应管理体系和主管单位、是否有完善的实施程序、政府部门等对 AEO 是否具有支持性的自愿性政策、该国的安全标准、信息技术水平等等,以确保订立该安排或协定能对经营者有益,并可良好地实施。《战略指引》指出了互认安排或协定的要素,第一要有明确的责任人,这里是指落实到明确的职能部门,即缔约双方的海关机构,而不能泛指政府。第二,双方的约定需具有兼容性,要确保所推出的标准与 AEO 的授权、申请评估、监管等相适应。第三,缔约双方要相互认可,要有明确的规定显示缔约方对其 AEO 的授权与其 AEO 认证行为的效力,当然这并不排斥进口国对 AEO 的监管与境内检查。第四,缔约方要推进信息交换与相互交流,对于一方的 AEO 情况与相关程序,及 AEO 项目的变化、变革与重大发展趋势,都要及时通知缔约方。第五,要有未来为之努力和为之完善的安排,互认是持续性的活动,要不断深化、发展与完善互认。第六,要有明确的安排或协定的修订方式。第七,要清晰地界定双方缔约的性质,安排是不具有约束力的行为,而协定是具有约束力的有效文件表示,缔约时应当采取明确的形式,选择适当的方法。最后,要明确生效的时间以及中止和终止事项。此外,《战略指引》提供了相应的附件作为指导,包括安排或协定的谈判与相应模板及成功的实践案例,而《实施指南》作为附件二规定了 AEO 的实施指导,是整个《战略指引》的核心内容。

《实施指南》着重强调 AEO 互认实施的落实,针对现下互认实施的情况,提出了建设性的意见与方案。《实施指南》细化了各方在各个阶段的工作,给各方就 AEO 互认工作作出了规范化的指引,其将 AEO 互认的实施划分为了三个阶段,分别为准备阶段、开始实施阶段及评估与改善阶段。

(1) 互认的准备阶段。

准备阶段共有五个方面内容:第一,缔约各方应当尽可能地在签订条约或安排前就实施计划进行讨论,尽快商定实施时间,拟定细致的实施计划,划定角色与责任,确定所需措施、资源及期限。第二,实施协定前,各方应通过官方渠道,以易于被获取的方式发布协定信息,以便经营者获取协定利益,其中需要发布的信息包括协定生效时间、协定包含的经营者范围、经营者信息交换的程序、标准的经营者识别码格式、协定中承诺的益处及获取该益处的程序和条件等。第三,各方应当单独或联合组织培训活动,引起公众对协定及其利益的重视,并公开其实施和参与程序,以便让经营者了解条件和程序,从而获得益处。第四,为了保障互认的顺利实施,应当对信息系统进行测试,检验各方系统更新交换数据是否及时、充分、准确,能否与经营者先前的数据契合,能否接受并识别经营者,接收信息是否及时与数据传输质量是否优质等。第五,为了促进互认实施,及时解决潜在问题,《实施指南》提出建立沟通机制,就经营者项目与信息的更新变化、缔约方关于经营者认证与授权的法律法规变更、协定的更新强化、缔约方与其他各方的协定信息等事项及时进行沟通。

(2) 互认协定的实施。

互认协定的效果体现在经认证的经营者能否获取缔约方的利益,其中最关键的一步便是缔约各方信息的交换。《实施指南》指出,缔约各方应当以各方认可的方式,常规地交换各国经认证的经营者的数据信息,特别是其状态与地位,需要交换的数据包括但不限于经营者认证码,经营者名称、住址、授权日期、状态,经营者认证类型等。鉴于经营者认证码的格式在各国可能有所差别,缔约各方应当协商达成一致,目前全球统一经营者认证码格式正在讨论中,相关部门也应当予以密切关注。

为保护分享信息,必须着重强调数据隐秘性,信息交换需符合缔约各方国内法律法规政策及国际标准。鉴于黑客威胁渐增,各国应当确保交换数据的安全,数据交换应当采用自动化系统,若通过邮件或云储存的方式须加密处理或者以其他强力的机制加以保护。对于经营者及货物的识别,各方应当以识别码为基础,自动以协定预先约定的方式来认定以及给予相应利益。另外,各方应与经营者常规沟通以确保协定的顺利实施,鉴于有发生如未能提供益处或数据交换失灵等问题的可能性,应当建立有效机制,保持与经营者的沟通,通过建立热线或线上咨询等方式,及时有效地解决实施中可能发生的问题。

考虑到各方实施环境的变化,《实施指南》指出在特殊情况下,基于合理的原因,各方可以根据互认协定中的规定中止履行对缔约方经认证的经营者给予益处的义务,如缔约方滥用经营者数据信息或缔约方经营者实施违法行为,在经营者违法行为严重的情况下,还可依程序中止其经认证经营者的地位。同时,各方中止经营者益处,应当将该经营者名称、中止事由和中止时间及时通知相关缔约方。若导致中止的问题得到解决,则各方应当自知道中止事由消失时起即刻恢复其相应益处。

(3) 评估与改善。

为了互认协定实施的有效性及其在全球的持续发展,各方应当在协定实施后出台常规的评估标准,并根据评估结果做出持续的改善。评估内容包括经营者经营状态、协定拓展的可能性、实施中的困难与成效以及贸易活动对互认协定的反馈等。评估的方式也多种多样,如对经营者清关数据的分析、经营者企业及其获益的调查、缔约方联合工作小组会议等。

评估结果仅供内部使用,未经缔约方允许不得披露。但是,若缔约方发现评估结果对促进AEO项目和协定的全球化有重要价值,该方可将该结果在如世界海关组织等国际组织公开。同时,《实施指南》鼓励各方以高效有力的方式为AEO利益最大化寻求更多可能。

本章小结

本章主要介绍了 AEO 的基本概念、我国 AEO 认证制度的背景、AEO 制度框架等基本内容。AEO 即经认证的经营者,其基本定义为:以任何一种方式参与货物国际流通,并被海关当局认定符合世界海关组织或相应供应链安全标准的一方,包括生产商、进口商、出口商、报关行、承运商、理货人、中间商、口岸和机场、货站经营者、综合经营者、仓储业经营者和分销商。

第 11 章　企业供应链内部控制标准①

AEO 认证制度对企业供应链的运营有着较为严格的标准，本章着重从企业供应链内部控制的角度给出海关 AEO 认证的框架标准。主要从供应链的单证控制、单证保管、信息系统管理三个方面介绍了海关认证的详细标准，分别从进出口收发货人、报关企业、外贸综合服务企业三个维度进行了阐述。

第一节　供应链单证控制标准

根据《中华人民共和国海关法》，“进口货物的收货人、出口货物的发货人应当向海关如实申报，交验进出口许可证件和有关单证。”《中华人民共和国海关进出口货物申报管理规定》明确“申报”是指“进出口货物的收发货人、受委托的报关企业，依照《海关法》以及有关法律、行政法规和规章的要求，在规定的期限、地点，采用电子数据报关单和纸质报关单形式，向海关报告实际进出口货物的情况，并接受海关审核的行为。”为确保向海关申报内容的真实性、准确性、完整性和规范性，进出口货物的收发货人和受委托的报关企业应当依法如实向海关申报，并承担相应的法律责任。为此，企业内部应建立进出口单证复核或者纠错制度，并有效落实。

一、针对进出口货物收发货人

(1) 在申报前或者委托申报前有专门部门或者岗位人员对进出口单证中的价格、归类、原产地、数量、品名、规格、境外收发货人、包装种类、货物存放地点、运输路线、储存条件、拆检注意事项、标签标志等内容的真实性、准确性、规范性和完整性进行内部复核。

(2) 企业实施许可证管理或者输华官方证书管理的，根据实际进出口情况，对国外品质证书、质量保证书、装运前检验证书、原产地证书、卫生检疫单证、输华食品官方证书、动植物检疫官方证书、动植物检疫许可证、农业转基因生物安全证书等单证的真实性、有效性、完整性、一致性进行内部复核。

(3) 企业从事加工贸易以及保税进出口业务的，有专门部门或者岗位人员对记录与加工贸易货物有关的进口、存储、转让、转移、销售、加工、使用、损耗和出口等情况的账簿、报表

① 本章有关供应链的内部控制标准参照海关总署 2018 年第 177 号公告。

以及其他有关单证的准确性、一致性进行内部复核。

二、针对报关企业

(1) 代理申报前,有专门部门对进出口单证及相关信息、监管证件、商业单据等资料的真实性、完整性和有效性进行合理审查并复核纠错。

(2) 被代理企业实施许可证管理或者输华官方证书管理的,代理申报前,根据企业进出口实际情况对被代理企业的国外品质证书、质量保证书、装运前检验证书、原产地证书、卫生检疫单证、输华食品官方证书、动植物检疫官方证书、动植物检疫许可证、农业转基因生物安全证书等单证的真实性、有效性、完整性、一致性进行内部复核。

三、针对外贸综合服务企业

(1) 设置专门部门或岗位人员,对外贸综合服务平台客户订单对应的进出口货物以及生产工厂信息、知识产权授权或合法渠道进货证明和客户提供的监管证件、商业单据、进出口单证等资料的真实性、完整性和有效性进行合理审查。

(2) 在申报前或者委托申报前通过外贸综合服务平台对报关单进行申报要素的逻辑检验,利用外贸综合服务平台运营所积累的数据进行商品价格、归类等税收要素和产品质量监控。

四、单证控制案例

(一) YILON公司的单证控制[①]

本部分以 YILON 公司的单证控制流程为实例进行分析。

YILON 公司参照海关监管要求,对进出口单证进行事前控制、事中控制、事后控制。

1. 事前控制和检查

按照"监管前推后移"的原则,对业务所涉及的相关方、产品、人员和流程等,在实际业务进行前进行严格审核。

主要有以下几个方面:

(1) 新客户导入资信审核;

(2) 新产品导入审核;

(3) 委托报关行的评审及签约;

(4) 承运商的评审及签约;

(5) 报关人员配备、合规培训和授权管理;

(6) 报关岗位单证复核和交叉作业验证制度;

(7) 企业诚实守法文化培训;

---

① 本案例由深圳市天地纵横企业管理顾问有限公司 CEO 熊斌博士提供,参考《AEO 认证一本通》。

(8) 项目操作流程的洽谈和确认；

(9) 需要时在进口前事先申请海关进行三预专业认定。

2. 事中控制和检查

在业务作业过程，以 ERP 系统的逻辑审核为主，人工审核审批为辅。

(1) 在公司 ERP 系统上设立申报过程审核及审批流程，系统业务数据自动获取，自动导入对接海关商检系统，减少人为失误；

(2) 设立专门的文件服务器，管理和存档客户单证、报关单证等；

(3) 敏感商品设立监控清单，按照设置的条件转为人工审核；

(4) 商务申报前提供纸质的报关单证，供与 ERP 系统数据复核；

(5) 制定敏感商品名单，确定监控条件和要求；

(6) 不符合监控条件的敏感商品，不予申报；

(7) 发现申报异常，可以驳回要求仔细分析产品资料。

3. 事后控制和检查

在上一环节完成后，后续环节会有相应的监督和复核，以及在申报完成后，对业务单证进行抽样检查以及测试检查，包括：

(1) 定期和专项的贸易和关务的检查；

(2) 贸易和关务的合规性检查；

(3) 企业内审机制的审核。

4. 控制和检查方法

单证控制和检查涉及不同业务范围和部门，不仅包括关务部门，还包括物流、财务、商务、仓库、销售等部门，因此需要公司高层参与和协调，也需要参与人员具备海关、贸易、财务和法律等方面的专业知识。

(1) 定期会议。

公司授权报关部定期举行关务会议，对公司的关务风险以及合规性情况进行检查和汇报。

(2) 日常监测。

在日常的申报过程中，通过系统及人工复核，及时监测异常情况。

(3) 抽样检查。

根据客户和商品的风险等级，制定抽样比例，对申报完成的单证抽取样本，复核检查。

(二) BY 公司的进出口单证控制流程

下图以 BY 公司为例，分析了企业进出口单证复核处理流程。

(1) 进口单证流程复核图，如图 11 - 1 所示。

(2) BY 公司出口单证复核流程，如图 11 - 2 所示。

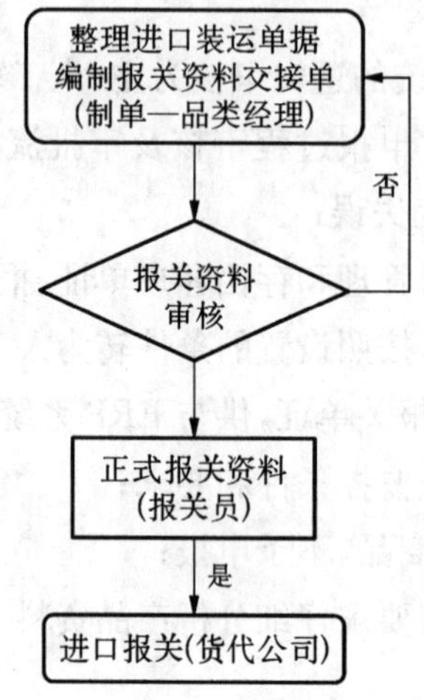

图 11-1 BY 公司进口单证流程复核图

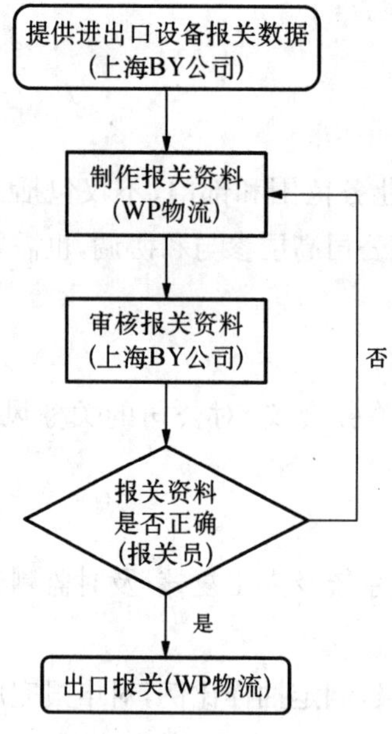

图 11-2 BY 公司出口单证流程复核图

(3) BY 公司进口单证管理流程，如图 11－3 所示。

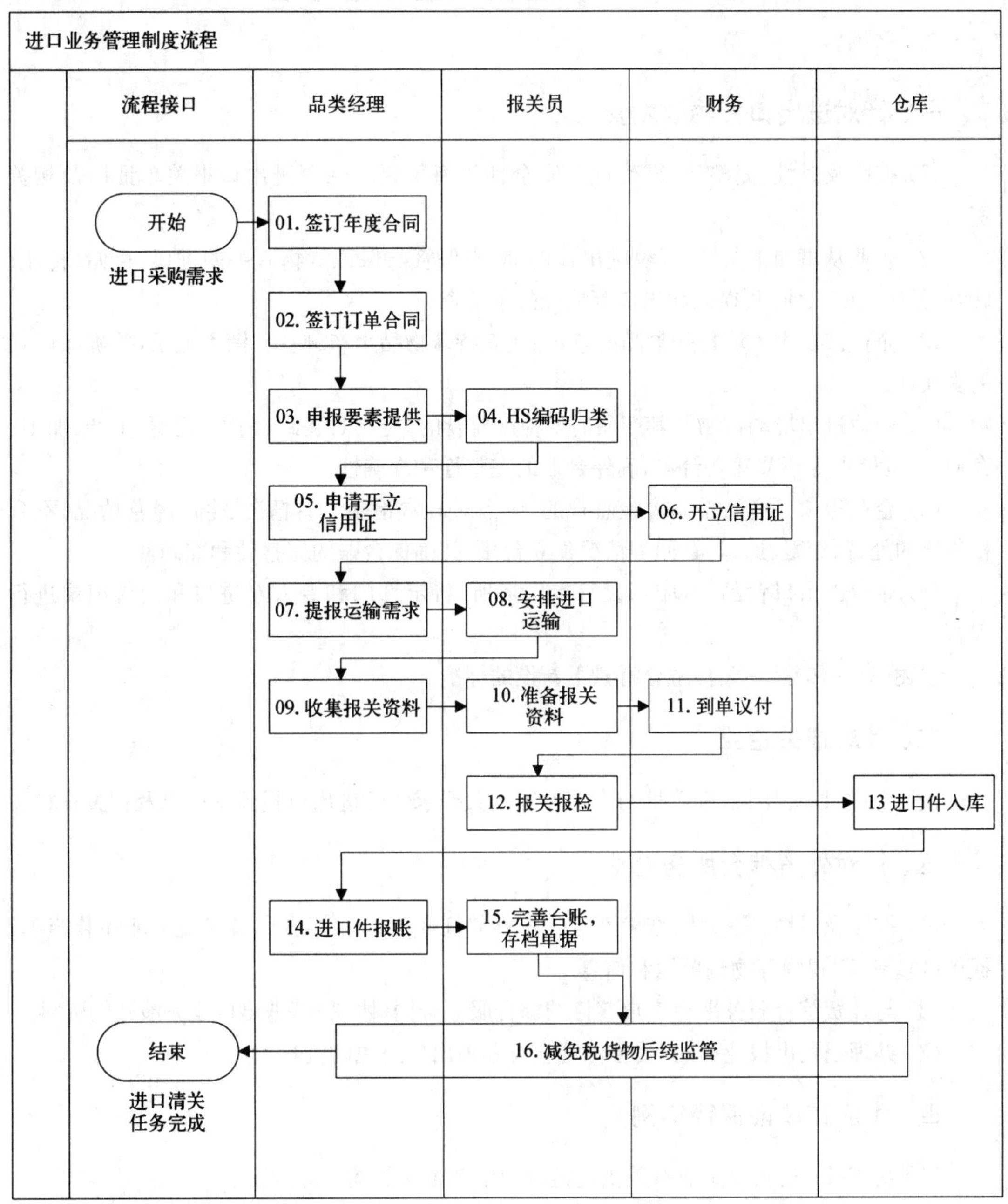

图 11－3　BY 公司进口业务管理流程

第二节　供应链单证保管标准

一、针对进出口货物收发货人

(1) 按照及时性、完整性、准确性与安全性等海关要求保管进出口报关单证以及相关资料。

(2) 企业从事加工贸易、保税进出口的,应当保管与保税货物有关的进口、存储、转让、转移、销售、加工、使用、损耗和出口等情况的单证资料。

(3) 企业涉及出入境特殊物品的,应当建立特殊物品生产、使用、销售记录,并确保记录的真实性。

(4) 企业进出境动植物及其产品需要检疫监管的,应当对装卸、调离、运输、生产、加工、存放、检疫处理等环节建立台账,确保台账的完整性和准确性。

(5) 企业进出口商品需要检验监管的,应当对日常检验监管情况、生产经营情况、不合格货物的处置、销毁、退运、召回等情况建立台账,并确保台账的完整性和准确性。

(6) 企业进出口食品的,应当设有专门场所、特定部门和专人对进口和销售记录进行保管。

上述(3)～(6)是在关检融合背景下新设的标准。

二、针对报关企业

按照及时性、完整性、准确性与安全性等海关要求保管进出口报关单证以及相关资料。

三、针对外贸综合服务企业

(1) 按照及时性、完整性、准确性与安全性等海关要求保存进出口报关单证和装箱单、提单、监装过程视频等物流单据和信息。

(2) 与外贸综合服务平台客户签订的综合服务合同(协议)等进出口业务涉及的资料。

(3) 办理退税申报业务的,妥善保管企业办理出口退税的资料。

四、供应链单证保管实例①

以下为SHK进出口企业有关供应链流程中单证保管的实际规定。

进出口单证包括协议、已核销手册及报关单复印件、关税及代征税缴款书、现场执行手册,报关单、业务函电、进出口运输单证、发票、合同等业务资料,需自进出口货物放行之日起保管10年,保税货物报关单证保管期限为自进出口放行之日至办结海关核销手续后10年,减免税进口货物报关单证需保管至办理解除监管手续后10年。

① 本案例由深圳市天地纵横企业管理顾问有限公司CEO熊斌博士提供,参考《AEO认证一本通》。

（一）一般贸易项下进口单证保管

(1) 按进口日期和批次归档。

(2) 每一套单证附上《内部信息传递单》，传递单必须注明：合同号、制单人、客户名称、许可证号、到货日期、运输工具、交货日期（进口日期）、交货地点等。

(3) 存档单据包括：进口货物报关单、海关税单、进口货物报关单复核表、进口报关的单据（包括合同、发票、装箱单）、许可证件（批文、商检单）、付汇联。以上单据均为原件正本的复印件（下同）。

(4) 按客户分类归档。

（二）一般贸易项下的出口单证的管理

(1) 按报关日期和批次归档。

(2) 存档单据包括：出口合同、装箱单、发票、出口货物报关单、内贸合同、商检单等。

(3) 按供应商分类归档。

（三）加工贸易项下单证的管理

所有进出口单据先按一般贸易单据规定归档，且必须注明加工贸易字样和手册号码。另外根据手册号再作档案。

要求：手册审批过程中的各种资料、手册复印件、进出口报关单、进出口货物的发票、出口成品实际用料表、核销结案通知书，按手册号归档。

(1) 上述业务单证需在符合长期保存条件的场所按规定期限完整保存。

(2) 以上相关单证资料由有关操作人员整理成册，再由报关部统一保管，一年以上的单证资料打包装箱，交由行政部文控中心统一归档保管。

(3) 海关查阅资料时，档案经管人员应积极配合，人员调动时，要做好书面交接工作，不得擅自外带。

（四）纸质文件保存地点

(1) 1 年内的纸质文件存入专用文件柜。

(2) 超过 1 年的文件统一存放到公司档案库房。

(3) 电子文件保存在公司的文件服务器。

（五）专用文件柜的管理

(1) 文件柜采用坚固带锁木柜。

(2) 文件使用完毕后，必须锁入专用文件柜内，不得私自带出公司。

(3) 在文件柜内放置驱虫防霉药物，每月检查一次虫、霉情况，发现虫、霉及时处理。

(4) 每年对库存文件档案进行一次全面整理，打包装箱，存入档案库房。

（六）档案库房的管理

(1) 档案库房设置防火、防潮、防虫、防鼠、防盗、防尘等安全保护设施。

(2) 设立专门的档案管理人员保管档案。
(3) 管理人员需经常检查库房内文档的安全防护措施,发现问题及时解决。
(4) 档案库房是机要重地,非授权人员严禁进入。
(5) 库房内严禁存放与保护文档无关的各类杂物品,要保持整洁。
(6) 每年应对档案进行一次全面安全检查,发现问题及时报告、处理。
(7) 文件的查阅与借用需经过申请和授权,并做好登记手续。
(8) 文件档案超过保存有效期,应当及时销毁。

(七) 文件服务器的管理

(1) 文件服务器存放在公司专设独立机房内,非授权人员严禁进入。
(2) 文件服务器的访问只能通过专用端口,并经过身份验证方可登陆。
(3) 文件服务器配置硬件防火墙和有效的防病毒软件,保证数据安全。
(4) 定期对电子档案数据备份。

第三节　供应链信息系统海关标准

进出口货物的流通会产生单证和信息数据的流转和保存。相比较原始的纸质单证流转,信息系统是一种现代化的企业管理模式,是保障公司规范运作、流程可控、减少差错,安全高效的一种手段,通过信息系统可以实现业务操作流程的追溯,并留下操作的痕迹,使用系统还能减少人为的错误,确保管理过程的规范和严谨。企业在生产运营过程中产生大量信息数据,这些信息数据的安全不仅关系企业的正常生产和商业秘密,还关系货物在进出口过程中有无被不法分子利用的可能。这就要求企业建立起信息安全管理制度,对员工进行信息安全的培训,并明确对违反信息管理制度造成损害的行为予以责任追究。

一、针对进出口货物收发货人的信息系统标准

要求进出口收发货人建立真实、准确、完整并有效控制企业生产经营、进出口活动、财务数据等的信息系统,在客户管理、合同管理、财务管理、关务管理、物流管理等方面具备可记录、可追溯、可查询、可分析、可预警等功能并有效运行。

生产经营数据以及与进出口活动有关的数据及时、准确、完整、规范录入系统。系统数据自进出口货物办结海关手续之日起保存 3 年以上。进出口活动主要环节在系统中能够实现流程检索、跟踪。

二、针对报关企业的信息系统标准

要求报关企业建立真实、准确、完整并有效控制企业日常经营、代理进出口活动、财务数据的信息系统,在客户管理、合同管理、财务管理、关务管理、物流管理等方面具备可记录、可追溯、可查询、可分析、可预警等功能并有效运行。

代理报关活动的有关数据及时、准确、完整、规范录入系统。系统数据自进出口货物办结海关手续之日起保存 3 年以上。

三、针对外贸综合服务企业的信息系统标准

(1) 具备真实、准确、完整并有效控制企业经营活动的信息系统和外贸综合服务信息平台,特别是财务控制、关务、物流控制、风险控制等功能模块有效运行,实现与海关联网。

(2) 为外贸综合服务平台客户提供报关、物流、退税、结算、信保等在内的综合服务业务实现平台线上操作。

(3) 风险控制功能模块具备对企业外贸综合服务全流程进行风险识别、分析、处置的功能。

(4) 外贸综合服务平台可以实现对货物物流的追踪监控,具备与海关即时对接的条件,定期验核贸易数据。

(5) 外贸综合服务平台应包括知识产权库、价格数据库、历史交易库和客户(买卖)信息库等后台的风险数据库。

信息系统和外贸综合服务信息平台的数据及时、准确、完整、规范。信息系统和外贸综合服务信息平台数据保存 3 年以上。外贸综合服务活动在外贸综合服务平台上能够实现流程检索、跟踪。

四、信息系统海关标准穿行测试案例

(一) 生产型出口企业(BTC 公司)出口穿行测试

(1) 根据报关单号 222920180000425472(加工贸易)找到对应的订单号:GER180130ZS-2,成品编码:13712312,出厂编号:SY0266BH10908,如图 11-4 所示。

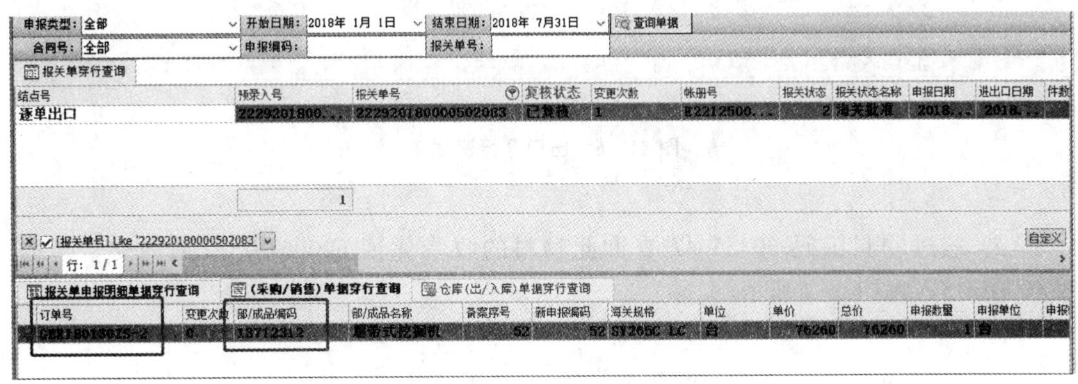

图 11-4　出口穿行测试 1

(2) 通过主机序列号 SY0266BH10908,查询主机生产订单 880000010916 和返工改制订单 810000001252,如图 11-5 所示。

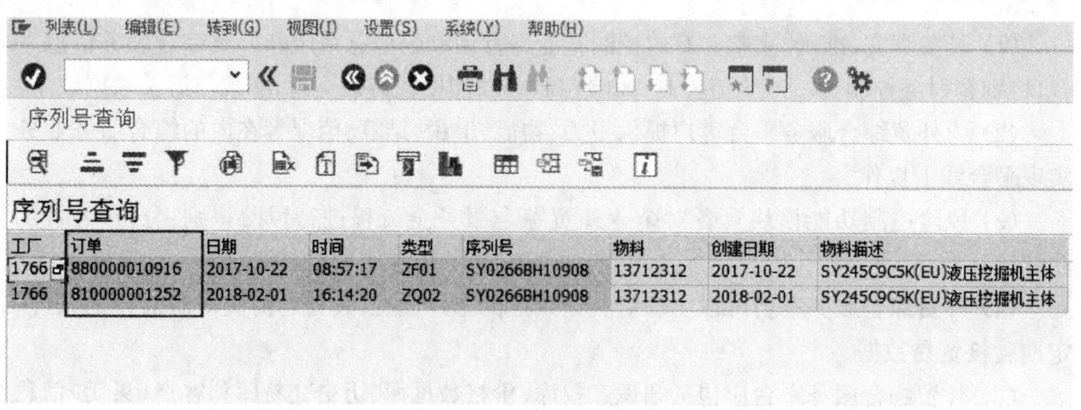

序列号查询

工厂	订单	日期	时间	类型	序列号	物料	创建日期	物料描述
1766	880000010916	2017-10-22	08:57:17	ZF01	SY0266BH10908	13712312	2017-10-22	SY245C9C5K(EU)液压挖掘机主体
1766	810000001252	2018-02-01	16:14:20	ZQ02	SY0266BH10908	13712312	2018-02-01	SY245C9C5K(EU)液压挖掘机主体

图 11-5　出口穿行测试 2

(3) 通过主机生产订单 880000010916 和返工改制订单 810000001252 以及库位,筛选出主机中所有使用的进口保税物料,其中 60325647 为本次穿行样本,如图 11-6 所示。

订单信息系统 - 记入文档的货物移动

工厂	订单	物料	物料描述	数...	货物移...	GR 非估价的	物料凭证	项...	移动类...	库存...	批次	借方/贷方	本位币金额	货币	数量(UnE)	过帐日期	凭证日期	发货
1766	880000010916	60075681	阀组4KWE5A-30/G24WR-441	1	1		4901784369	1	261	5502		H	1,599.23	RMB	1	2017-10-26	2017-10-26	
1766		60104996	阀组KADV22Y/136-ASSY-A	1	1		4901784369	2	261	5502		H	1,761.09	RMB	1	2017-10-26	2017-10-26	
1766		60136331	六联电磁换向阀组 2100	1	1		4901784369	3	261	5502		H	1,597.64	RMB	1	2017-10-26	2017-10-26	
1766		60137563	右手柄HS166-M1/DR48	1	1		4901789343	2	261	5502		H	757.40	RMB	1	2017-10-26	2017-10-26	
1766		60137564	左手柄HS165-M0/3T09	1	1		4901789343	1	261	5502		H	437.87	RMB	1	2017-10-26	2017-10-26	
1766		60170604	先导阀PVD8PC6008([illegible])	1	1		4901784369	4	261	5502		H	929.93	RMB	1	2017-10-26	2017-10-26	
1766		60231351	先导阀PV48K1453-EV1	2	1		4901784369	5	261	5502		H	1,018.24	RMB	2	2017-10-26	2017-10-26	
1766		60289935	发动机QSB6.7 142kW Tier4F Cummins	1	1		4901784369	6	261	5502		H	102,679...	RMB	1	2017-10-26	2017-10-26	
1766		60310798	防爆阀KHCV20P-A213-3.2/398	2	1		4901784567	1	261	5502		H	12,778.00	RMB	2	2017-10-26	2017-10-26	
1766		60310800	防爆阀KHCV25P-A213-3.1/403	1	1		4901784567	2	261	5502		H	6,389.00	RMB	1	2017-10-26	2017-10-26	
1766		60325647	多路阀KMX15RB/B45217A-V	1	1		4901784369	7	261	5502		H	18,308.53	RMB	1	2017-10-26	2017-10-26	

图 11-6　出口穿行测试 3

(4) 通过物料编码 60325647 查询此物料的收货凭证 5000648252,内向交货单号 8180001218,如图 11-7 所示。

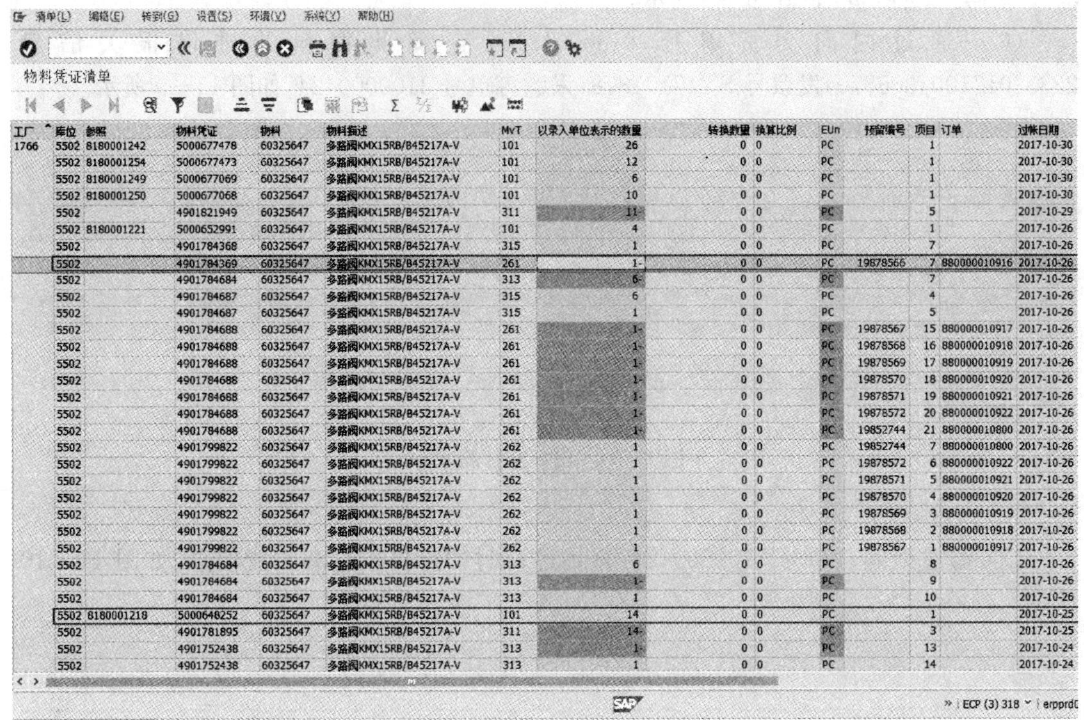

工厂	库位	参照	物料凭证	物料	物料描述	MvT	以录入单位表示的数量	转换数量	换算比例	EUn	预留编号	项目	订单	过帐日期
1766	5502	8180001242	5000677478	60325647	多路阀KMX15RB/B45217A-V	101	26	0	0	PC		1		2017-10-30
	5502	8180001254	5000677473	60325647	多路阀KMX15RB/B45217A-V	101	12	0	0	PC		1		2017-10-30
	5502	8180001249	5000677069	60325647	多路阀KMX15RB/B45217A-V	101	6	0	0	PC		1		2017-10-30
	5502	8180001250	5000677068	60325647	多路阀KMX15RB/B45217A-V	101	10	0	0	PC		1		2017-10-30
	5502		4901821949	60325647	多路阀KMX15RB/B45217A-V	311	11-	0	0	PC		5		2017-10-29
	5502	8180001221	5000652991	60325647	多路阀KMX15RB/B45217A-V	101	4	0	0	PC		1		2017-10-26
	5502		4901784368	60325647	多路阀KMX15RB/B45217A-V	315	1	0	0	PC		7		2017-10-26
	5502		4901784369	60325647	多路阀KMX15RB/B45217A-V	261	1-	0	0	PC	19878566	7	880000010916	2017-10-26
	5502		4901784684	60325647	多路阀KMX15RB/B45217A-V	313	6-	0	0	PC		7		2017-10-26
	5502		4901784687	60325647	多路阀KMX15RB/B45217A-V	315	6	0	0	PC		4		2017-10-26
	5502		4901784687	60325647	多路阀KMX15RB/B45217A-V	315	1	0	0	PC		5		2017-10-26
	5502		4901784688	60325647	多路阀KMX15RB/B45217A-V	261	1-	0	0	PC	19878567	15	880000010917	2017-10-26
	5502		4901784688	60325647	多路阀KMX15RB/B45217A-V	261	1-	0	0	PC	19878568	16	880000010918	2017-10-26
	5502		4901784688	60325647	多路阀KMX15RB/B45217A-V	261	1-	0	0	PC	19878569	17	880000010919	2017-10-26
	5502		4901784688	60325647	多路阀KMX15RB/B45217A-V	261	1-	0	0	PC	19878570	18	880000010920	2017-10-26
	5502		4901784688	60325647	多路阀KMX15RB/B45217A-V	261	1-	0	0	PC	19878571	19	880000010921	2017-10-26
	5502		4901784688	60325647	多路阀KMX15RB/B45217A-V	261	1-	0	0	PC	19878572	20	880000010922	2017-10-26
	5502		4901784688	60325647	多路阀KMX15RB/B45217A-V	261	1-	0	0	PC	19852744	21	880000010800	2017-10-26
	5502		4901799822	60325647	多路阀KMX15RB/B45217A-V	262	1	0	0	PC	19852744	7	880000010800	2017-10-26
	5502		4901799822	60325647	多路阀KMX15RB/B45217A-V	262	1	0	0	PC	19878572	6	880000010922	2017-10-26
	5502		4901799822	60325647	多路阀KMX15RB/B45217A-V	262	1	0	0	PC	19878571	5	880000010921	2017-10-26
	5502		4901799822	60325647	多路阀KMX15RB/B45217A-V	262	1	0	0	PC	19878570	4	880000010920	2017-10-26
	5502		4901799822	60325647	多路阀KMX15RB/B45217A-V	262	1	0	0	PC	19878569	3	880000010919	2017-10-26
	5502		4901799822	60325647	多路阀KMX15RB/B45217A-V	262	1	0	0	PC	19878568	2	880000010918	2017-10-26
	5502		4901799822	60325647	多路阀KMX15RB/B45217A-V	262	1	0	0	PC	19878567	1	880000010917	2017-10-26
	5502		4901784684	60325647	多路阀KMX15RB/B45217A-V	313	6	0	0	PC		8		2017-10-26
	5502		4901784684	60325647	多路阀KMX15RB/B45217A-V	313	1-	0	0	PC		9		2017-10-26
	5502		4901784684	60325647	多路阀KMX15RB/B45217A-V	313	1	0	0	PC		10		2017-10-26
	5502	8180001218	5000648252	60325647	多路阀KMX15RB/B45217A-V	101	14	0	0	PC		1		2017-10-25
	5502		4901781895	60325647	多路阀KMX15RB/B45217A-V	311	14-	0	0	PC		3		2017-10-25
	5502		4901752438	60325647	多路阀KMX15RB/B45217A-V	313	1-	0	0	PC		13		2017-10-24
	5502		4901752438	60325647	多路阀KMX15RB/B45217A-V	313	1	0	0	PC		14		2017-10-24

图 11-7　出口穿行测试 4

(5) 通过收货凭证 5000648252，查询此物料收货时间 2017-10-25，数量 14 套，库位为

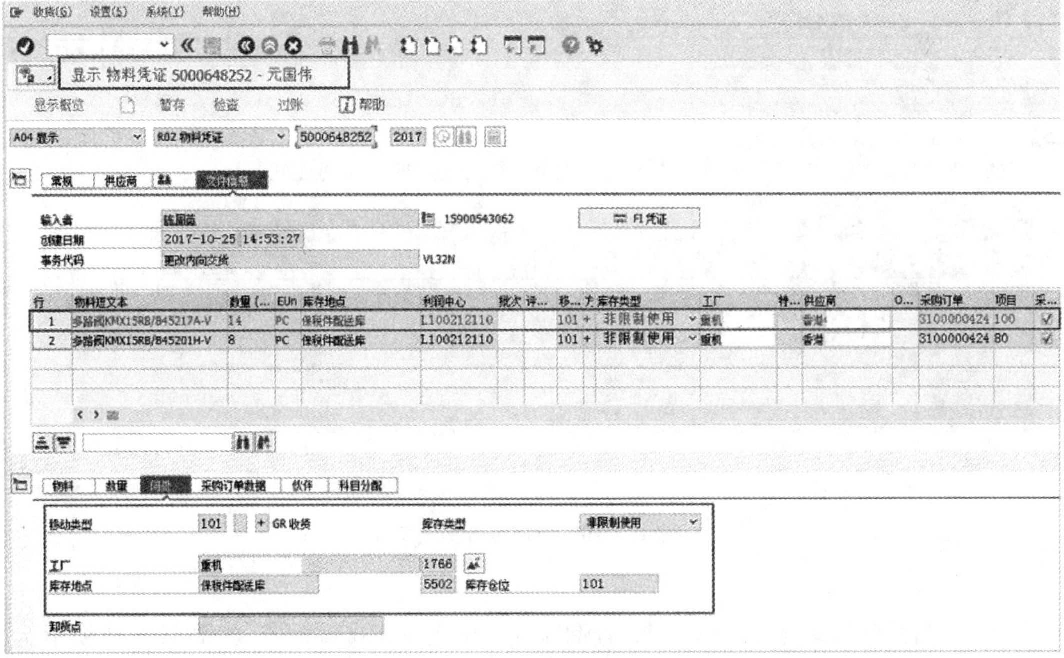

图 11-8　出口穿行测试 5

5502 库,类型为收货,如图 11－8 所示。

(6) 通过内向交货单号 8180001218,查询此物料的进口报关信息 223320171001306870,发票号 SY17101878,采购订单号 3100000424,如图 11－9 所示。

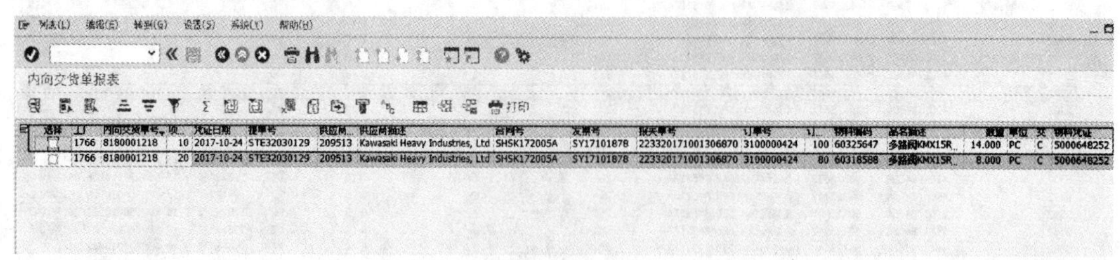

图 11－9　出口穿行测试 6

(7) 通过采购订单号 3100000424,查询进口时的价格信息和收货信息,如图 11－10 所示。

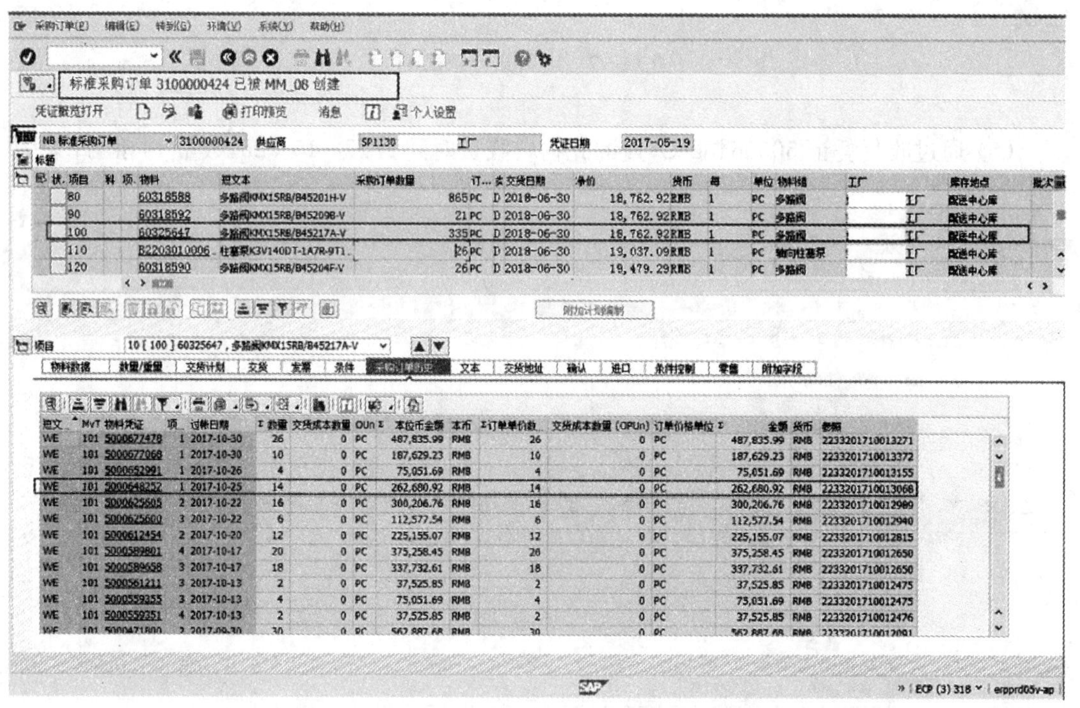

图 11－10　出口穿行测试 7

(8) 通过采购订单号 3100000424,查询财务报账凭证 5105606405,如图 11－11 所示。

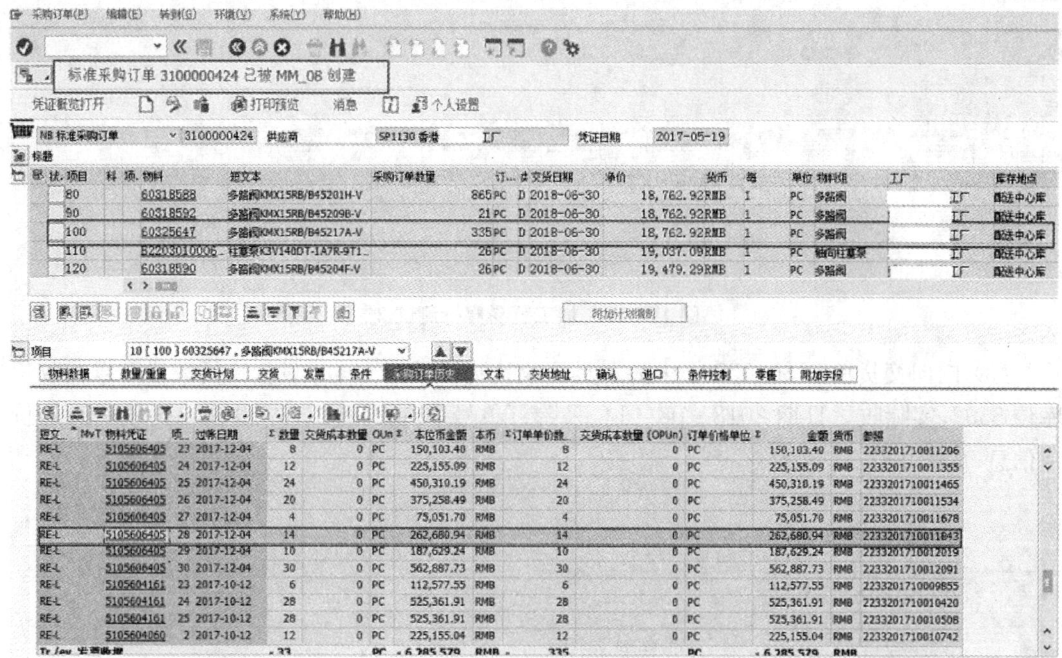

图 11－11　出口穿行测试 8

（二）某生产型企业(BTC 公司)加工贸易穿行测试

(1) 根据报关单 222820181000006286(加工贸易)找到部品编号:60325647,采购订单号:3100278648,发票号:SY18060747,物料凭证:5002171924,如图 11－12 所示。

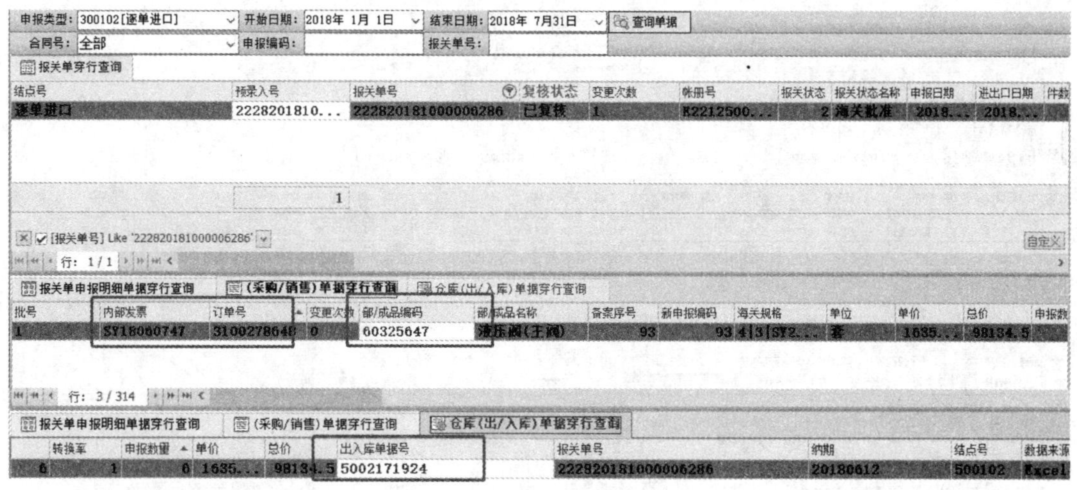

图 11－12　加工贸易穿行测试 1

(2) 根据入库物料凭证编号:5002171924,在 SAP 系统中找到内向交货单号:8180003931 和采购订单号:3100278648,收货状态显示为 C 代表已入库收货(A 为待收货),如图 11－13 所示。

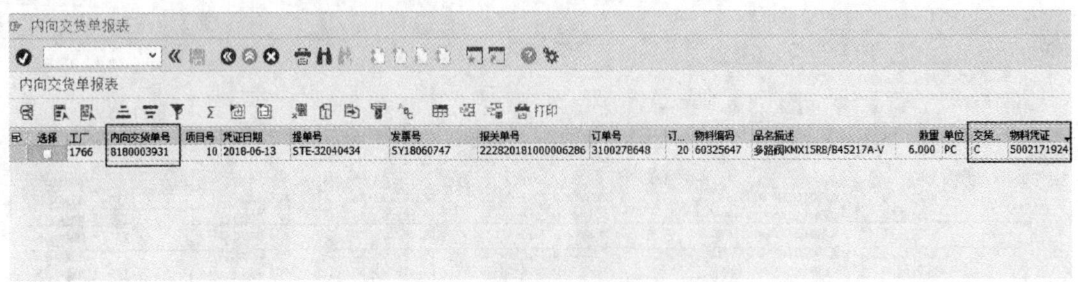

内向交货单报表

选择	工厂	内向交货单号	项目号	凭证日期	提单号	发票号	报关单号	订单号	订...	物料编码	品名描述	数量	单位	交货...	物料凭证
	1766	8180003931	10	2018-06-13	STE-32040434	SY18060747	222820181000006286	3100278648	20	60325647	多路阀KMX15RB/B45217A-V	6.000	PC	C	5002171924

图 11-13　加工贸易穿行测试 2

(3) 内向交货单 8180003931 中显示具体收货物料编码 60325647,收货数量 6 以及收货库位 5502,实际收货日期 2018-06-14,采购订单号 3100278648 中,也能看到收货时的价格信息,如图 11-14 所示。

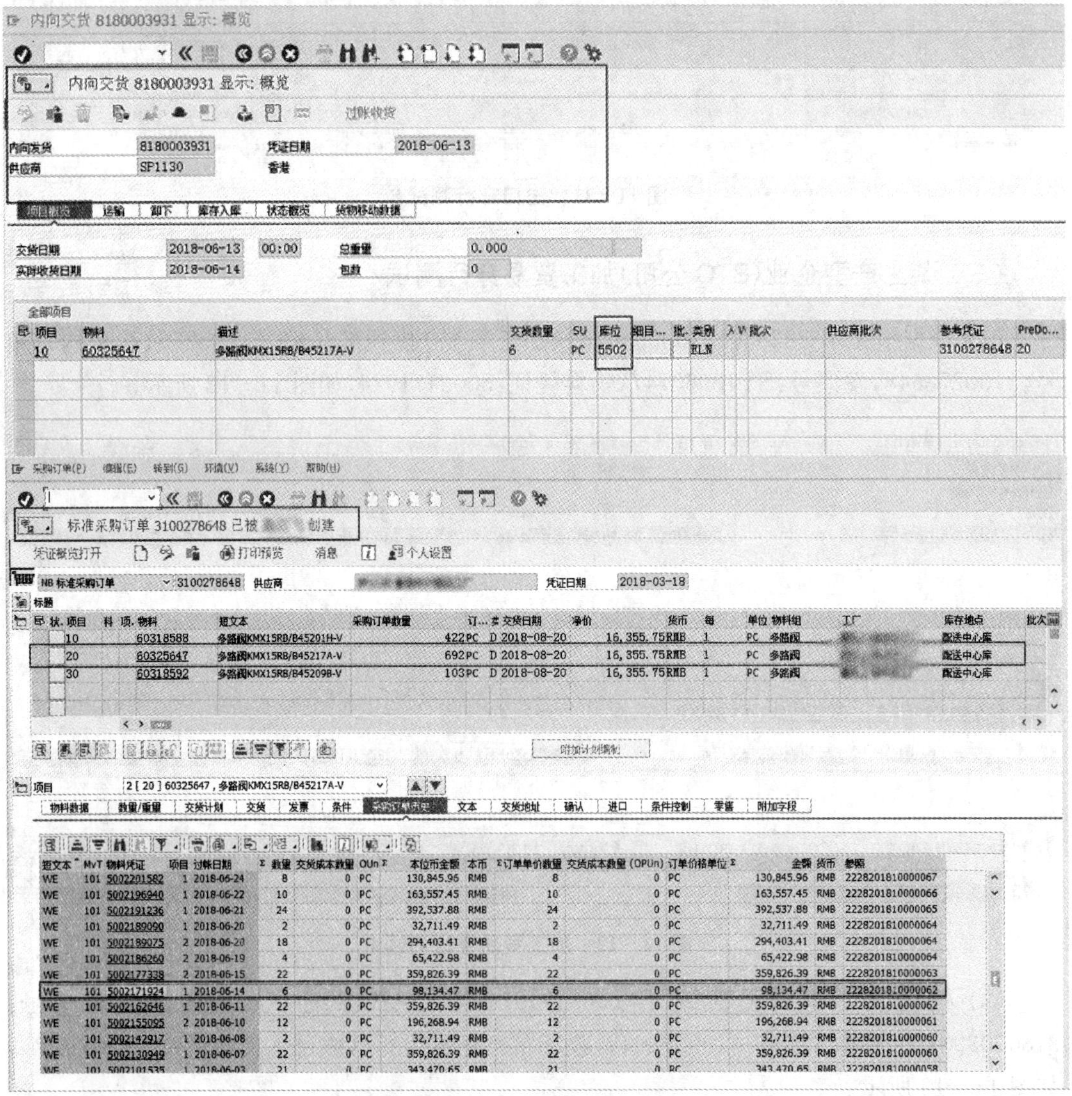

图 11-14　加工贸易穿行测试 3

(4) 根据物料编码 60325647,查询物料出库记录,其所用主机订单 880000041772,如图 11－15 所示。

清单(L)　编辑(E)　转到(G)　设置(S)　环境(V)　系统(Y)　帮助(H)

物料凭证清单

工厂	库位	参照	物料凭证	物料	物料描述	MvT	以录入单位表示的数量	转换数量	换算比例	EUn	预留编号	项目	订单	过帐日期
1766	5502	8180004076	5002196940	60325647	多路阀KMX15RB/B45217A-V	101	10	0	0	PC		1		2018-06-22
	5502		4906187178	60325647	多路阀KMX15RB/B45217A-V	315	6	0	0	PC		5		2018-06-21
	5502		4906187179	60325647	多路阀KMX15RB/B45217A-V	261	1-	0	0	PC	28103155	25	880000041764	2018-06-21
	5502		4906187179	60325647	多路阀KMX15RB/B45217A-V	261	1-	0	0	PC	28103156	26	880000041765	2018-06-21
	5502		4906187179	60325647	多路阀KMX15RB/B45217A-V	261	1-	0	0	PC	28103157	27	880000041766	2018-06-21
	5502		4906187179	60325647	多路阀KMX15RB/B45217A-V	261	1-	0	0	PC	28103158	28	880000041767	2018-06-21
	5502		4906187179	60325647	多路阀KMX15RB/B45217A-V	261	1-	0	0	PC	28103159	29	880000041768	2018-06-21
	5502		4906187179	60325647	多路阀KMX15RB/B45217A-V	261	1-	0	0	PC	28103160	30	880000041769	2018-06-21
	5502		4906187190	60325647	多路阀KMX15RB/B45217A-V	315	6	0	0	PC		5		2018-06-21
	5502		4906187191	60325647	多路阀KMX15RB/B45217A-V	261	1-	0	0	PC	28103166	30	880000041775	2018-06-21
	5502		4906187191	60325647	多路阀KMX15RB/B45217A-V	261	1-	0	0	PC	28103165	29	880000041774	2018-06-21
	5502		4906187191	60325647	多路阀KMX15RB/B45217A-V	261	1-	0	0	PC	28103164	28	880000041773	2018-06-21
	5502		4906187191	60325647	多路阀KMX15RB/B45217A-V	261	1-	0	0	PC	28103163	27	880000041772	2018-06-21
	5502		4906187191	60325647	多路阀KMX15RB/B45217A-V	261	1-	0	0	PC	28103162	26	880000041771	2018-06-21
	5502		4906187191	60325647	多路阀KMX15RB/B45217A-V	261	1-	0	0	PC	28103161	25	880000041770	2018-06-21
	5502	8180004060	5002191236	60325647	多路阀KMX15RB/B45217A-V	101	24	0	0	PC		1		2018-06-21
	5502		4906157076	60325647	多路阀KMX15RB/B45217A-V	313	6-	0	0	PC		9		2018-06-20
	5502		4906157076	60325647	多路阀KMX15RB/B45217A-V	313	6	0	0	PC		10		2018-06-20
	5502		4906157079	60325647	多路阀KMX15RB/B45217A-V	313	6-	0	0	PC		9		2018-06-20
	5502		4906157079	60325647	多路阀KMX15RB/B45217A-V	313	6	0	0	PC		10		2018-06-20
	5502	8180004027	5002189075	60325647	多路阀KMX15RB/B45217A-V	101	18	0	0	PC		2		2018-06-20
	5502	8180004032	5002189090	60325647	多路阀KMX15RB/B45217A-V	101	2	0	0	PC		1		2018-06-20
	5502	8180003994	5002186260	60325647	多路阀KMX15RB/B45217A-V	101	4	0	0	PC		2		2018-06-19
	5502	8180003962	5002177338	60325647	多路阀KMX15RB/B45217A-V	101	22	0	0	PC		2		2018-06-15
	5502	8180003929	5002177340	60325647	多路阀KMX15RB/B45217A-V	101	42	0	0	PC		1		2018-06-15
	5502		4906120591	60325647	多路阀KMX15RB/B45217A-V	261	1-	0	0	PC	28053811	9	880000041300	2018-06-15
	5502		4906120591	60325647	多路阀KMX15RB/B45217A-V	261	1-	0	0	PC	28053812	10	880000041301	2018-06-15
	5502		4906120590	60325647	多路阀KMX15RB/B45217A-V	315	2	0	0	PC		5		2018-06-15
	5502		4906120229	60325647	多路阀KMX15RB/B45217A-V	311	60-	0	0	PC		1		2018-06-15
	5502	8180003931	5002171924	60325647	多路阀KMX15RB/B45217A-V	101	6	0	0	PC		1		2018-06-14
	5502		4906086461	60325647	多路阀KMX15RB/B45217A-V	311	6-	0	0	PC		5		2018-06-14
	5502		4906072788	60325647	多路阀KMX15RB/B45217A-V	313	2	0	0	PC		10		2018-06-14

图 11－15　加工贸易穿行测试 4

(5) 根据主机生产订单号 880000041772,查询主机序列号 SY0245BJE6118,如图 11－16所示。

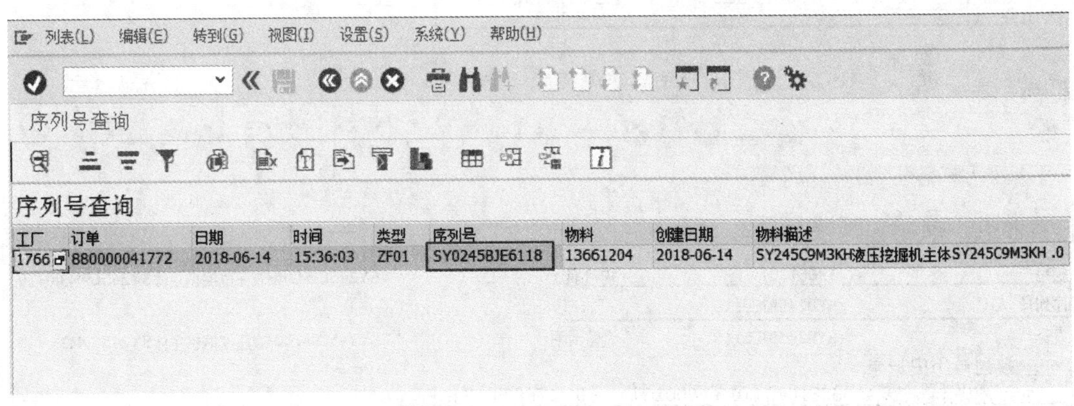

列表(L)　编辑(E)　转到(G)　视图(I)　设置(S)　系统(Y)　帮助(H)

序列号查询

工厂	订单	日期	时间	类型	序列号	物料	创建日期	物料描述
1766	880000041772	2018-06-14	15:36:03	ZF01	SY0245BJE6118	13661204	2018-06-14	SY245C9M3KH液压挖掘机主体SY245C9M3KH .0

图 11－16　加工贸易穿行测试 5

(6) 根据主机设备编号 SY0245BJE6118,查询销售订单 8080129113 及销售客户 200001860 PT. SANY PERKA,如图 11－17 所示。

物料序列号(N) 编辑(E) 转到(G) 附加(A) 结构(S) 环境(V) 系统(Y) 帮助(H)

显示物料序列编号：序列号细节

类概览 计量点/计数器

物料	13661204	SY245C9M3KH液压挖掘机主体SY245C9M3KH .0	
序列号	SY0245BJE6118	类型	S 客户设备
设备说明	SY245C9M3KH液压挖掘机主体SY245C9M3KH .0		
状态	ECUS		
有效期自	2018-06-27	有效截至日	9999-12-31

序列数据

常规

设备	SY0245BJE6118	
前一数字系列号		历史

库存信息

库存类型			
工厂		公司代码	
仓储地点			
库存批次		主批次	
特殊库存		L货物移动的日期	2018-06-27
客户		供应商	
销售订单	/ 0	WBS 元素	

合作伙伴数据

送达方	200001860	PT.SANY PERKASA

清单(L) 编辑(E) 转到(G) 设置(S) 系统(Y) 帮助(H)

序列号历史记录

凭证 操作日志

物料	13661204	物料描述	SY245C9M3KH液压挖掘机主体SY245C9M3KH .0
序列号	SY0245BJE6118		
设备	SY0245BJE6118	设备说明	SY245C9M3KH液压挖掘机主体SY245C9M3KH .0

系列号历史记录

- 2018-06-27 4906281049 2018 0001 WL 601 1766 6002 H
- 2018-06-26 8080129113 000010 200001860 J 601 1
- 2018-06-23 5002200424 2018 0001 WE 101 1766 6002 S
- 2018-06-14 880000041772 0001 ZF01 1766 1

图 11-17 加工贸易穿行测试 6

（7）根据主机设备编号 SY0245BJE6118 出库日期范围，查询出口报关单号 222920180002456880，如图 11－18 所示。

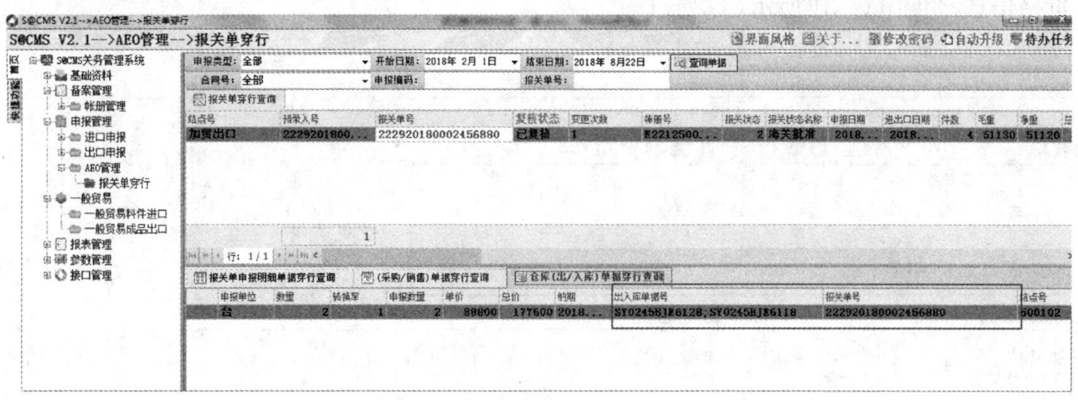

图 11－18　加工贸易穿行测试 7

（三）某生产型企业（BTC 公司）一般贸易进口穿行测试

（1）根据报关单 222820181000005563（一般贸易）找到部品编号：60136331，采购订单号：3100266491，发票号：SY18052278，入库编号：5002043724，如图 11－19 所示。

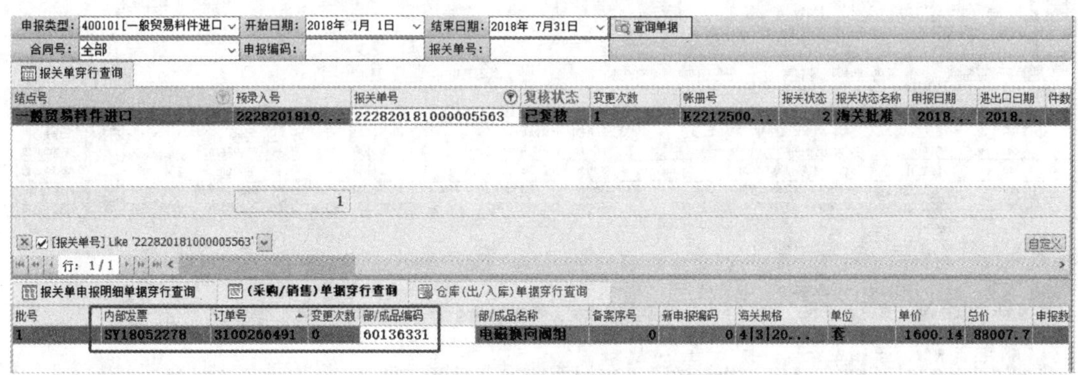

图 11－19　进口穿行测试 1

（2）根据入库物料凭证编号：5002043724，在 SAP 中找到内向交货单号：8180003666 和采购订单号：3100266491，收货状态显示为 C 代表已入库收货（A 为待收货），如图 11－20 所示。

图 11－20　进口穿行测试 2

(3) 内向交货单8180003931中显示具体收货物料编码60136331,收货数量55以及收货库位1001,实际收货日期2018-05-26,采购订单号3100266491中,也能看到收货时的价格信息,如图11-21所示。

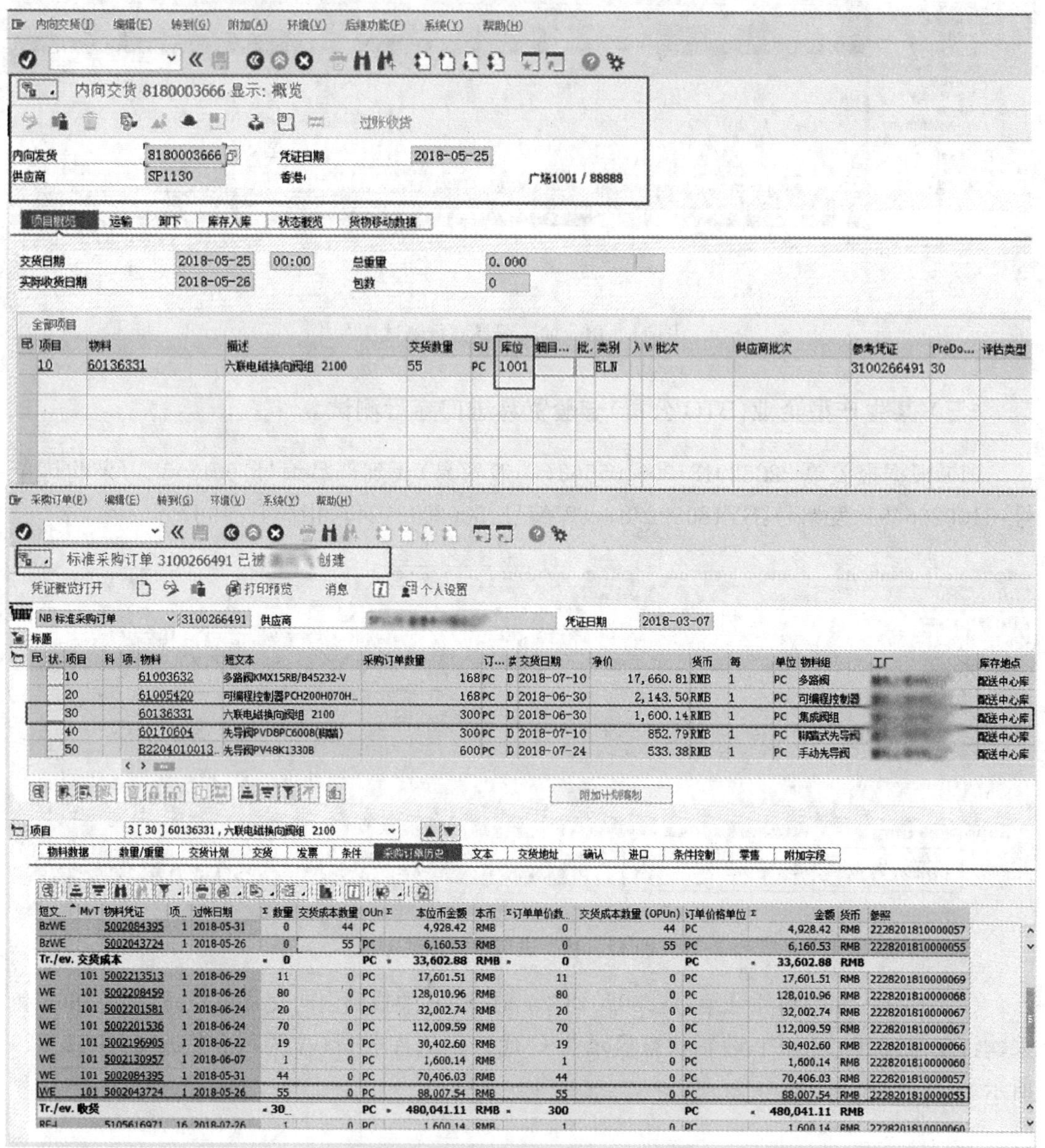

图11-21 进口穿行测试3

(4) 根据物料编码60136331,查询物料出库记录及所用主机订单880000037899,如图11-22所示。

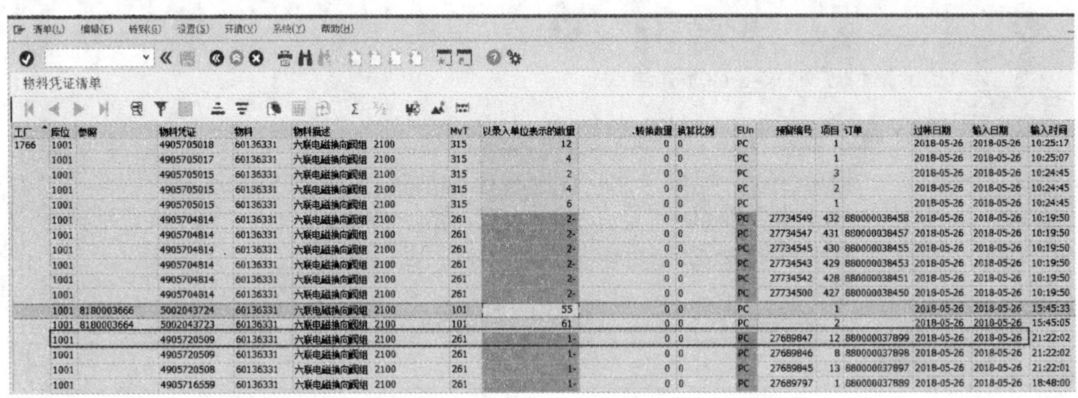

工厂	库位	参照	物料凭证	物料	物料描述	MvT	以录入单位表示的数量	.转换数量	换算比例	EUn	预留编号	项目	订单	过帐日期	输入日期	输入时间
1766	1001		4905705018	60136331	六联电磁换向阀组 2100	315	12	0	0	PC		1		2018-05-26	2018-05-26	10:25:17
	1001		4905705017	60136331	六联电磁换向阀组 2100	315	4	0	0	PC		1		2018-05-26	2018-05-26	10:25:07
	1001		4905705015	60136331	六联电磁换向阀组 2100	315	2	0	0	PC		3		2018-05-26	2018-05-26	10:24:45
	1001		4905705015	60136331	六联电磁换向阀组 2100	315	4	0	0	PC		2		2018-05-26	2018-05-26	10:24:45
	1001		4905705015	60136331	六联电磁换向阀组 2100	315	6	0	0	PC		1		2018-05-26	2018-05-26	10:24:45
	1001		4905704814	60136331	六联电磁换向阀组 2100	261	2-	0	0	PC	27734549	432	880000038458	2018-05-26	2018-05-26	10:19:50
	1001		4905704814	60136331	六联电磁换向阀组 2100	261	2-	0	0	PC	27734547	431	880000038457	2018-05-26	2018-05-26	10:19:50
	1001		4905704814	60136331	六联电磁换向阀组 2100	261	2-	0	0	PC	27734545	430	880000038455	2018-05-26	2018-05-26	10:19:50
	1001		4905704814	60136331	六联电磁换向阀组 2100	261	2-	0	0	PC	27734543	429	880000038453	2018-05-26	2018-05-26	10:19:50
	1001		4905704814	60136331	六联电磁换向阀组 2100	261	2-	0	0	PC	27734542	428	880000038451	2018-05-26	2018-05-26	10:19:50
	1001		4905704814	60136331	六联电磁换向阀组 2100	261	2-	0	0	PC	27734500	427	880000038450	2018-05-26	2018-05-26	10:19:50
	1001	8180003666	5002043724	60136331	六联电磁换向阀组 2100	101	55	0	0	PC		1		2018-05-26	2018-05-26	15:45:33
	1001	8180003664	5002043723	60136331	六联电磁换向阀组 2100	101	61	0	0	PC		2		2018-05-26	2018-05-26	15:45:05
	1001		4905720509	60136331	六联电磁换向阀组 2100	261	1-	0	0	PC	27689847	12	880000037899	2018-05-26	2018-05-26	21:22:02
	1001		4905720509	60136331	六联电磁换向阀组 2100	261	1-	0	0	PC	27689846	8	880000037898	2018-05-26	2018-05-26	21:22:02
	1001		4905720508	60136331	六联电磁换向阀组 2100	261	1-	0	0	PC	27689845	13	880000037897	2018-05-26	2018-05-26	21:22:01
	1001		4905716559	60136331	六联电磁换向阀组 2100	261	1-	0	0	PC	27689797	1	880000037889	2018-05-26	2018-05-26	18:48:00

图 11－22　进口穿行测试 4

(5) 根据主机生产订单号 880000037899，查询主机序列号 SY0225BJ37668，如图11－23所示。

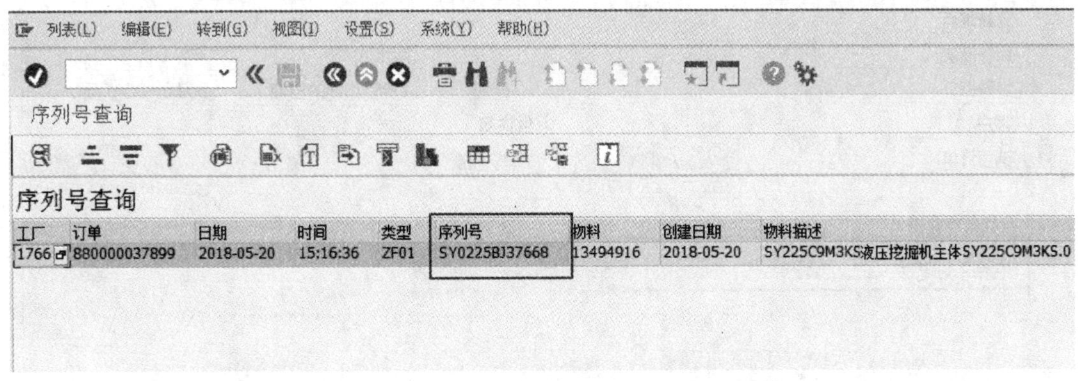

序列号查询

工厂	订单	日期	时间	类型	序列号	物料	创建日期	物料描述
1766	880000037899	2018-05-20	15:16:36	ZF01	SY0225BJ37668	13494916	2018-05-20	SY225C9M3KS液压挖掘机主体SY225C9M3KS.0

图 11－23　进口穿行测试 5

(6) 根据主机设备编号 SY0225BJ37668，查询销售订单 8080121163 及销售客户 168998 青海某公司，如图 11－24 所示。

物料序列号(N) 编辑(E) 转到(G) 附加(A) 结构(S) 环境(V) 系统(Y) 帮助(H)

显示物料序列编号：序列号细节

类概览 计量点/计数器

物料	13494916	SY225C9M3KS液压挖掘机主体SY225C9M3KS.0	
序列号	SY0225BJ37668	类型 S	客户设备
设备说明	SY225C9M3KS液压挖掘机主体SY225C9M3KS.0		
状态	ECUS		
有效期自	2018-06-05	有效截至日	9999-12-31

序列数据

常规

设备 SY0225BJ37668

前一数字系列号　　历史

库存信息

库存类型

工厂　　公司代码

仓储地点

库存批次　　主批次

特殊库存　　L货物移动的日期 2018-06-05

客户　　供应商

销售订单 / 0　　WBS 元素

合作伙伴数据

送达方 168998

清单(L) 编辑(E) 转到(G) 设置(S) 系统(Y) 帮助(H)

序列号历史记录

凭证 操作日志

物料	13494916	物料描述	SY225C9M3KS液压挖掘机主体SY225C9M3KS.0
序列号	SY0225BJ37668		
设备	SY0225BJ37668	设备说明	SY225C9M3KS液压挖掘机主体SY225C9M3KS.0

系列号历史记录

- 2018-06-05 8080121163 000010 168998 J 601 1
- 2018-06-05 4905904023 2018 0001 WL 601 1766 6001 H
- 2018-06-05 2000261340 000010 C ZZ01 ZZ02 1
- 2018-05-27 5002053564 2018 0003 WE 101 1766 6001 S
- 2018-05-20 880000037899 0001 ZF01 1766 1

图 11 - 24　进口穿行测试 6

本章小结

本章主要介绍了海关 AEO 认证中与供应链运营有关的企业内部控制标准框架，具体标准框架参照了海关总署 2018 年第 177 号公告。详细对进出口收发货人、报关企业、外贸综合服务企业等三类企业，从单证控制、单证保管、信息系统管理三个方面阐述了供应链海关标准。在此基础上结合具体企业认证案例进行了详细分析。

第 12 章　供应链应急管理标准

海关 AEO 认证制度中,供应链应急管理是一个重要的组成部分。本章介绍了供应链应急管理的基本概念,分析了供应链应急管理能力的影响因素,在此基础上阐述了 AEO 框架下的供应链应急管理标准,并结合企业案例进行了详细介绍。

第一节　供应链应急管理概述

一、背景介绍

现代社会,突发事件的频繁发生增加了供应链上的风险,影响着供应链的稳定性。同时随着经济全球化步伐的加快,供应链系统变得越来越复杂。随着 JIT、敏捷制造及快速供应等现代供应链管理方法在企业中的大范围应用,企业一方面降低了成本、减少了浪费,但另一方面,这些管理方法也使得很多企业的供应链严重缺乏弹性,缺乏应对突发事件的能力,从而导致供应链系统的混乱,引发供应链上下游企业供给与需求的巨大波动,甚至会引起供应中断。这会导致供应链成本的急剧升高,顾客服务水平的下降,最终可能导致供应链系统崩溃,整个供应链中的企业生存和发展都将受到威胁。因此,面对越来越复杂的供应链环境,如何提高供应链应急管理的能力,对突发事件下的供应链进行有效的应急管理,对于保证供应链的持续、稳定发展具有十分重要的意义。

此外,供应链所面临的威胁使得供应链应急管理变得十分重要。犯罪活动和恐怖主义是供应链威胁的主要来源。国际贸易和国际运输威胁中犯罪活动是核心风险,该风险包括:货物盗窃、运输工具盗窃、走私和偷渡、逃税、攻击某一运输节点。供应链面临的恐怖主义问题主要包括:将货物用作武器,将集装箱用作武器,将集装箱作为运输工具运输武器、炸药、生化或放射污染物及其原料,将运输工具用作武器,利用运输工具进行传递武器,产业间谍或破坏。

二、应急管理的概念

应急管理指当系统在运行过程中出现扰动,使得原来计划不再最优或甚至不可行的时候,对原来计划进行实质的修改以使系统的损失最小或利润最大,最终保证系统能平稳运行的过程。应急管理总的来说是一个研究突发事件的现象及其发展规律的学科,是管理学的一个新的发展分支,应急管理涉及的知识学科包括管理学、公共安全管理、管理信息系统、项目管理、运筹学、统计学、计算机科学与技术、通信技术、灾害知识等。其中,运筹学和统计学为应急管理提供了数学方法指导,而计算机科学与技术以及通信技术为应急管理信息系统提供了必要的技术支持。应急管理的应用领域包括自然灾难、社会安全事件、事故灾害、公共卫生事件等。

三、供应链应急管理能力的影响因素

供应链应急管理能力的影响因素有三个方面，即事前应急准备能力、事中应急处理能力和事后应急善后能力。

(1) 事前应急准备能力。事前应急准备需要企业在理论、资源等各个方面都要做好充分的应急准备。其步骤主要有:认识突发事件并对其进行分类;杜绝潜在突发事件;制定各类突发事件的相应预案;在员工中普及供应链突发事件应急管理的知识。

(2) 事中应急处理能力。突发事件具有紧急性和危害性,这要求企业决策者做决定要及时、迅速。在做出相应决策之后,企业要及时实施相关应急预案，提高突发事件的处理效率。另一方面,企业不仅要积极快速地应对突发事件,还要善于发现突发事件带来的机遇,在困境中谋发展。

(3) 事后应急善后能力。应急善后处理的内容包括:突发事件的善后工作、应急预案的评估工作、应急预案库的更新完善工作。突发事件善后工作主要包含:制定供应链恢复计划并执行恢复工作,让企业以新的状态平稳运转。同时,成立一个评估小组,对整个应急管理方案的实施做出客观评估,总结经验教训,及时更新应急管理预案,进而优化企业的应急管理能力。

第二节　AEO 框架下的供应链应急管理标准

一、供应链成员角色定位

供应链系统中每个成员处于不同的节点位置,复杂的成员结构使得供应链应急管理变得更加复杂,在具体分析供应链应急管理标准程序之前,需要明确供应链中不同成员的角色定位。表 12－1 描述了供应链中主要成员扮演的角色。

表 12－1　供应链成员角色定位

角色定位	供应链中的成员
核心利益方	供应链中间节点成员(批发商、零售商等)
	第三方物流提供商
	收发货人、卖方、买方
供应链服务	买方代理
	货运代理或无船公共承运人
	报关公司
	船运代理

续 表

角色定位	供应链中的成员
运输任务(对货物或集装箱的物理移动)	集装箱空箱站经营者
	仓库/集装箱货运站经营者
	多式联运经营者(如道路—铁路,公路—驳船,铁路—驳船)
	卡车司机与多式联运(短途,长途)
	铁路承运人
	驳船经营者
	海运承运人
	港口码头经营者
	其他港口服务经营者
授权/管理	海关与移民管理局
	进口/出口许可证管理局
	农业,卫生,兽医局
	港口管理局
	进出口统计部门
	其他(商会,领事馆等)
经费筹措	银行(卖方通知银行,买家开证银行)
	保险提供商(运输保险)

不同的企业在供应链中处于不同的环节,每个企业需要自我约束,也需要互相监督,以确保整个供应链稳定。在实际工作中我们会发现,造成进出口货物出现差错的原因是多种多样的,如果供应链中任何一个环节真正起到作用,风险都会得到最大程度的规避;反之供应链上任何一个环节任何一个合作伙伴出现问题,就会引起连锁反应。对某个企业而言,只有供应链各个环节参与者都遵守和符合海关标准要求,才能规避风险。而对于海关而言,需要供应链中每一个环节的参与者都拥有较高的管理水平,只有这样才能对其行为给予充分认可。通过企业间的合作,传递海关对供应链应急管理标准的目标。海关可以依靠商业伙伴对贸易环节中存在的风险因素进行评估和识别,这从一定程度上使得海关面临的风险降低。在海关不能够对全部企业都提出较高要求的情况下,只能要求 AEO 企业寻找同样高信用的商业伙伴开展合作,以点带线,确保整个供应链不受外部风险威胁。因此就需要对商业伙伴制定供应链标准,并进行定期审核。具体内容包括：

(1) 全面评估。在筛选商业伙伴时根据认证标准对商业伙伴进行全面评估,重点评估守法合规,并有书面制度和程序。

(2) 书面文件。在合同、协议或者其他书面资料中要求商业伙伴按照认证标准优化管理流程。

(3) 监控检查。定期监控或者检查商业伙伴遵守要求的情况,并有书面制度和程序。

以上是针对收发货人和报关企业，对于外贸综合服务企业，还需要：

(1) 建立平台客户的资质准入制度并有效落实。

(2) 通过实地考核的方式对客户的生产能力、贸易真实性、进出口和产能是否匹配等情况进行核查。

(3) 根据风险评估结果、违法记录等建立外贸综合服务平台客户分级管理制度，对有违法记录的外贸综合服务平台客户进行责任回溯，不得代理被列入联合惩戒对象的企业办理进出口业务。

(4) 对进出口货物品类进行限制，公开审查标准。

(5) 与外贸综合服务平台客户签订规范的外贸综合服务合同(协议)，在合同、协议或者其他书面资料中要求外贸综合服务平台客户按照海关认证标准优化和完善管理流程。

(6) 对年度进出口值较大、违法记录较多以及风险较高的外贸综合服务平台客户进行定期监控和通过实地考核的方式对外贸综合服务平台客户进行重新核查。

二、AEO 框架下应急管理标准的主要内容①

在供应链管理中供应链和物流都有其脆弱的一面，上下游企业之间的关联性强。如果企业没有制定有效的危机应变策略，当遇到突发性事件便会束手无策，如同串联的灯泡一样，一个灯泡坏了，其他灯泡也亮不了。因此供应链中需要危机应急管理，给串联的线路多准备一些并联的灯泡，将不良影响和事故损失降到最低。供应链的危机来自多方面，简单来说，可以将其分为两类：自然灾害和人为因素。在 AEO 框架下的供应链危机应急管理主要包括：

(1) 自然灾害。

台风、地震、洪水、雪灾、疾病等来自大自然的破坏和袭击，时刻威胁着供应链的安全。飞利浦公司的大火就是因为大自然的破坏引起的，暴风雨中的雷电引起高压增高，陡然升高的电压产生电火花点燃了车间的大火。又如，台湾“9.21”地震，引起全球 IT 业的震动。还有 SARS，让许多企业面临了空前的危机。

(2) 人为因素。

① 供应链的连锁反应。完善的供应链系统固然能够节省成本，加快产品生产和发展速度，但由于供应链同时连接供应商、制造商、分销商以至客户，架构日趋复杂，每个环节都潜伏危机。其中一家公司出了问题，就可能产生连锁反应，影响供应链上多家公司，潜在危机不可小觑。

② IT 技术的缺陷会制约供应链作用的发挥。比如网络传输速度，服务器的稳定性和运行速度，软件设计中的缺陷，还有计算机病毒等。

③ 生产安全事故的影响。安全生产是保障公司正常运营的前提，一旦发生生产安全事故，对供应链安全的影响是巨大的。

面对这些不确定因素，其应对措施包括：

① 应急机制。企业需要具备对灾害或者紧急安全事故等异常情况的报告、处置等应急

① 本节有关供应链标准参照海关总署公告 2018 年第 177 号公告。

程序或者机制。

② 应急培训。企业需要定期对员工进行与自然灾害、信息安全、生产安全等有关的应急培训。

③ 异常报告。企业需要具备发现有灾害或者紧急安全事故等异常情况、非法或者可疑活动向有关执法机关报告的程序制度。

灾难和危机虽不经常发生,但一旦发生,企业要有足够的心理准备和应对方法,对员工建立起防患于未然的安全理念,这有赖于日常对员工的培训,企业需要提前制定切实有效的供应链风险应对的专门培训计划。具体包括:

(1) 建立应急管理的内部培训机制并有效落实。

(2) 定期对员工进行有关国际贸易供应链风险防范的教育培训,让员工了解、掌握海关认证企业在供应链应急管理过程中应做的工作。

第三节　供应链应急管理标准实践案例

一、飞利浦供应链应急管理计划

飞利浦供应链应急管理政策规定了如何在货物流转过程中保护货物,以防篡改、盗窃、未注意到的换货、增加陌生货物,或者其他未经授权介入货物流转过程的行为。其目的在于通过尽可能合理的方法防止引起货物流转风险因素的发生,从而确保货物流的可靠。其基础是政府建立的许多计划,主要是两个:美国国土安全部制定的海关—商界反恐伙伴计划(C-TPAT)、欧盟《海关法典》中规定的授权经营者认证(AEO)。未来将会有更多的国家遵守这些计划以符合世界海关组织框架标准。如果不遵循这些计划,将使各国的海关程序更为复杂并造成更为严重的延迟。在飞利浦自我评审报告中,飞利浦公司从资产管理、防盗、装运和收货控制、包装盒发货、信息系统、进口或出口许可、服务供应商选择指南以及对(物流)供应商的要求、与成品供应商开展业务指南等方面对其供应链应急管理全面评估。

飞利浦公司供应链应急管理主要特点有以下几个方面。

(一) 高层管理者应该承担责任

飞利浦规定,飞利浦部门管理层和本地单位管理层基于相关要求,负责确定贯彻执行预定计划。对于负责供应链应急管理贯彻执行的管理人员,明确必须是部门或者本地单位管理层。这一规定与AEO认证中负责关务的高级管理人员必须为公司管理层级别相符合,便于政策的贯彻执行和内部统筹安排。

(二) 装卸货物持续监控

需要对货物的装卸进行持续监控。用闭路电视系统作为工具,在工作条件允许的情况下,也可以由公司授权员工对装货卸货的流程进行永久监控和日志记录。必须确认监控的范围覆盖了所有的活动，包括卡车或集装箱内发生的活动，即码头空间或区域、卡车、集装箱等其他货运单位。必须避免已装载货物的卡车、集装箱长时间进行停靠。当出于操作原因而无法实现时，则经封缄的卡车、集装箱必须处于持续的监控之下。停放时必须使其所有能够开启或被封缄的侧面始终处于监控或摄像系统的视野之内，且必须停放在专用区域内。飞利浦在应急管理中对于装卸货全程监控，为处在供应链上的商业伙伴提供了保障。

（三）外部审查和自我评估

必须至少每 24 个月开展一次定期自我评估。结论性报告应当包含一份行动计划，处理执行过程中出现的缺陷和不足。如果企业内部不具备相关知识，建议聘请该领域的外部专家进行外部审查。按照评审要求企业需要定期自查或者聘请外部专家审查，在制度规范的同时也有关于执行力的要求。

飞利浦的供应链应急管理体系，在保证产品质量的同时，将可能造成的货物交易中断的风险降到最低。

二、高效的应急管理

1999 年 9 月 21 日，台湾集集镇发生 7.3 级地震，供电系统受损，全台湾晶圆厂密度最高的新竹高科技园区的芯片生产顿时陷于停顿。台积电等生产厂商设备受损，使全球最大的晶圆设备供货商应用材料公司受到严峻考验。事件发生 3 分钟内，应用材料公司立即召集“紧急应变小组”成员抵达灾难现场，当日晚间 7 点即完成公司损害的复原工作，同时，公司迅速向美国总部报告了灾损评估报告。总部立刻筹组了 18 人的安全评鉴小组带着测试装备抵达台湾，积极协助客户进行灾后重建。此外，总部还在第一时间调集包括日本、韩国等地的设备工程师来台协助客户尽快完成生产复原工作，并成立了台湾地震复原项目小组，统筹全球物料供应，以协助台湾灾后复原。应用材料在美国的总公司，一直有危机处理紧急应变小组的编制存在，公司将每个小组成员以兼职方式成立任务编组，每个月进行固定的演练，让紧急应变小组随时可以在第一时间内，有组织、有效率地处理突发事件和灾难。公司更进一步设立了“持续营运方案”，并编列有应变作业细则。细则内容划分了公司可能遭遇的危机类型，标注各项危机处理流程及紧急联络人员联络方式，事先制订应变方案，帮助公司及客户在最快、最有效率的方式下处理危机，将冲击降至最低。

三、有关应急管理的两则阅读材料

（一）某进出口公司供应链危机管理规定①

1. 应急机制

本应急响应机制是针对各种突发事件而设立的各种应急方案，通过该方案使客户损失

① 本案例由深圳市天地纵横企业管理顾问有限公司 CEO 熊斌博士提供，参考《AEO 认证一本通》。

减到最小。

目的:有效预防突发情况的发生,并对异常采取措施,确保损失减至最低。

2. 应急机制方案启动主要因素

(1) 因天气、道路等不可控因素造成的运输延误;

(2) 紧急安全事故、灾害、车辆故障、交通事故、航空运输挤压等造成的人员和货物损坏;

(3) 货物被盗;

(4) 其他(客户临时变更运输信息、道路限行、天气预警)。

3. 应急响应方案启动程序

(1) 当应急方案中提及的因素发生时,通报合作伙伴,并启动应急方案。

(2) 跟踪处理结果,并实时与客户沟通。

4. 应急方案具体内容

(1) 运输延误。

① 空运(天气原因,航班停飞或落货)。

对于天气原因造成的航班延误,要求航空公司及时通知我司与收货方,我司商务人员及时通告客户,并阐明原因与延误时间。

应急处理:如航班不取消,则确保实时货物信息跟踪反馈;如航班取消,配载下一航班,将航班能够到达时间与客户确认。预估延误程度并在支线配送使用专车。

② 汽运(天气或交通事故原因,货物干线运输)。

a. 天气或交通事故。

由于天气原因或交通事故导致的封路,路况异常造成的延误,及时掌握最新路况动态,反馈给客户具体情况,对延误程度做出预估,并确保车辆与货物安全。

应急处理:对于客户可接受的延误时间,确保信息的实时反馈与货物的安全。如有加急货物,进行评估,考虑车辆停驶的位置与实际状况,接驳其他运输方式。

b. 支线配送。

由于干线运输延误导致的支线配送顺延时间,或干线车辆卸货异常和分拣货物延误导致的延误。

应急处理:需提前告知客户,并预估到货时间,重新预约时间交货,必要时紧急调配专车进行加急配送,并实时反馈信息。

c. 车辆故障与交通事故。

车辆在途,出现由于车辆故障或遇到交通事故等原因造成延误,分别对实际状况进行分析。

应急处理:务必第一时间反馈真实的信息,在保证维修时间的情况下,抢修车辆并保证货物安全。对于无法确定故障程度的,积极配合进行换车与驳货的措施。如遇交通事故,则先确保第一时间报案,启动保险程序,安排人员前往现场,清点货物完好情况,对于较轻微的,则采取换车继续进行配载。

(2) 货物破损。

① 空运(机场野蛮装卸,飞机中舱位挤压)。

a. 机场野蛮装卸。

应急处理：对于该情况，关键在交货与提货前后务必仔细查看货物，明确破损的环节。如由于机场装卸导致，向机场索取事故证明，以厘清责任方，作为追究责任的依据。对货物加强包装或打板运输并争取安排监装。

b. 飞机舱位挤压、起飞和降落的挤压。

应急处理：务必要求配载得当，对于散货则包装加固或木架防护，防止挤压。如查明原因，则要求机场或航空公司出具事故证明，以作追究赔偿的依据。

② 汽运（搬运装卸，车厢里货物摆放，交收货）。

a. 搬运装卸导致破损的主要原因在仓务或搬运工没按操作流程执行，或对货物自身包装要求不清晰造成的。

应急处理：强调震荡、滚动等原因会导致货物的损坏，并严格按照操作指引执行装卸，同时加固包装。发现野蛮装卸时，按实况汇报，对货物损坏进行评估，必要时启动保险流程。

b. 运输途中车厢里货物受挤压，主要原因在配载不当，或车辆里货物摆放不当，车辆不符合要求。

应急处理：必须的整托运输，散货则包装加固，防挤压，进行监督装卸货。检查是否选用合规格车辆运送。对于车厢在运输途中可能出现的摇晃造成碰撞破损，启动保险程序。

（3）受潮与被盗。

货物受潮，主要由于货物与冷冻物品一并配载或雨雪季节在装卸中引致。货物被盗，则可能发生在以上任意环节。

应急处理：对受潮货物立即采用防潮保护，将影响降至最低，并如实汇报，启动保险程序，进行勘查。货物被盗，分为运输中与仓库内两种，运输中的，立刻翻查发货记录与清点交货记录，看是否有混淆的出现。仓库内的则清点库存。以上排除后，则报案并启动保险进行索赔。

（4）现场拒收货物。

货物交收现场，客户对收货有严格的查收流程，当场拒收的货物，主要是由于货物破损、短少、型号不符与错乱等导致。

应急处理：立刻查明客户拒收的原因，如货物破损，则要求交货人员拍照回传，查看破损情况，将货物安全运至就近仓库，并查明破损主要原因，待委托方确定如何处置；如发现货物短少，则重新翻查委托发运的货物明细，现场清点货物；如型号不符与错乱，则考虑发错货物的可能性，翻查同批发运货物的明细，以最高效率调配正确的货物配送。

（5）客户临时变更要求。

客户会根据实际的需求，对原定配载前或配载中的货物，进行临时更改交货时间或更改发运方式、目的地等。

应急处理：收到通知后，配载前的货物，则马上停止出库，根据最新的指示安排发运；对于配载中的，则马上定位货物最新位置，综合评估后，采取转驳或专车的方式加急配送。

（6）道路限行。

针对客户指定的交货地，会出现如展览会、大型活动等安排的临时道路限行。

应急处理：提前了解交货地路段交通限行资讯。启动预案机制，了解内容包括限行对物流的影响、可申办通行证的条件、可通行车辆的要求、可通行时间等,汇报给客户,并采取可行的方式将货物安全交至。

(7) 天气状况预警。

天气状况转差,导致延误率上升、货物运载风险提升应急处理:定期关注交货地的天气状况,尤其是各大主要国道,高速路的行驶状况,进行提前预警,并规划合理运输线路。

5. 应急预案小组及风险评估

应急预案风险评估小组由公司高层领导牵头,对以上所有环节可能或已发生的异常,第一时间进行风险预估,并根据不同的情况启动应急预案,评估损失程度,启动保险索赔流程,跟进事态发展,跟踪货物情况。为客户的货物制定完善的保险方案,对任何有可能发生货损、短少的环节进行投保,制定出现异常后的快速响应机制。力求以最快的效率提供必要的赔偿,将损失降至最低。

(二) 某进出口企业供应链危机应急预案(部分示例)[①]

表 12-4　某进出口企业供应链危机应急预案(部分示例)

编号	描　述	严重性(H,M,L)	可能性(H,M,L)	需要应急方案(Y/N)	如何发现问题	产生后果	减轻损失的最小计划——发生前	减轻损失的最小计划——发生后	备注
C-001	车辆事故：车辆故障、物流道路事故、装载货物事故、不可抗拒力事故等	H	L	Y	运输过程中，通过我司作业系统、其他公共信息报警系统或与承运者实时沟通联系时体现	车辆无法/不能符合时效要求抵达指定目的地并且可能发生货物安全隐患	确保承运车辆管理制度落实(车辆定期检查、测试/启运检查)； 营运期间配备事故后备车辆； 各个物流点关联监控； 承运车辆配备异常事故处理工具； 定期进行承运司机的物流安全意识及应对异常处理能力； 确保紧急事故处理预案能顺利开展	启动物流保险；4～6 小时内完成后备车辆调配工作，重新确定物流指令，确保货物在最大程度完好性的同时尽快完成相关承运任务	
C-002	承运者事故：承运人发生无法驾驶、失联等状况	H	L	Y	运输过程中，通过我司作业系统、其他公共信息报警系统或与承运者实时沟通联系时体现	车辆无法/不能符合时效要求抵达指定目的地并且可能发生货物安全隐患	制定指定物流路线予承运方执行； 确保承运车辆管理制度进行(GPS\通讯)； 营运期间配备突发事故责任小组及车辆； 各个物流点关联监控； 确保承运司机的物流安全意识及应对异常处理能力	启动突发事故责任小组，根据指定路线追踪承运车辆，在 1～1.5 小时内与承运者取得直接联系并且掌握物流控制权，确保货物最大程度的完好性并完成相关承运任务	

① 本案例由深圳市天地纵横企业管理顾问有限公司 CEO 熊斌博士提供，参考《AEO 认证一本通》。

续 表

编号	描　述	严重性(H,M,L)	可能性(H,M,L)	需要应急方案(Y/N)	如何发现问题	产生后果	减轻损失的最小计划——发生前	减轻损失的最小计划——发生后	备注
C-003	中国海关货物核查或检验检疫异常	H	L	Y	中港车辆过通关闸时或检疫中体现	抽查货物,部份需要开箱,影响后续国内国际配送,影响原包装货物还原,部份需退港或压夜	确保捆绑、报关报检与实货相符	保障查完验完后货物的完整性	
R-003	海关申报系统出现问题	H	L	Y	电子口岸公告; 无法登陆; 发送不成功; 发送后迟迟不返回回执	不能通关	及时了解有关公告; 建立沟通反馈机制; 及时升级系统; 定期维护专用电脑	及时通报处理进度; 汇报发生原因和影响范围; 针对系统漏洞及时更新补丁	
R-004	商检申报系统出现问题 (关检融合前)	H	L	Y	商检系统公司公告; 无法登陆; 发送不成功; 发送后迟迟不返回回执	不能通关	及时了解有关公告; 建立沟通反馈机制; 及时升级系统; 定期维护专用电脑	及时通报处理进度; 汇报发生原因和影响范围; 针对系统漏洞及时更新补丁	
R-005	银行税费支付系统出现问题	H	L	N	东方支付平台公告; 无法登陆; 连接失败; 无法支付; 支付不成功	需现金缴税 不影响通关	及时了解有关公告; 建立沟通反馈机制; 及时升级系统; 定期维护专用电脑	及时汇报	
R-006	海关申报系统人工审单出现问题	H	M	Y	发送后系统显示被海关退单要求规范申报; 系统显示被海关退单要求提供归类依据; 发送后系统显示被海关挂起	不能通关	规范申报要素填写; 申报价格的前期审核; 及时了解商品申报的新政策	及时完善申报要素; 及时提供海关所需申报文件; 及时与相关海关进行商品申报的沟通	

续　表

编号	描　述	严重性(H,M,L)	可能性(H,M,L)	需要应急方案(Y/N)	如何发现问题	产生后果	减轻损失的最小计划——发生前	减轻损失的最小计划——发生后	备注
R-007	海关现场申报出现问题	H	L	Y	海关现场退单； 海关接单后迟迟未放行； 海关系统升级或故障	不能通关	及时了解海关政策； 建立沟通反馈机制； 及时了解单证流转情况； 及时了解相关海关人员的作息时间	按海关需求提供相关资料； 及时与相关海关人员进行沟通，处理问题； 及时了解是否查验并安排预约	
R-008	海关查验出现问题	H	L	Y	现场查验海关提出质疑； 移交通关科审核	不能放行	及时了解海关相关政策； 和客户沟通，并在申报前确认产品相关信息	及时与查验海关沟通； 及时提供海关所需产品资料； 及时了解单证流转情况	
R-009	商检申报出现问题(关检融合前)	H	L	Y	商检申报系统问题； 商检申报现场退单	不能通关	及时了解商检政策； 完善商检申报所需资料； 提前确认舱单信息； 提前审核所需证书的相关信息	按商检要求提供相关资料； 及时与商检沟通并解答疑惑； 与货代沟通，尽快确认舱单信息	
R-010	商检查验出现问题(关检融合前)	H	L	Y	商检查验现场提出质疑； 排好查验计划迟迟未拖货； 木质包装无标	不能放行	及时了解申报产品信息； 预先准备查验所需资料； 提前确认提货时间； 提前通知货代仓库托盘打包； 提前确认货物标示情况	及时与商检沟通并解答疑惑； 提供商检所需相关资料； 无标包装进行销毁	
R-011	证书办理出现问题	H	L	Y	3C 目录外鉴定不通过； 电池备案书办理不通过	不能通关	及时了解相关办理政策； 审核客户提供的办理资料； 确保办理所提供资料的准确性	按办理要求重新提供相关资料； 及时与办理人员沟通并解答疑惑	

续　表

编号	描　述	严重性(H,M,L)	可能性(H,M,L)	需要应急方案(Y/N)	如何发现问题	产生后果	减轻损失的最小计划——发生前	减轻损失的最小计划——发生后	备注
R-012	海关舱单信息出现问题	H	M	Y	海关舱单无法查询到正确货物信息	不能通关	货物到货异常； 单纯信息错误造成异常	如果是到货异常,需确认到货状态与发货状态是否一致,货物是否发生短少。如未短少,则将货物整理,符合原始运单要求;如确认发生短少,则需确认短少货物所在地。根据客户要求,可选择修改主单数据进行申报或等短少货物到港后按正常货物申报; 如果到货正常,但原始舱单信息错误,造成无法生成正确海关舱单。首先需确认是承运人一次数据错误还是港口二次舱单错误。督促错误产生方去海关修改数据,以便生成正确舱单数据	
R-013	货物破损	H	L	Y	货物到监管库后,货代发现货物破损/残损	不影响通关	雨雪季提醒货代公司及提货司机做好防淋、防潮工作	拍照及破损记录及时反馈	
R-014	放行信息出现问题	L	H	Y	货物放行后无放行信息,无法提货	不影响通关,有可能影响提货,延长提货时效		发现无放行信息,及时沟通监管仓库进行补录。如补录时间较长,晚于监管库下班时间,有可能影响提货。	

续　表

编号	描　述	严重性(H,M,L)	可能性(H,M,L)	需要应急方案(Y/N)	如何发现问题	产生后果	减轻损失的最小计划——发生前	减轻损失的最小计划——发生后	备注
R-015	海关对归类和价格有疑义	H	L	Y	海关审单中心退单要求复核税号； 海关审单中心因价格问题转人工审核； 交单时海关接单人员对产品归类有疑问	提供有效支持资料，海关认可的，不影响通关； 海关认为资料不足的，不认可归类和价格的，需进一步提供支持单证，影响货物放行	提供真实产品信息和资料； 对新产品需确认归类； 如果价格差异较大，提供相关的折扣说明文件	反馈海关归类的依据和原理，如果发现和商品库不符，需排查类似产品税号； 依据海关的价格水平，对同类产品的申报价格监控	

本章小结

本章阐述了有关供应链应急管理的基本概念,构建了海关 AEO 认证框架下供应链应急管理标准。供应链的危机来自两方面:自然灾害和人为因素。面对不确定因素应对措施包括:① 应急机制。企业需要具备对灾害或者紧急安全事故等异常情况的报告、处置等应急程序或者机制。② 应急培训。企业需要定期对员工进行与自然灾害、信息安全、生产安全等有关的应急培训。③ 异常报告。企业需要具备发现有灾害或者紧急安全事故等异常情况、非法或者可疑活动向有关执法机关报告的程序制度。

参考文献

[1] Heizer, Jay, R. Barry. Production and Operations Management[M]. Prentice Hall, Inc . (2011).

[2] M Therese Flaherty. Global Operations Management[M]. McGraw-Hill Companies, Inc. ,1996.

[3] Hughes, Jon, Mark Ralf, Bill Michele. Transform Your Supply Chain: Releasing Value in Business[M]. International Thomson Business Press, 1998.

[4] Jerry Bendiner. Understanding Supply Chain Optimization: APICS-The Performance Advantage , No. 1, (1998).

[5] Donald Bowersox, et al. Supply Chain Logistics Management[M]. Mc Graw-Hill, 2002.

[6] B Fleischmann, et al. Advances in Dis-tribution Logistics [M]. Springer, 1998.

[7] Richard L F Tancis, et al. Facility Layout and Location: An Analytical Approach [M]. Prentice Hall,1992.

[8] Coker Aydin, Warren H Hausman. The Role of Slotting Fees in the Coordination of Assortment Decisions [J]. Production and Operations Management, Vol. 18, No. 6, 2009.

[9] CSCMP's. Supply Chain Quarterly, Q2/2013, Http//cscmp. org/member-bene-fits supply-chain-quarterly.

[10] Spengler J J. Vertical Integration and Antitrust Policy [J]. Journal of Political economy, 1950.

[11] Pasternack, B A. Optimal Pricing and Returns Policy for Perishable Commodity [J]. Marketing Science, 1985, 4(2):166 - 176.

[12] Lee, H L, P Padmanabhan, Whang. The Bullwhip Effect in Supply Chains [J]. Sloan Management Review, 1997,38(3),93 - 102.

[13] Cachon, G, Lariviere M. Supply Chain Coordination with Revenue-sharing Contracts: Strengths and Limitations, Working Paper. The Wharton School, University of Pennsylvania 2000.

[14] Cachotl. G, Lariviere M. Contracting to Assure Supply: How to Share Demand Forecast in a Supply Chain [J]. Management Science, 2001, 47(5):629 - 646.

[15] Cachon, G. Supply Chain Coordination with Contracts. Handbooks in Operations Research and Management Science: Supply Chain Management, 2001.

[16] Tsay, AA, WS Lovejoy. Quantity Flexibility Contracts and Supply Chain Performance [J]. Manufacturing & Service Operations Management, 1999,1(2):89 - 111.

[17] BamrsSchuster, D. Y Bassok, R Anpindi. Coordination and Flexibil in Supply Contracts with Options [J]. Manufacturing & Service Operations Management, 2002, 4(3):171 - 208.

[18] Stephen J New. A Framework for Analyzing Supply Chain Improvement [J]. Int. J. of Operation & Production Management, 1996, 16(2):19 - 34.

[19] F R Lin, M J Shaw. Reengineering the Order Fulfillment Process in Supply Chain Networks [J]. International Journal of Flexible Manufacturing Systems, 1998, 10(3):197 - 229.

[20] E W Dijkstra. A Note on Two Problems in Connexion with Graphs [J]. Numerische Mathematik. 1959, 1: 269 - 271.

[21] R W Floyd. Algorithm 97: Shortest Path [J]. Communications of the ACM. 1962, 5(6):345.

[22] J Mula, D Peidro, M Díaz-Madron ero and E Vicens. Mathematical Programming Models for Supply Chain Production and Transport Planning [J]. European Journal of Operational Research, 2010, 204(3):377 - 390.

[23] R E Bellman. On a Routing Problem [J]. Quarterly of Applied Mathematics,1958,16(1):87 - 90.

[24] Denis R Towill. Industrial Dynamics Modelling of Supply Chains [J]. Logistics Information Management, 1996, 9(4):43 - 56.

[25] R M Cowdrick. Supply Chain Planning (SCP)—Concepts and Case Studies [J]. Computers & Industrial Engineering, 1995, 29(1 - 4):245 - 248.

[26] U W Thonemann. Improving Supply-Chain Performance by Sharing Advance Demand Information [J]. European Journal of Operational Research, 2002, 142(1):81-107.
[27] 马士华,林勇.供应链管理[M].机械工业出版社,2016.
[28] 张申生,等.敏捷供应链管理技术及其在企业中的应用[C].北京:1998年863/CIMS信息网研讨会报告集,1998.
[29] 雷吉斯,麦肯纳.时间角逐[M].周华公,译.北京:经济日报出版社,1998.
[30] 陈禹.信息经济学教程[M].2版.北京:清华大学出版社,2011.
[31] 龙永图."入世"不等于全面开放市场[J].计算机世界,1999(11).
[32] 陈兵兵.供应链管理:策略,技术与实务[M].北京:电子工业出版社.(2004).
[33] 崔介何.物流学概论[M].4版.北京:北京大学出版社,2010.
[34] 詹姆斯·R.斯托克,等.战略物流管理[M],邵晓峰,等,译,北京:中国财政经济出版社,2003.
[35] 罗纳德、巴罗,等.企业物流管理——组织控制[M].王晓东,等,译.北京:机械工业出版社,2003.
[36] 华莱士·霍普.供应链管理:获取竞争优势的科学方法[M].徐捷,吴琼,译.北京:机械工业出版社,2009.
[37] 杨达卿.供应链为王[M],北京:中国发展出版社,2013.
[38] 尤西·谢菲.物流集群[M].王微,等,译.北京:机械工业出版社,2015.
[39] 刘刚,辜勇,胡晓燕.供应链管理[M].北京:化学工业出版社,2005.
[40] 邹辉霞.供应链协同管理:理论与方法[M].北京:北京大学出版社,2007.
[41] 马士华.供应链管理提出的时代背景与战略[J].物流技术,2003(4):41-42.
[42] 刘丽文.供应链管理思想及其理论和方法的发展过程[J].管理科学学报,2003,6(2).
[43] 刘斌.利用供应链管理提高企业核心竞争力[J].中国流通经济,2001(3):21-23.
[44] 刘勇军,聂规划.面向供应链的知识链模型及其管理策略[J].情报杂志,2007,26(6):24-26.
[45] 陈志祥,马士华.企业集成的系统方法论研究——供应链的系统性、协调性和运作范式[J].系统工程理论与实践,2001(4).
[46] 李华焰,马士华.供应链企业外包战略选择模型研究[J].决策借鉴,2001,14(4):12-16.
[47] 韩坚,吴澄.供应链建模与管理的技术现状和发展趋势[J].计算机集成制造系统,1998,4(4):8-14.
[48] 马永生.试论现代企业供应链管理及其优化[J].人力资源管理,2018(3):35-35.
[49] 吴海换.供应链管理模式下如何构建跨境电商服务平台[J].电子商务,2018(6).
[50] 张凯,高远洋,孙霆.供应链柔性批量订货契约研究[J].管理学报,2006,3(1):81-84.
[51] 庄宇,胡启,赵燕.供应链上下游企业间弹性数量契约优化模型[J].西安工业学院学报,2004,24(4):391-394.
[52] 王迎军,客户需求驱动的供应链契约问题综述[J].管理科学学报,2005,8(2):68-76.
[53] 马新安,张列平,田澎.供应链管理中的契约设计[J].工业工程与管理,2001(3):22-25.
[54] 王利,代杨子,供应链激励机制影响因素实证研究[J].工业工程与管理,2013(2):13-24.
[55] 乔华国,江志斌,等.基于产品服务系统的供应链共享合同设计[J].工业工程与管理,2013(2):25-30.
[56] 沈厚才,陶青,陈煜波.供应链管理理论与方法[J].中国管理科学,2000,8(1):1-9.
[57] 周永务.随机需求下两层供应链协调的一个批量折扣模型[J].系统工程理论与实践,2006,26(7):25-32.
[58] 黄小原.供应链运作:协调,优化与控制[M].北京:科学出版社,2007.
[59] 邱若臻,黄小原.供应链收入共享契约协调的随机期望值模型[D].2006.
[60] 王丽.融合服务外包:跨境电商整合供应链新模式探讨[J].特区经济,2018(3).
[61] 杨德礼,郭琼,何勇.供应链契约研究进展[J].管理学报,2006,3(1):117.
[62] 达庆利,张钦,沈厚才.供应链中牛鞭效应问题研究[J].管理科学学报,2003,6(3):86-93.
[63] 高峻峻,王迎军,郭亚军,等.弹性需求下供应链契约中的Pareto优化问题[J].系统工程理论方法应用,2002,11(1):36-40.
[64] 郭琼,杨德礼,迟国泰.基于期权的供应链契约式协调模型[J].系统工程,2005,23(10):1-6.
[65] 郭敏,王红卫.合作型供应链的协调和激励机制研究[J].系统工程,2002,20(4):49-53.
[67] 包晓英,蒲云.不对称信息下逆向供应链激励合同研究[J].计算机集成制造系统,2008,14(9):1717-1720.
[68] 马新安,张列平,田澎.供应链中的信息共享激励:动态模型[J].中国管理科学,2001,V(1):19-24.
[69] 但斌,徐广业,张旭梅.电子商务环境下双渠道供应链协调的补偿策略研究[D].浙江大学,2012.
[70] 葛静燕,黄培清,王子萍.基于博弈论的闭环供应链协调问题[J].系统管理学报,2007,16(5):549-552.
[71] 谭春平,王烨.面向供应链的供应商选择模型构建[J].统计与决策,2018(11).
[72] 孟炯,唐小我,倪得兵.基于产品安全责任的供应链激励与竞争策略[J].中国管理科学,2018(3).
[73] 田虹,崔悦.企业管理视角下供应链风险的形成机制与应对策略分析[J].理论探讨,2018(2).

[74] 严建援,李凯,师斌.供应链建模方法研究综述[J].物流技术.2008,(10):184-189.
[75] 陈常菊,王炬香,于龙振,李国政.供应链网络设计的概念架构和影响因素研究[J].物流技术,2006,(02):63-66.
[76] 胡运权,郭耀煌.运筹学教程[M].北京:清华大学出版社,2012.
[77] 韩伟一.经典 Bellman-Ford 算法的改进及其实验评估[J].哈尔滨工业大学学报,2012,44(7):74-77.
[78] 杨丽萍.最短路径算法在校园导游系统中的应用[J].计算机时代,2014(2).
[79] 吴家琴.基于迪杰斯特洛模型的物流运输最短路径的选择[J].物流技术,2013(11).
[80] 王春霞,黄甜.最短路径算法在校园地理信息系统中的应用[J].长春师范学院学报.2013(6).
[81] 劳健,符海青,邱漠河.供应链管理[M].西北工业大学出版社,2015.
[82] 陈慧.供应链合作伙伴关系类型和管理研究[D].同济大学,2007.
[83] 李玉龙.供应链视角的合作伙伴关系管理问题研究[D].辽宁大学,2009.
[84] 李瑜.基于供应链管理的供应链合作伙伴选择及协同管理研究[D].广东工业大学,2014.
[85] 王丽杰.供应链管理中的合作伙伴关系研究[J].经济纵横,2006(3):70-71.
[86] 王明义,王贻超.基于供应链管理的供应商战略合作伙伴关系的创建和发展[J].有色矿冶,2011,27(3):102-105.
[87] 刘蓉,张毕西,廖朝辉.供应链合作伙伴的选择、评估和动态监控[J].系统工程,2005,23(5):51-54.
[88] 张翠英,游兆彤,汪国平.农产品供应链合作伙伴选择标准研究[J].浙江农业学报,2017,29(6):1043-1049.
[89] 马晓芸.供应链管理中合作伙伴关系与绩效的研究[J].商场现代化,2015(24):26-27.
[90] 付丽茹.供应链合作关系及其隐性影响因素研究[D].首都经济贸易大学,2008.
[91] 罗正公.供应链合作伙伴关系的构建及管理[J].学术交流,2010(8):62-64.
[92] 张莹.供应链合作伙伴关系管理研究综述[J].商场现代化,2011(12):31-32.
[93] 张波,张汝祥.供应链战略合作伙伴关系的构建与管理[J].商业时代,2007(23):17-18.
[94] 李雯.供应链合作伙伴选择研究[D].西安建筑科技大学,2004.
[95] 姚树俊.基于供应链合作伙伴选择方法的研究[D].西安建筑科技大学,2007.
[96] 陈育花,朱顺泉.供应链合作伙伴的选择及其指标体系分析[J].统计与信息论坛,2003,18(5):38-39.
[97] 韩杰,赵庆祯.供应链合作伙伴选择的指标体系和方法研究[J].信息技术与信息化,2006(3):108-110.
[98] 林勇,马士华.供应链管理环境下供应商的综合评价选择研究[J].物流技术,2000(5):30-32.
[99] 刘伯超.供应链合作伙伴选择指标体系研究[J].现代企业文化,2008(26):22-23.
[100] 黄燕兴.面向突破性技术创新的供应链合作伙伴选择研究[D].中南大学,2013.
[101] 陈傲,孙兆刚.基于电子商务的供应链合作伙伴评价体系研究[J].科技管理研究,2006,26(9):208-211.
[102] 袁开福,高阳.批发商供应链合作伙伴的选择研究[J].统计与信息论坛,2004,19(4):59-62.
[103] 朱萍,明小波.物流供应链中合作伙伴的选择[J].科技进步与对策,2004,21(4):90-91.
[104] 傅岚.供应链战略合作伙伴的选择[J].统计与决策,2008(16):179-180.
[105] 张玉斌,陈宇.采购管理 [M].北京:化学工业出版社,2009.
[106] 邹辉霞.供应链管理 [M].北京:清华大学出版社,2009.
[107] 孙国华.物流与供应链管理 [M].北京:清华大学出版社,2014.
[108] 沈小静.采购供应管理 [M].北京:北京大学出版社,2016.
[109] 董蕊.供应链管理与第三方物流策划 [M].北京:中国经济出版社,2003.
[110] 蒋振盈.采购供应链管理:供应链环境下的采购管理 [M].北京:中国经济出版社,2015.
[111] 刘胜春,李严峰.第三方物流 [M].大连:东北财经大学出版社,2012.
[112] 付忠璋.汽车制造业大批量定制的实施策略研究[D].华中科技大学.2004.10.
[113] 岳秀敏.精益生产在中国制造业中的应用浅析[J].四川省情,2008.11.
[114] 李建留.微电机生产中看板系统的仿真建模与分析[D].上海交通大学,2007.1.
[115] 杨铭钏.面向大规模定制的 S 公司手机零件供应链管理优化案例研究[D].上海交通大学,2009.11.
[116] 杨青海,祁国宁.大批量定制原理[J].机械工程学报,2007 年 11 期,89-97.
[117] 吴忠.基于供应链管理的企业库存模拟分析[J].计算机应用,2003.23(8):93-95.
[118] 张万松.物流中心 DRP 应用探讨[J].科技情报开发与经济,2005 年 04 期.135-137.
[119] 刘伟,王文,高志军.供应链管理教程[M].上海:格致出版社.2017.
[120] 陈晓波.供应链管理[M].厦门:厦门大学出版社.2011.
[121] 施先亮.供应链管理[M].北京:机械工业出版社.2016.
[122] 蔡崇昱.供应链合作中业务外包决策框架研究[J].物流技术,2010,29(15):102-110.

[123] 于洪深.浅议供应链管理环境下的业务外包[J].中国商界(下半月),2010(03):266.
[124] 刘莹.供应链管理下的物流业务外包分析[J].合作经济与科技,2008(21):103-104.
[125] 赵丽娜,秦胜利.供应链管理环境下的企业物流业务外包[J].商情(财经研究),2008(03):15-16.
[126] 秦琴.供应链环境下的"业务外包"战略探析[J].企业经济,2003(10):143-144.
[127] 沈培,王楠.供应链管理环境下的业务外包——提高企业核心竞争力的有效途径[J].环渤海经济瞭望,2002(6):32-34.
[128] 方青,邓旭东.基于供应链管理的业务外包风险管理研究[J].企业经济,2007(04):66-68.
[129] 张荣,刘斌.供应链环境下企业的业务外包及其风险控制问题[J].市场周刊(新物流),2006(11):42-43.
[130] 庄建广,王小军.供应链管理模式下的业务外包研究[J].南方金属,2005(02):8-9+21.
[131] 娄志斌.供应链管理环境下的物流业务外包研究[D].天津大学,2004.
[132] 郑克俊.供应链管理环境下的企业业务外包及优劣研究[J].软科学,2002(02):90-92+96.
[133] 徐春艳.国际外包业务与中国制造业的发展[D].对外经济贸易大学,2004.
[134] 鲍务英.经济全球化下的中国服务外包发展[J].经济纵横,2007(11x):8-10.
[135] 李玉红,于大海.经济全球化下国际外包的最新研究进展[J].宁夏社会科学,2007(2):49-52.
[136] 张嵩伟.经济全球化与"外包"[J].重庆社会科学,2002(1):17-18.
[137] 甄炳禧.经济全球化背景下的国际服务外包[J].求是,2005(9):61-62.
[138] 朱四明,郑一宁,朱晓明.业务外包风险分析及其识别研究[J].上海管理科学,2011,33(1):25-27.
[139] 董红娜,刘兵.业务外包与我国企业国际化经营[J].商业研究,2005(14):22-24.
[140] 王长义.信息经济时代业务外包与企业跨国经营[J].山东理工大学学报(社会科学版),2001,17(4):14-16.
[141] 张良卫.全球供应链管理[M].北京:中国财富出版社.2008.
[142] 王燕.供应链风险管理[M].北京:中国财富出版社.2015.
[143] 沃特斯.供应链风险管理[M].北京:中国物资出版社.2010.
[144] 张存禄,黄培清.供应链风险管理[M].北京:清华大学出版社.2007.
[145] 布林德利.供应链风险[M].南开大学出版社.2009.
[146] 苏尼尔·乔普拉,彼得·迈因德尔.供应链管理[M].北京:中国人民大学出版社.2017.
[147] 王育红.全球化背景下国际供应链核心竞争力分析[J].价值工程,2011,30(30):17-18.
[148] 康彪."农超对接"农产品供应链风险管理研究[D].北京交通大学,2011.
[149] 徐臻.供应链风险生成机理及防范研究[J].中国市场,2017(15):272+285.
[150] 刘海斌.供应链风险防范对策研究[J].中外企业家,2016(11):18+20.
[151] 刘莉洁,闫秀霞.供应链风险识别与防范[J].工业经济论坛,2015(06):74-83.
[152] 金霞.供应链风险识别与评估研究[D].兰州交通大学,2014.
[153] 刘英.供应链风险的分析及防范[J].铁路采购与物流,2008(07):16-17+27.
[154] 曹群.供应链构建风险研究[D].吉林大学,2008.
[155] 周琴音.供应链风险管理研究[D].东北大学,2008.
[156] 许延新.供应链风险识别与预警研究[D].扬州大学,2011.
[157] 周艳菊,邱莞华,王宗润.供应链风险管理研究进展的综述与分析[J].系统工程,2006,24(3):1-7.
[158] 朱新球,苏成.应对供应链风险的弹性供应链机制研究[J].北京工商大学学报(社会科学版),2010,25(6):45-47.
[159] 高昕欣.全球化供应链管理的风险防范研究[J].黑龙江科技信息,2009(09):82.
[160] 郭红.国际物流供应链风险评估研究[J].劳动保障世界(理论版),2013(12).
[161] 苏成,朱新球.基于风险管理的弹性供应链的构建[J].经济师,2010(12):25-25.
[162] 李俊.基于可拓的供应链弹性综合评价研究[D].哈尔滨工程大学,2012.
[163] 庞燕,汪洪波.贸易式进入模式下国际供应链风险评价指标研究[J].中国市场,2008(10):104-105.
[164] 王忠伟,陈洪.贸易式进入模式下国际供应链风险防范研究[J].中国市场,2008(06):134-135.
[165] 刘魁雁.供应链风险管理——案例研究[D].南京大学,2012.
[166] 朱新球.应对突发事件的弹性供应链研究[D].武汉理工大学,2011.
[167] 世界银行.供应链安全指引(Supply Chain Security Guide).
[168] 上海海关办公室.外事专刊[J],第112期,2009.9.
[169] 王伟.AEO制度对供应链安全的影响及对策[J].中国流通经济,2015.10.
[170] 吉婷婷.供应链应急管理能力研究[J].中国集体经济,2016(6).
[171] 胡媛.供应链突发事件的应急管理研究[D].重庆交通大学,2008.